浙江省"2011卓越教师培养协同创新中心"2017—2018年重点项目
"卓越语文教师教育标准研究"（zz103205099917020002）
阶段性成果

中国近代

小学语文
教科书研究

沈玲蓉 著

ZHEJIANG UNIVERSITY PRESS
浙江大学出版社

图书在版编目（CIP）数据

中国近代小学语文教科书研究 / 沈玲蓉著. -- 杭州：
浙江大学出版社，2021.8
ISBN 978-7-308-21549-7

Ⅰ. ①中… Ⅱ. ①沈… Ⅲ. ①小学语文课－教材－研
究－中国－近代 Ⅳ. ①G623.202

中国版本图书馆CIP数据核字(2021)第128568号

中国近代小学语文教科书研究

沈玲蓉 著

策划编辑	吴伟伟
责任编辑	陈 翩
责任校对	丁沛岚 赵苏容
封面设计	雷建军
出版发行	浙江大学出版社
	（杭州市天目山路148号 邮政编码 310007）
	（网址：http://www.zjupress.com）
排 版	杭州林智广告有限公司
印 刷	广东虎彩云印刷有限公司绍兴分公司
开 本	710mm×1000mm 1/16
印 张	18
字 数	275千
版 印 次	2021年8月第1版 2021年8月第1次印刷
书 号	ISBN 978-7-308-21549-7
定 价	68.00元

序 言

  沈玲蓉老师的学术专著《中国近代小学语文教科书研究》即将出版，她把书稿寄给我，让我看看。我读完全部书稿，非常高兴。据我所知，沈老师在近代小学语文教科书的研究前后持续已近十年。"十年辛苦不寻常"，沈老师采用专题形式对近代小学语文教科书的内容、编者及出版社做了比较细致的考述，特别是对内容的研究，从编排理念、用字识字、选文、单元体例等方面做了深入的考察，发掘了不少以往学者较少关注的问题，揭示了近代小学语文教科书编制、语文知识生产的多个面相及复杂世界。就此而言，她的研究，确实弥补了以往研究的不足。沈玲蓉老师研究近代小学语文教科书还有一个特点，就是强烈的现实关怀。她把对当前小学语文教育改革的理论思考及问题意识贯穿于近代小学语文教科书的探索与研究中，这样的研究不仅与以往一般的教科书研究取向不同，而且在表达形式上也呈现出轻松活泼、明快晓畅的风格。换言之，她的研究成果采取了一种广大一线小学语文教师易于接受、乐于接受的形式。

  语文教科书，特别是小学语文教科书是教育的奠基工程，小学教科书研究意义不言而喻。沈玲蓉老师的这部学术专著尽管还有一些值得商榷和进一步探讨的地方，但仍不失为一部视角独特、内容丰富、史料翔实且具有个性的学术著作，对当前小学语文教育改革具有一定的借鉴意义。

  是为序。

刘正伟

2021 年 6 月 8 日

目　录

一、选题缘起

（一）新时期中国近代小学语文教科书"热"的出现

2001 年,《全日制义务教育语文课程标准（实验稿）》颁布，新中国第八次基础教育改革正式启动。与此同时，一股怀旧之风在 21 世纪盛行，语文界出现了"近代小学语文教科书'热'"，主要表现为以下三方面。

1. 中国近代小学语文教科书出版"热"

2005 年，上海科学技术文献出版社重印了近代时期的老课本《开明国语课本》（1932 年版）、《世界书局国语读本》（1917 年版）、《商务国语教科书》（1917 年版），上市没多久就售罄。同期重印的"老课本"系列在网上收获了来自学者、教师、家长、学生的一致好评。2010 年 12 月，上海科学技术文献出版社对这些老课本进行第 5 次印刷，出版后再次受到市场追捧，尽管价格是普通课本的十几倍，但同样卖到脱销。"老课本"突然上涨的销量让出版方受宠若惊，惶恐之下在《中国青年报》发表了"不得不说"的声明，强调出版社始终坚持力挺现今语文课本的立场，从未做出过言过其实的虚假宣传来促销，更没有炒作，"在面对不断的市场需求中，将会严格控制印数"①。2011 年，民国老课本迎来了一波出版热潮，九州出版社、辽宁教育出版社、贵州人民出版社、开明出版社、长安出版社、语文出版社等多家出版社纷纷推出了民国老课本。上海科学技术文献出版社又发表了声明，这次是关于其拥有《开明国语课本》版权的声明。至此，21 世纪初的中国近代小学语文教材的出版热潮

---

① 赵炬. 面对"老课本"突然热销不得不说[N]. 中国青年报（冰点周刊），2010-12-08（9）.

达到顶峰。民国经典老课本的编辑出版工作，由文化出版物《读库》的主编张立宪完成。影印本一经面世，在《读库》网店中，定价450元的平装本已预售出800余套，定价960元的精装本也已经预售出近200套。知名媒体人邓康延编写的《老课本，新阅读》一书，前后2次印刷共计2万册，基本售罄。叶圣陶主编、丰子恺绘制插图的《开明国语课本》，出版社"紧急加印10万套"之后，仍难以满足市场需求。

2. 中国近代小学语文教科书选文研究"热"

百度搜索"近代教科书"，专家学者和普通网友对"近代教科书"的一致好评扑面而来。如张立宪称读后感觉自己"像打开了一扇窗"，著名画家陈丹青认为"民国教育好善良呀"，著名作家叶开认为"老课本是真善美的充分体现"，语文教育研究专家王丽认为"小学国语课本堪为儿童作文模范"，"新概念之父"赵长天认为"老课本系列的重印，对于现在的教育工作者很有借鉴和启迪作用，也可以作为儿童的课外读物"。

2001年，我国第8次基础教育改革在全国中小学展开，与此同时，反思新课程改革也紧紧跟上，近代小学教育特别是小学语文教科书成为学术研究热点。主要从三方面来展开：近代语文教育史的视角，以王余光、刘正伟、李良品等为代表，不同程度地探讨了近代时期小学语文教科书的历史发展；社会文化学的视角，以毕苑、吴小鸥为代表，认为近代时期小学语文教科书承担了近代民族认同和国民塑形的教育使命；语言学的视角，以郑国民等为代表，认为近代教育的改变在于语体的改变；儿童文学的视角，张心科以儿童文学教育为线索，梳理了近代小学、中学语文教科书的演变。

3. 中国近代小学语文教科书选文实践"热"

各地掀起了诵读近代小学课本的热潮，如南京语文教师马翼翔2010年9月创办近代课堂，到2012年9月，第二学期开始，从一个公益班逐渐增加到5个班180人，使用的正是当时热卖以至于脱销的近代教科书《开明国语课本》。《开明国语课本》《世界书局国语读本》《商务国语教科书》这3套老课本面市后，曾被上海市高安路小学、上海师范大学第一附属小学指定为课外读物。"几乎不用教，孩子们一读就能成诵。"一位小学教师在新书发布会上说，并举出佐证：

《太阳》："太阳，太阳，你起来得早。昨天晚上，你在什么地方睡觉？"

《绿衣邮差上门来》："薄薄几张纸，纸上许多黑蚂蚁。蚂蚁不做声，事事说得清。"

这套意象优美的课本，选文多为自然与人、花鸟鱼虫，乃至猫狗等小动物题材。《太阳》《一箩麦》等课文，犹如一组组田园诗，充满童真童趣。

（二）教科书的本质：教学性

教科书文本是一种阅读文本，同时又具有特殊性，"一定要是能教与学的文本，它应既便于教师的教，也便于学生的学"[①]，"教学性是教材的本质特征和第一要素"[②]，有学者把它引申为"教学活动文本"[③]。实际上，古今中外的教科书编者也意识到这一点。夸美纽斯在编写《语言学入门》时，就强调教科书的内容要充实、扼要，难易程度要适合学生的智力水平。[④]1897 年，南洋公学率先推出第一本自编教科书《蒙学课本》，其编写形式力求照顾儿童的年龄特点和教学需要。

上述关于"近代小学语文教科书"的研究在不同领域取得不同成果，但还存在不足。一是缺乏教学论的视角。相关研究在教育史、社会学、儿童文学等领域对近代小学语文教科书作了梳理探究，但从教学论的视角即教学功能层面开展的研究甚少，而教科书主要的功能是用于教学。二是忽略综合研究。随着以《开明国语课本》为代表的近代小学语文教科书"热"的掀起，研究者对《开明国语课本》的选文、编排及插图等做了大量研究，也有学者对《共和国教科书新国文》做个案研究，但缺乏对整个近代时期小学语文教科书横向与纵向的综合研究。本研究拟从教科书的本质特性"教学性"来考察教科书的编制，并深挖教科书编者特点及出版社情况，望能切中要害、直入本质，给当下的教科书编写提供若干启示。

---

① 石鸥，石玉.论教科书的基本特征[J].教育研究，2012（04）：92-97.
② 曾天山.论教材的教学论基础[J].西北师大学报（社会科学版），1996（02）：63-68.
③ 孙智昌.教科书的本质：教学活动文本[J].课程·教材·教法，2013（10）：16-21，28.
④ 夸美纽斯.大教学论[M].傅任敢，译.北京：人民教育出版社，1984：15（译文序）.

二、本书核心概念

（一）语文

"语文"作为一个学科概念，始用于1949年，当时华北人民政府教科书编审委员会在选用中小学课文时，作出把小学的"国语"和中学的"国文"命名为"语文"的决定；1950年，中华人民政府正式把本学科定名为"语文"。1912年（民国元年）1月，《普通教育暂行课程标准》颁布，规定将学校里的"中国文字""中国文学"课程改称"国文科"，所编教科书为国文教科书。1920年，教育部通令国民学校改国文为国语，所编教科书基本为国语教科书，一直沿用至近代结束。所以本书中的"语文"实质上指近代社会特指的"国文"和"国语"。

（二）教科书

教科书，也可通俗地称为"课本"。从词源上考究，教科书有如下定义："凡定有程式而实验稽核之，皆曰课，如考课、功课"①，"凡事之根源为本"②。把课和本组合为"课本"，即是功课的根源或学校教学过程的根源之意。③学界认为"教科书"一词在中国最早出现于清同治光绪年间。其时，"基督教会多附设学堂传教，光绪二年（1876）举行传教士大会时，教士之主持教育者，以西学各科教材无适用书籍，决议组织'学堂教科书委员会'。该委员会所编教科书，有算学、泰西历史、地理、宗教、伦理等科，以供教会学校之用，间以赠各地传教区之私塾"④。石鸥认为，现代意义上的教科书需满足三个条件："第一，产生了现代学制，根据学制，依学年学期而编写出版；第二，有与之配套的教科书（教授法、教学法）或教学参考书，教授法书内容要包括分课教学建议，每课有教学时间建议等；第三，依据教学计划规定的学科分

---

① 方毅，傅运森，等. 辞源正续编合订本[Z]. 上海：商务印书馆，1940：1383.
② 方毅，傅运森，等. 辞源正续编合订本[Z]. 上海：商务印书馆，1940：735.
③ 中华民国教育部. 教科书之发刊概况[M]//第一次中国教育年鉴（戊编·教育杂录）. 上海：开明书店，1934：115.
④ 中华民国教育部. 教科书之发刊概况[M]//第一次中国教育年鉴（戊编·教育杂录）. 上海：开明书店，1934：115.

门别类地编写和出版。"①因此，现代意义上的语文教科书当数 1904 年商务印书馆出版的《最新国文教科书》。1904 年《奏定学堂章程》的颁布不但产生了现代学制，也使语文从综合性学科中独立出来，简称"国文"。近代时期，人们习惯把"教材""教科书""课本""读本"这几个概念等同起来使用，主要指在学校范围内，专门给教师和学生使用，承载课程内容的书本，它既包括"教科书""课本"，也包括"读本""教科图"等。本书以"教科书"统称，包括研究涉及的"课本""读本"等。

（三）教学论

教学论，就是关于教学的理论。

何为教学？许慎《说文解字》："教，上所施下所效也。""学，觉悟也。""教学"作为一个术语，最早出自《学记》："建国君民，教学为先。"这里的"教学"与当下话语中的"教学"意思相当。在西方，"教学"在英语中表示为 instruct，来源于拉丁语 instruere，有"积累""堆积"的意思，还表示为 teaching，有"解释""指示""演示""引导"之意。②教学的本质是什么？李定仁、徐继存主编《教学论研究二十年（1979—1999）》（2001）统计了国内 1979—1999 年研究教学本质的文献，最后把众多的教学本质观划分为 10 种观点：认识说、发展说、层次类型说、传递说、学习说、同一说、实践说、认识—实践说、交往说、价值增值说。③21 世纪，受西方行为主义、认知主义、人本主义、建构主义学习心理学等理论的影响，一般认为"教学"是为了"教会学生学习"。

因此，本书的"教学论视角"，就是以是否促进教学的角度来考量近代小学语文教科书。

---

① 石鸥. 最不该忽视的研究：关于教科书研究的几点思考[J]. 湖南师范大学教育科学学报，2007（05）：5-9.
② 唐文中. 教学论[M]. 哈尔滨：黑龙江教育出版社，1990.
③ 李定仁，徐继存. 教学论研究二十年（1979—1999）[M]. 北京：人民教育出版社，2001.

三、中国近代教科书建设阶段划分与研究样本的确立

（一）中国近代小学教科书建设不同阶段划分

不同的划分标准会有不同的划分结果。有人以时间节点划分教科书发展阶段，分为清末、民初、20世纪二三十年代[①]；有人以教育思潮划分清末近代小学语文教育演变，分为成人本位、儿童本位、国家本位[②]。纵观近代社会，近代小学语文教科书最大的贡献在于语体的转换——从文言文到白话文。作为传统语文教学向现代语文教学转变的主线，从文言文教学到白话文教学的转变过程，也是语文学科性质和任务逐渐明确的过程，语文教学从此开始走上现代化的征途。[③]言文一致的教科书使语文学习得到了普及，并引发了语文教学理念和教学方法的重大转型。本书以语体的变化为线索，把近代小学语文教科书分成三个阶段：国文教科书阶段（1904—1919），语体为文言文；国语教科书前期（1920—1929），语体为白话文，标志事件是1920年教育部下令将小学一、二年级国文改为国语，教科书文言文改为语体文；国语教科书后期（1930—1949），语体为成熟的白话文，标志事件是国民政府教育部先后于1932年、1936年、1941年、1948年颁布修订了四个小学语文课程标准[④]，明确了小学教育的目标、内容等，促进了小学语文教科书和小学语文教育的整体发展，白话文教科书语言表述更加规范优美。

（二）中国近代小学语文教科书研究样本的确立

近代社会，按照语文学科独立设科时间1904年为开端，指1904—1949年。这45年期间，国家战乱频繁、社会动荡不安，但这个阶段我国小学语

[①] 韩永红. 清末民国小学语文教科书中的人物形象研究（1904—1937）[D]. 保定：河北大学，2017.

[②] 张心科. 与时俱进，全面系统地看待语文教育改革：清末民国小学语文教育演变历程之梳理[J]. 小学教学（语文版），2020（C1）：10-13.

[③] 郑国民. 从文言文教学到白话文教学：我国近现代语文教育的变革历程[M]. 北京：北京师范大学出版社，2000：101.

[④] 分别是1932年《小学课程标准国语》、1936年《小学国语课程标准》、1941年《小学国语科课程标准》、1948年《国语课程标准》。此外，近代还有颁行于1904—1931年的6个课标：1904年《奏定高等小学堂章程》、1912年《小学校教则及课程表》、1916年《国民学校令施行细则》、1923年《新学制课程标准纲要小学国语课程纲要》、1929年《小学课程暂行标准小学国语》。后文为论述方便，有时也分别简称1912年《教则》、1916年《施行细则》、1923年《纲要》、1929年《标准》、1932年课标、1936年课标等。

文教科书的改革发展仍然取得了长足的进步。首先，近代时期的教科书数量繁多、种类丰富。但由于时间久远，能完整保存下来的并不多，据北京师范大学图书馆目录，曾有 100 多套小学国文、国语教科书，但实际能够见到的不足 80 套，以小学国文教科书、小学国语教科书为主，也有少量的女子教科书。如戴克敦主编、商务印书馆 1912 年出版的《女子国文教科书》和范源濂主编、中华书局 1914 年出版的《中华女子国文教科书》；教育部编、北京蒙文书社 1932 年出版的针对蒙古族小学生的《汉蒙合璧国语教科书》；陈鹤琴主编、上海儿童书局 1934 年出版的针对不同地区的三套《分部互用儿童教科书儿童中部国语》（该教材适于中部地区初级小学，同时作为南部、北部国语的补充材料）；有专门的说话教科书，如齐铁恨主编、商务印书馆 1933 年出版的《复兴说话教科书》《复兴说话范本》；还有针对某个教育理念编写的教科书，如王耀真主编、河北昌黎美会小学教育股 1939 年出版的《教学做儿童千字课》。其次，近代时期的小学教科书完成了两大转变——国文教科书完全代替了四书五经、言文一致的国语教科书代替了国文教科书，这两大转变在我国语文教科书发展史上具有举足轻重的作用。

本书选取在近代小学语文教育发展史中最具代表性的、发行量最大的教科书作为研究样本。近代后期，中央苏区和各抗日根据地在极其艰巨的条件下出版了多套适应当时革命形势发展的小学语文教科书，但因其数量有限且主要为抗日宣传，不适宜作为本书的主要研究对象。这样，笔者从纷繁复杂的教科书中选取了四套作为研究样本，具体如下。

国文教科书时期（1904—1919）

样本 1：《最新国文教科书》，蒋维乔、庄俞编，张元济、高凤谦校，商务印书馆 1904 年初版。《最新国文教科书》是按照现代学制（按照《奏定学堂章程》规定的学制，当时初小四年，高小三年）分学期编制并配备教授法书，堪称现代意义上的第一套教科书。在白话文教科书之前，全国各地大多用这套教材。"它的发行量占了全国发行量的百分之六十，后来各家新编教科书十九离不开它的窠臼。"①《最新国文教科书》在当时影响极大，蒋维乔充分肯

---

① 汪家熔.大变动时代的建设者：张元济传[M].成都：四川人民出版社，1985：90.

定了此书的价值，指出此书出版之后，逐渐取代了其他儿童读本，同时在其之后出版的其他教科书也纷纷效仿其体裁。蒋维乔认为，此书是教科书当之无愧的典范之作。①

样本 2 :《共和国教科书新国文》，樊炳清、庄俞主编，商务印书馆 1912 年初版。熟知当时教材出版的陆费伯鸿，在 1925 年认为"文体教科书至今犹以《共和》及《新式》为巨擘"②。到 1927 年 1 月，第 1 册和第 3 册再版量分别是 2686 版和 2306 版，第 6 册在 1912 年 3 月就达 61 版。

国语教科书前期（1920—1929）

样本 3 :《新学制国语教科书》，庄适、吴研因等编，商务印书馆 1923 年初版。1920 年 1 月，教育部明确要求初等小学使用语体教科书。1923 年新学制颁布后，高小三年改为两年，高小教科书的改革势在必行。《新学制国语教科书》是施行新学制后国语教科书的代表。第 2 册再版量截至 1926 年 7 月是 425 版，第 7 册截至 1927 年 1 月是 251 版，第 8 册截至 1928 年 9 月是 275 版。

国语教科书后期（1930—1949）

样本 4 :《开明国语课本》，叶圣陶编，丰子恺绘，开明书店 1932 年发行。《开明国语课本》出版后，在教育界和出版界广受赞誉，其活泼的材料、生动的语言、字里行间流露出的天真气氛、恰到好处的编排设计，与儿童的年龄层次尤为相宜，被认为在形式和内容上都是教科书中的后起之秀。教育部在审定时尤赞其创新精神。③ 黎锦熙认为，《开明国语课本》不仅融合了叶圣陶之文格与丰子恺之画品，还保证了语文课本的儿童化，可见小学教育前途光明。④ 郑晓沧指出其具有艺术的意味、优美的情趣和丰富的想象。⑤ 赵欲仁对此书尤为认可，认为叶、丰两位先生"对于儿童文学与儿童艺术研究有素，即此可知本书的价值"⑥。全书的编排设计皆从学习者的角度出发，课文字

---

① 蒋维乔.编辑小学教科书之回忆[C]//蔡元培.商务印书馆九十年.北京：商务印书馆，1987：56.
② 陆费伯鸿.论中国教科书史书[M]//郑子展，编.陆费伯鸿先生年谱.台北：文海出版社，1973.
③ 商金林.叶圣陶年谱长编（第1卷）[M].北京：人民教育出版社，2004：475.
④ 商金林.叶圣陶年谱长编（第1卷）[M].北京：人民教育出版社，2004：475.
⑤ 商金林.叶圣陶年谱长编（第1卷）[M].北京：人民教育出版社，2004：475
⑥ 商金林.叶圣陶年谱长编（第1卷）[M].北京：人民教育出版社，2004：475.

句与图画设计都以符合儿童学习心理为标准，能充分激发儿童阅读兴趣。① 何
兢业则看到了课本内容的独特性，认为这本教科书内容新颖，贴近生活，极
为少见。② 该书 1932 年初版后印行 40 余版次。过了 78 年，在全社会关注中
小学语文教育的大背景下，《开明国语课本》由多家出版社重印，又获得了
前所未有的好评，以至于出版社"紧急加印 10 万套"之后，仍难以满足市场
需求。

四、研究视角、研究思路与研究方法

（一）研究视角：教学论视角

美国学者戴顿认为："教科书是为学生设计的某一学程的学科内容的书面
性指导材料，这是教科书的明显的本质特征。"③ 石鸥认为，教科性是教学书的
本质属性。那么教科书的教学性如何体现呢？有学者认为"教科书的教学性主
要是指教科书内容与教学目标的吻合程度、与课程标准的吻合程度，以及内
容的编排和表述对教学的影响程度"④。就小学语文教科书教学性考量，笔者把
它分为三个维度。

1. 教科书编排是否符合课程标准理念

教科书作为国家意志、民族文化、科学进步的集中体现，是实现国家培
养目标的最直接的载体，而课程标准是国家法定的纲领性文件，教科书编排
必须体现课程标准理念。

2. 教科书编排是否符合语文学习规律

语文学科作为一门学科，有独特的教学内容，包括识字写字、课文学习、
口头和书面语言的应用提高等。这些教学内容的学习，有独特的规律，如识
字学习，有识字量、识字字种、生字复现率等学习规律。因此，小学语文教
科书编排要体现语文学习规律。

① 商金林.叶圣陶年谱长编（第1卷）[M].北京：人民教育出版社，2004：476.
② 商金林.叶圣陶年谱长编（第1卷）[M].北京：人民教育出版社，2004：476.
③ 孔凡哲.教科书质量研究方法的探索[M].北京：人民教育出版社，2008.
④ 孔凡哲.教科书质量研究方法的探索[M].北京：人民教育出版社，2008.

3. 教科书编排是否符合小学生学习特点

小学语文教科书的学习对象是小学生，小学生有小学生的认知特点，小学初小与高小阶段认知特点也不同，教科书编排要符合小学生认知、学习特点，先具体后抽象，由易到难，循序渐进，才能被小学生所接受、所喜爱。

语文学科是国家法定学科，语文教科书是语文学习的重要凭借，本书从课程论（是否符合课程标准）、学科特点（是否符合语文学习规律）、学习论（是否符合学生学习规律）三个维度对近代小学语文教科书进行教学论审视。

（二）研究思路与研究方法

本书采取系统分析和重点深入研究相结合的基本思路，采用时间与问题相结合的方式安排结构框架，以体现历史与逻辑相统一的原则。

本书主要采取了以下三种研究方法：一是文献研究法，充分挖掘 1904—1949 年小学语文教科书相关的重要史料——文献汇编、著作、期刊和笔者收集的 100 余册近代小学语文教科书，涉及大量一手资料。二是个案研究法，对《最新国文教科书》《共和国教科书新国文》《新学制国语教科书》《开明国语课本》这四套具有代表意义的教科书作重点分析，兼顾不同时期各有其存在条件的特色教科书，如官话教科书、女子教科书、单级教科书等。基于文本，对教科书选文内容、题材、体裁、课后练习及编者进行梳理、归纳和剖析，探索近代小学语文教科书编制的规律。本书对庄俞、叶圣陶等编者进行个案分析，以探究教科书编者特点；对商务印书馆、中华书局等出版社进行个案分析，以探究教科书出版者特点。三是比较研究法，通过纵向、横向比较，梳理近代小学语文教科书不同阶段的特点及同一阶段不同教科书的差异。

第一章

中国近代小学语文教科书内容研究

第一节　中国近代小学语文教科书识字编排研究

一、中国近代小学语文教科书识字编排内容"还原"

初等小学相比于高等小学，在语文学习方面以识字学习为主，所以初等小学选文的还原方式以识字特点和内容特点两方面呈现。

（一）识字编排"还原"

近代小学语文教科书识字编排内容见表 1-1。

表 1-1　近代小学语文教科书识字编排内容

	最新国文教科书	共和国教科书 新国文	新学制国语教科书	开明国语课本
识字量	第1、2册共964字	第1、2册共656字	第1、2册共503字	第1、2册共448字
识字方式	先集中后随文	先集中后随文	随文识字	随文识字
第1册第1课	天地日月　山水土木	人	狗　小狗　来来来	一　先生早 先生，早！ 小朋友，早！
第1册第2课	父母子女　井户田宅	手　足	大狗跳　小狗跳 大狗跳　小狗跳 大狗叫　小狗叫 大狗小	二　坐下来 先生说："小朋友，坐下来。"
第1册第5课	一二三四五 六七八九十	狗　牛　羊	一只猫　一只老鼠 猫叫　老鼠跑 猫追老鼠　老鼠逃	五　你玩皮球 "小黄狗，你玩皮球，像吃馒头。哈哈！"

续　表

	最新国文教科书	共和国教科书 新国文	新学制国语教科书	开明国语课本
第2册第1课	学堂暑假 一月已满 今日早起 穿新衣入学堂 先生授我新书 告我日如读此书 当比首册更有味也	新书一册 先生讲　学生听 先读字　音后解 字义	一　这本书儿 你也爱，我也爱，这本书儿真不坏。这面有故事，那面有诗歌；诗歌真是好，故事真是多。故事多，诗歌好，图画也不少。快快看下去！有没有大的牛、羊、小的鸟？	一　可爱的泥人 "我姓张，你姓黄。可爱的泥人姓什么？""我叫小云，你叫大文。可爱的泥人叫什么？""我住在洗马巷，你住在迎春巷。可爱的泥人住在哪里？"
第2册第2课	笔类不一 中国以毛为之外国或以钢或以铅其用最广 今学堂有粉笔用于黑板 有石笔用于石板 取其便也	午饭时 天气热 黑云起 大雨至 电光闪闪 雷声隆隆	二　鸟怎么没有耳朵？ 长耳朵的鸟，和猫很要好。鸟要做坏事，猫劝他不要。鸟不听猫话，猫就把他咬。这边一咬，那边一咬，两只耳朵都咬掉。鸟说："啊哟！啊哟！不好了。"	二　我也不知道 "泥人住在纸盒里，我知道的。泥人姓什么，泥人叫什么，我都不知道。只好问它的爸爸妈妈。""它的爸爸妈妈在哪里？""我也不知道。"

（二）识字编排特点

1. 识字编排共同特点

（1）识字方式：随文识字为主

古代语文教育是先集中识字，经典教材是"三百千"，识字之后进入阅读习作教学，阅读教科书一般是四书五经。近代小学语文教科书摒弃了传统语文教育中的集中识字方式，采取在阅读课文中随文识字为主的方式，国文教科书阶段还保留了前几课集中识字的方式，国语教科书则完全以随文识字开始。

（2）识字量：逐年递增

第一年的识字量为500~600字；两年的识字量为1000~1400字；四年的总识字量为2100~2600字。

（3）识字顺序：循序渐进

《最新国文教科书》在编写前总结了各家教科书的 18 条缺点，并制定出 18 条革新办法：规定生字笔画由简至繁，由单字单词，再成句；第 1 册最长句子以五个字为限，不出现虚字。如初小用第 1 册开篇第 1 课就是"天地日月山水土木"，所选文字笔画较少，易于儿童认识。之后笔画随课增多，生字也由少到多。《共和国教科书新国文》初小"编辑大意"第七条指出："本书生字之多少，字句之长短，笔画之繁简，意义之深浅，按照程度循序渐进，以免躐等之弊。"《共和国教科书新国文》初小第 1 册第 1 课一个字"人"，第 2 课两个字"手　足"，第 4 课三个字"山　水　田"，第 6 课两个词语"一身　二手"，第 30 课是简单的句子"大路上　人往来　或乘车　或步行"。《新学制国语教科书》初小"编辑大意"第四条指出："本书用字由本馆教科书编纂委员会编入，去取十分严谨。低学年各教材中，多用名词、动词、形容词。凡助词、介词、接续词等不易解释的，用得极少。第一册前半册中，绝对的不用。"第 1 册第 1 课出现的是名词和动词"狗、跳"，第 24 课、第 25 课开始出现语气词"呀、吧"等。《开明国语课本》初小"编辑要旨"指出："词、句、语调力求与儿童切近，同时又和标准语相吻合，适于儿童诵读或吟咏。"第 1 册第 1 课是简单的问候语："先生，早！小朋友，早！"最后一课《你看像什么》是富有童趣的图片描述："这里四棵树，那里五棵树，共有几棵树？共有九棵树。一个人，在这里。三只兔，在那里。你看像什么？好像猎人追野兔。"。

（4）生字词频率：反复出现

这个特点在《新学制国语课本》和《开明国语课本》中得到了很好的体现。《新学制国语课本》第 1 册第 1 课出现了"狗、跳、叫"等生字，第 2 课继续出现"跳"，第 3 课出现含有"狗、叫、跳"字词的句子，第 4 课继续出现"叫、跑"等生字词的同时，引出新的生字词"猫、老鼠、追、逃"等，第 5 课再重复上述生字词。《开明国语课本》第 1 册第 1 单元共 7 课，课与课之间相连，都在讲述开学上课的规则，内容相连，生字词自然反复出现。如第 1 课："先生，早！小朋友，早！"第 2 课："先生说：'小朋友，坐下来。'"第 3 课："先生说：'我讲话，小朋友听。'"第 4 课："先生讲：'小黄狗，玩皮球。'"第 5 课："小黄狗，你玩皮球，像吃馒头。哈哈！"第 6 课："我爱皮球。皮球来，我捧它。皮球去，我追它。"第7课："先生讲完了，小朋友走出去。一二！一二！"这里"先生、小朋友、讲话、黄狗、皮球"反复出现，而且在情境中展开。

2. 识字编排不同特点

（1）随文识字方式不同

《最新国文教科书》（第1册第1—11课）和《共和国教科书新国文》（第1册第1—25课）都是以单个字或词的方式识字，《最新国文教科书》第1册第12课起、《共和国教科书新国文》第26课起，以简单句子中出现生字词的方式识字。《新学制国语教科书》和《开明国语课本》一开始就是随文识字，即在一篇课文中识字。《新学制国语教科书》以名词、动词识字居先。《开明国语课本》则是在一个个连续的小故事中识字。

四套教科书的识字方式比较如表1-2所示。

表1-2　四套教科书识字方式比较

	最新国文教科书	共和国教科书新国文	新学制国语教科书	开明国语课本
识字方式	先单个字词识字，后句子中识字	先单个字词识字，后句子中识字	句子识字，以名词、动词为先	在儿童生活故事中识字

四套教科书的生字量差异如表1-3所示。

表1-3　四套教科书生字量比较

单位：个

	最新国文教科书	共和国教科书新国文	新学制国语教科书	开明国语课本
第1册	458	286	243	208
第2册	506	370	260	240
第3册	516	338	275	248
第4册	299	325	297	280
两年生字量	1779	1319	1075	976
第5册	354	367	289	334
第6册	273	335	329	340
第7册	327	328	248	321
第8册	274	280	192	274
初小总生字量	3007	2629	2133	2245

参考资料：蒋维乔，庄俞，高凤谦，等.最新国文教科书[M].北京：商务印书馆，1904.（初小第1—8册统计）郑国民.从文言文教学到白话文教学：我国近现代语文教育的变革历程[M].北京：北京师范大学出版社，2000：102.胡开.现行小学国语教科书内容研究[D].武汉：国立武汉大学，1934.吴研因，庄适，沈圻.新学制国语教科书[M].上海：商务印书馆，1923.（初小第1—8册统计）

由表 1-3 表可知，《最新国文教科书》生字量最大，初小四年共 3007 字，比《共和国教科书新国文》多 378 字，比《新学制国语教科书》多 874 字。初小前两年生字量《最新国文教科书》最多，有 1779 字，《开明国语课本》最少，只有 976 字，相差 343 字。

（2）识字频率不同

《共和国教科书新国文》生字词出现频率不高，如第 1 册第 1 课"人"，第 2 课"手　足"，第 3 课"刀　尺"，第 4 课"山　水　田"，第 5 课"狗　牛　羊"，生字词缺乏关联。"手"这个生词在第 1 册中共出现 5 次，分布在第 2 课、第 6 课、第 39 课、第 43 课、第 46 课。而《新学制国语教科书》《开明国语课本》都是在连续的课文中反复出现，上文已有论述。

二、中国近代小学语文教科书识字编排归因

（一）中国古代识字教育编排的影响

我国古代小学教育俗称"蒙学"。张志公先生认为，定型于明清两朝的传统蒙学教育基本包括四个阶段：第一，集中识字阶段，以《三字经》《百家姓》《千字文》《千家诗》为入门教材；第二和第三，初步读写和进一步识字，以《弟子规》《名物蒙求》为主要教材；第四，进一步读写，以四书五经为主要教材。[1] 清末民初的识字教育显然还受到传统蒙学教育的影响，反映在课标（当时称"教则"）和教科书的编排上。1912 年《小学校教则及课程表》（摘要）："初等小学校首宜正其发音，使知简单文字之读法、书法、作法，渐授以日用文章，并使练习语言。"[2] 阐述了识字教育的做法：正音——单字读法、书法、作法（即会读、会写、会用）——日用文章。这些理念也反映在近代初期 1904 年版的《最新国文教科书》和 1912 年版的《共和国教科书新国文》的识字编排上，即先单字再联句再成文。近代中后期的识字理念已经摆脱了传统蒙学的影响。1923 年《新学制课程标准纲要小学国语课程纲要》："……（二）

---

① 张志公. 传统语文教育初探[M]. 上海：上海教育出版社，1962：1.
② 课程教材研究所. 20世纪中国中小学课程标准·教学大纲汇编：语文卷[M]. 北京：人民教育出版社，2001：11.

程序。第一学年：1.演进语练习，简单会话，童话讲演。2.记载要项和字句多反复的童话故事，并儿歌、谜语等的诵习。3.重要文字的认识。4.简单语言的记录发表。5.写字的设计练习。"[1]1932年《小学课程标准国语》第四"教学要点"对写字的要求是："写字的材料，初学时应采习用的字、易误的字，组成有意义的句子，以减少机械的作用。"[2]从1923年的纲要和1932年的课标来看，都抛开了单个的机械识字方式，提到了随机识字、在"有意义的句子"中以及"记载要项和字句多反复的童话故事，并儿歌、谜语等的诵习"中识字的重要性。近代中期《新学制国语教科书》和近代后期《开明国语课本》则注重儿童识字兴趣的编排，完全采用随文识字。

（二）识字心理学的发展

俞子夷等1934年提到教材识字编排时有详细分析："不从单字开始，要从整段的故事开始，从前人误信由部分而全体的学说，所以由单字而词，由词而句，由句而段，现在因心理学的证明，这次序是错误的。所以应从整个的思想开始。全文如嫌过长，至多分成若干段落，每段要有一个中心思想，在一段中认识句，在句中认识词或字。"[3]在识字频率方面，近代中后期就有人在做相关研究。俞子夷曾把我国和美国的小学语文课本的生字数和全书字数进行比较，发现美国课本中生字的重复机会是53次，而我国却只有3次。[4]说明我国1930年前出版的小学语文教科书普遍存在着生字复现率低的状况。艾伟通过大量的实验也指出："在教本中某字所见的次数虽多，但其分配集中于某数课而不均匀，此外即再无再见之机会，这样不能使我们养成牢固的习惯，所以对于生字之介绍，在教本中我们不但希望其所见的次数甚多，而且希望其分配适当。"[5]说明到近代中后期，国内识字心理学有了较大的发展。

（三）教育思潮的影响

美国学者托马斯·库恩认为，"任何一门科学中第一个范式兴起的附带现

---

[1] 课程教材研究所.20世纪中国中小学课程标准·教学大纲汇编：语文卷[M].北京：人民教育出版社，2001：13.
[2] 课程教材研究所.20世纪中国中小学课程标准·教学大纲汇编：语文卷[M].北京：人民教育出版社，2001：29.
[3] 俞子夷，朱晟晹.新小学教材和教学法[M].上海：儿童书局，1934：318.
[4] 赵欲仁.小学国语教学的三种新趋势[J].中华教育界，1930（12）：77-79.
[5] 艾伟.教育心理学[M].上海：商务印书馆，1946：279.

象，就是对于教科书的依赖"①。教科书作为民族文化、社会进步和科学发展的集中体现，它的编排也折射出当时的文化理念和教育思潮。在这一过程中，教科书常常会选择"主导文化及突生文化为标准"②。民国时期的教育思潮主要经历了从成人本位实用主义到儿童本位审美主义的过程。③ 当时的期刊、教科书、课程标准等无不折射着教育思潮的演变。

1. 近代初期：成人本位实用主义教育思潮

（1）教育期刊与方针

在民初的教育期刊与方针中，有许多关于成人本位实用主义的内容，对教科书的编制产生了重要的影响。1911 年，时任教育部部长蔡元培提出了五育并举的教育方针，其中就包含了"实利主义教育"，因此教科书也响应新的教育方针，增加了许多关于实利主义的内容。1913 年，时任江苏省教育司司长黄炎培主张，"学校教育宜采用实用主义"④。《教育杂志》的编辑庄俞曾肯定实用主义对学校教育的作用——"实用主义是我国学校教育之良药"⑤。商务印书馆编辑吴研因、沈百英曾在《教育杂志》上发表文章称"第二期用的教材，脱胎于前期，而加以改良。以前都是古人的死知识，现在改为现实社会的实用知识；以前都是成人的死技能，现在改得近于儿童的了"⑥，他们都肯定了教材中增加实用知识的做法，也在编写过程中作出了相应的改进。

（2）民初教科书

近代初期的小学语文教科书编排目的在于促进学生"成人"，那么，要把小学生培养成为什么样的人？显然是"采用注入式教育，把成人的理想、知识、习惯、尽量注入儿童，愈多愈好，愈快愈妙，把儿童看作成人预备阶段而已"⑦。例如《共和国教科书新国文》初小第 3 册第 1 课《读书》：

> 学生入校，先生曰："汝来何事？"学生曰："奉父母之命，来此读

---

① 托马斯·库恩. 科学革命的结构[M]. 金吾伦，胡新和，译. 北京：北京大学出版社，2003：85.

② 吴小鸥. 教科书，本质特性何在？——基于中国百年教科书的几点思考[J]. 课程·教材·教法，2012（02）：62-68.

③ 张心科. 清末民国儿童文学教育发展史论[M]. 北京：北京师范大学出版社，2011：2.

④ 黄炎培. 学校教育采用实用主义商榷书[J]. 教育杂志，1913（07）.

⑤ 庄俞. 采用实用主义[J]. 教育杂志，1913（07）：87-95.

⑥ 吴研因，沈百英. 小学教学法概要[J]. 教育杂志，1924（01）：1-13.

⑦ 陈济成，陈伯吹. 儿童文学研究[M]. 上海：幼稚师范学校丛书社，1934：12.

书。"先生曰："善，人不读书，不能成人。"

可见，在该时期儿童读书是秉承父母之意，目的是"成人"，因此老师在教授时自然也灌之以成人的思想。成人本位的特点也反映在教科书识字编排上，民初在教授儿童识字时采用的是成人识字思维，即单字——联句——成篇，这是一种成人化的识字方式。

2. 近代中后期：儿童本位审美主义思潮

（1）教育方针与期刊

1919年4月至1921年8月，杜威在中国14个省市作了200多场讲演，宣扬自己的思想，"儿童中心"和"生活本位"教育思想开始在中国传播。《中华教育界》曾刊登过李步青的《小学国文教授实际之研究》一文，其中就谈到了对当时教育思潮的认识："兹就当今教育思潮略述其大意。一，儿童中心。此主义在随处使儿童自由生活，以发挥其本能。二，生活本位。教育为何而施，儿童学习将以何用，使其获得之知识技能无与于生活，何贵有此教育，何用此学习。固此主义重生活问题，以陶冶儿童实际生活上之能力。在教材方面而期于实用，在精神方面为养成自动。"[①] 可见教育期刊对儿童本位思潮的推动作用。

（2）课标规定

该时期的课标也体现了儿童本位的思想，为教科书的编制指明了方向，如表1-4所示。

表1-4　课程标准

课　标	相关要求
1923年《新学制课程标准纲要小学国语课程纲要》	（一）目的 练习运用通常的语言文字，引起读书趣味，养成发表能力，并涵养性情，启发想象力及思想力。
1929年《小学课程暂行标准小学国语》	第四　教学方法要点（二） 读书合于儿童学习心理，并便于教学。
1932年《小学课程标准国语》	附件三　教材的编选，应注意下列各点 （四）依据儿童心理，尽量使教材切于儿童生活。
1936年《小学国语课程标准》、1941年《小学国语科课程标准》、1948年《国语课程标准》	（同上）

---

① 李步青. 小学国文教授实际之研究[J]. 中华教育界，1920（01）：1-16.

由此可见，课程标准在课标目的、教学方法和教材规定上，都强调了要符合儿童兴趣，切于儿童学习心理。正是中后期教育思潮的演变，影响到教科书的识字编排，才改变了教科书中单字单词的编排方式，开始突出趣味性，从适合儿童表演理解的图画故事入手进行识字编排。1936年课标指出："低年级开始用的课文，先是演进连续的图画故事，次是半图半文的'反复故事'；初用的故事诗歌。从完整成段或成篇的文字入手，不从单字单句入手。"这样编排也正体现了儿童本位的教学理念。

三、中国近代小学语文教科书识字编排"教学论"审议

（一）识字编排审议的维度

第一维度，教科书编排要体现课标（大纲）识字编排精神。任何教学行为都是对课标的具体落实，教科书作为辅助文本，自然也得遵循课标理念。第二维度，教科书编排要符合识字学习规律。识字学习主要是要让学生掌握汉字的音形义，体现在教科书编排上就是字量多少、字种、识字编排方式等。第三维度，教科书编排符合小学生识字学习特点。识字教学一般放在初小一、二年级，该阶段学生年龄小，以形象具体思维为主，识字编排要体现学生的这种认知特点。

（二）识字编排审议

1. 国文教科书时期识字编排审议

（1）识字编排是否体现了课标（大纲）理念

该时期有四个章程或教则。《奏定初等小学堂章程》规定："第一年，中国文字讲动字静字虚字文字之区别，兼授以虚字与实字连缀之法，习字即以所授之字告以写法"；"第二年，讲积字成句之法，并随举寻常实事一件，令以俗话二三句联贯一气，写于纸上，习字同前"。1912年《小学校教则及课程表》规定："初等小学校首宜正其发音，使知简单文字之读法、书法、作法，渐授以日用文章，并使练习语言。"1916年《国民学校令施行细则》照搬1912年《小学校教则及课程表》，一字不差。

可见，这些章程、教则的识字理念是先讲实词再讲虚字，正其音——知简单文字之读法、书法、作法——日用文章练习语言。《最新国文教科书》初小第1册的生字全是实词，第2册才开始出现大量的虚词。而《共和国教科书新国文》初小第1册按"单字—词语—句子"编排，如第1册第6课教授单字"一、二、身、手"，第10课教授词语"青天、白日、满地红"，第26课"我妹妹，在房中，持剪刀，裁新衣"；第2册不再出现单独的单字与词语，如第1课"先生讲，学生听，先读字音，后解字义"；第3册起，皆以短文呈现，如第3课《燕子》："燕子，汝又来乎，旧巢破，不可居，衔泥衔草，重筑新巢，燕子待汝巢成，吾当贺汝。"

由此得出结论，教科书的编排体现了"章程""教则"理念。

（2）识字编排是否符合汉字学习规律

由表1-5可知，《最新国文教科书》生字量最大，初小两年共1779字，而《共和国教科书新国文》初小两年共1319字，《新学制国语教科书》共1075字。

表1-5　三套教科书生字量比较

单位：个

	最新国文教科书	共和国教科书新国文	新学制国语教科书
第1册	458	286	243
第2册	506	370	260
第3册	516	338	275
第4册	299	325	297
两年生字量	1779	1319	1075
初小总生字量	3007	2629	2133

由此得出结论，就识字量而言，民国初年的教科书识字量过重，造成教学负担。

从生字复现率看，教科书生字词复现率高有利于孩子们在多次复现后认识生字词。近代初期的国文教科书，如《共和国教科书新国文》（1912）第1、2册无目录，《单级国文教科书》（1913—1915）第1、2、3册都是单个生字，《新制中华国文教科书》（初小，1913—1915）第1、2、3册无目录，只是生字。

由此得出结论，近代初期初小前几册都是集中识字，而且文字复现的机会不多。

从识字方式看，国文教科书的识字编排都是集中识字，直到初小第3、4册后出现随文识字。我国汉语识字主要分集中识字和分散识字。集中识字，优点是识字效率高，缺点是枯燥乏味。分散识字是随文识字，随语境识字，有利于激发孩子的识字兴趣，易识易记，真正理解字词在语境中的含义，缺点是效率低下、教科书编排困难。

由此得出结论，国文教科书初期识字量大，生字复现率低，集中识字枯燥，不符合语文学习规律。

（3）识字编排能否为学生所接受

兴趣是最好的老师。孔子云"知之者不如好之者，好之者不如乐之者"，阐述了兴趣对学习的重要性。刚入学的孩子，虽然已经具有一定的抽象概括能力，并且掌握了一些概念，能够初步进行判断和推理，但思维水平总的来说非常低，有很大的具体形象性，思维过程往往依靠具体的表象，不易理解较抽象或他人的经验。近代初期国文教科书单字编排显然缺乏形象性，无法提起学生兴趣。但初期的识字编排在插图的形象生动性和后几册的韵语、短文识字的趣味性上作了努力。《最新国文教科书》第1册开篇插入了展现第1课"天 地 日 月 山 水 土 木"内容的彩色插图。《共和国教科书新国文》第1、2册以识字为主，配以相应的短句和图片。《单级国文教科书》（1913—1915）前3册是集中识字，几乎每课都配有图画。《新制单级国文教科书》（1915）各册都配有大量插图。

近代初期初小国文教科书，识字编排方面，前2册或前3册都是单个的字或词语，后几册出现韵语短句或短文中识字。如《最新国文教科书》第1册第1课"天 地 日 月 山 水 土 木"、第7课"大牛 小犬 丈尺寸分"；《共和国教科书新国文》第2册第2课"小舟，河边行，前有桨，后有船，上有布帆"、第7课"卧室内，有火炉，炉中烧炭。火渐盛，炭渐红，一室温暖"；《单级国文教科书》第2册第7课"梅花盛开，我折两枝。插瓶中，供案上"、第14课"室中有炉，炉中烧炭。火旺炭红，一室温暖"；《新制中华国文教科书》第1册第25课"小桥；明月；凉风"，第3册第21课"晚饭后，父母子女围坐案旁，父写信，母记账，子女温课"。后几册的识字编排围绕学生的家庭生活、社会生活来展开，用儿童熟知的生活做材料，激发他们识字的兴趣。但就识字方式而言，近代初期的教科书编排缺乏可操作性。正如吴研因所言："最为可笑的；一个'人'字或'一'字，只须在学生需要的时机，轻轻指示一下，也就够了，我们也偏要练习话法，深究应用。"①《共和国教科书新国文》初小第1册第1课"人"，就一字，教师要针对"人"字展开"预备、教授、应用"三段教学步骤。《新国文教授法》第1课"教授上注意之要项"：

　　一、本课预备段设问，可就挂图或书中图画，先行指问学生，使知长者幼者统谓之人。次就实处指问，使知校中教员生徒亦统谓之人。盖人者，本儿童所已知，经此指问，则对人之观念益确。

　　二、本课图大小凡七人，七人之中大人四，小人三。大人之中男人二，女人二。小人之中亦有男女之别。务令学生审辨明白。

　　三、人之形状，以身首耳目口鼻手足等组合而成。

　　四、世间生物甚多，而人为生物之一类，鸟兽亦各为生物中之一类。

　　五、鸟兽虽为生物，虽能动作，能饮食，然其智识能力远逊于人，故人为万物之灵。（以上两项，陈义不可稍涉高深，以幼童能领会为限。）

　　六、人必读书明理。不能读书明理，则人皆贱视之。

　　七、"人"字属半舌半齿间，作开口呼。（凡字属某某音者，不必告学生，惟使其呼法合式足矣。）

　　八、"人"字两笔，左为撇，右为捺，写法先撇后捺，自上而下。

教师面对教材中的一个字，要开发出如此多的内容，教科书又缺乏指令，完全需要教师去钻研教科书、制作教具、设计问题等，教师累，学生学习枯燥，毫无操作性可言。

2. 国语教科书前期识字编排审议

（1）识字编排是否体现课标（大纲）理念

这一阶段颁布了两份纲要（标准）文件，分别是1923年的《新学制课程标准纲要小学国语课程纲要》和1929年的《小学课程暂行标准小学国语》。

---

① 吴研因，舒新城. 小学国语教学法概要[M]. 上海：商务印书馆，1925：13.

1923 年《纲要》要求小学国语课程达到如下目标：

练习运用通常的语言文字，引起读书趣味，养成发表能力，并涵养性情，启发想象力及思想力。

1929 年《标准》要求小学国语课程达到如下目标：

欣赏相当的儿童文学，以扩充想象，启发思想，涵养感情，并增长阅读儿童图书的兴趣。

1929 年《标准》要求教材排列的程序，注意下列各点：

（乙）开始用一段故事入手，不用单字单句入手（学过一段故事以后，从故事里认识句子，再从句子里认识单字）；后来用完整成段或成篇的文章，更不用零碎的字句。

近代中期 1923 年《纲要》、1929 年《标准》跟近代初期 1912 年《教则》1916 年《施行细则》相比，中期比初期更加强调趣味性，1923 年《纲要》、1929 年《标准》无论在前言中还是教学方法上都提到要关注学生学习兴趣。

近代中期的国语教科书识字编排落实了课标（大纲）理念。《新学制国语教科书》初小第 1 册没有课题，课文内容以动词、名词为主，极少取助词、连词等学生不易明白的词，生字词多反复，便于儿童游戏与动作模仿。如第 1 册第 42 课：

六个好宝宝　三个打头飞　三个跟着叫　前面不多　后面不少
扑扑扑扑学飞鸟
七个好朋友　一个打头炮　六个跟着走　少的在前　多的在后
汪汪汪汪学小狗

第 2 册起有课题，在短文中（主要以童话故事居多）识字。如第 2 册第 2 课《小鸟没有耳朵》非常富有童趣：

小鸟在草地上玩耍，牛、羊在后面吃草。牛说："那鸟没有耳朵，一定听不见声音。"羊说："我去叫一声看。"羊跑过去，咩！一叫。小鸟就飞掉了。牛说："咦！那鸟没有耳朵，怎么会听见声音呢？"

《新学制小学教科书初级国语读本》（1924）"编辑大纲撮要"第三条："低年级注重韵文。例如本册韵文占百分之七十，可说从来所未有。而材料排列，又很活泼。并不偏重在儿歌、谜语等，往往把童话、游戏动作等，也编成韵文，务使错综变化。"可见，《新学制小学教科书初级国语读本》（1924）强调韵语识字，童话、游戏元素丰富。

《新撰国文教科书》（初小，1926—1927），虽为文言文教科书，但也把趣味性视为第一要义。如该书"编辑介绍"云："本书目的在引起儿童读书之趣味，养成儿童发表意思之能力，并涵养其性情，启发其思想。"

《新时代国语教科书》（1927）为语体教科书，全套8册，供初小4年使用。低年级以儿歌与故事为主，识字编排以儿歌与故事的形式出现。

《新中华国语读本》（1927—1928）为语体教科书，全套8册，供初小4年使用。其"编辑大意"第三条指出，第1、2册文体"多用韵文和儿童语"。如：第1册第2课"招招手　来　快来"；第1册第5课"来洗面　来洗手"。

由此得出结论，以1923年《纲要》、1929年《标准》审视不同版本的教科书的编辑大意，可以发现，教科书的具体课文体现了当时课标（大纲）的理念。

（2）识字编排是否符合汉字学习规律

从识字量看，以《共和国教科书新国文》等为例，见表1-6。

表1-6　三套教科书生字量比较

单位：个

	共和国教科书新国文	新学制国语教科书	新学制小学教科书初级国语读本
第1册	286	243	259
第2册	370	260	269
第3册	338	275	317
第4册	325	297	319
两年生字量	1319	1075	1164
初小总生字量	2629	2133	2381

由表1-6可知，国语教科书前期的识字量比国文教科书时期低，与国语教科书后期相当，较之公认的2500字标准稍稍偏低。

从复现率看，近代中期国语教科书的编者已意识到生字复现率的重要性，这在"编辑大纲"及教科书中都有所体现。如《新学制小学教科书初级国语读本》（1924）"编辑大纲撮要"第七条云："字句注重有变化的间歇反复，务使儿童多得到学习的机会。"《新学制国语教科书》"编纂大要"云："本书分量，为着字句反复起见，低年级各册，比《新法国语教科书》加重一倍。"生字复现率的追求更体现在教科书的落实上。

从识字方式看，近代中期的识字编排主要采用随文识字编排。随文识字符合识字教学规律，在具体的有动作、有形象的语境中认识生字，学生结合语境便于理解和巩固词义。随文识字的方式具有形象性、生动性、情节性，符合初学儿童以形象思维为主的认知特点。

（3）识字编排是否符合小学生学习汉字特点

一、二年级的小学生喜欢游戏、动作等能激发他们学习兴趣的活动，教科书编排符合这些规律，以动作、小故事开始识字，学生边做动作边识字，符合该阶段学生特点，且有的安排故事情境，符合初小学生爱玩好动等认知特点。如《新学制国语教科书》第1册第3课："跑跑跑　一二三四　跳跳跳一二三四。"文字旁边还配了儿童跑步的插图，这种图文结合的识字方式吸引了学生的兴趣。

3.国语教科书后期识字编排审议

（1）识字编排是否体现课标理念

近代后期共有四个课标，以下分别考察之。

1932年《小学课程标准国语》：

第一，目标：……（二）指导儿童学习平易的语体文，并欣赏儿童文学，以培养其阅读的能力和兴趣。

……

第四，教学要点……（二）读书：……（乙）文字教学用整段故事入手，不用单字单句入手（学过整段故事以后，从故事里认识句子，再从句子里认识词和单句），后来用完整成段或成篇的文章。

1936年《小学国语课程标准》附件二"读书教材编选的注意点"：

（二）根据儿童心理，尽量使教材切合儿童生活和儿童阅读能力及兴趣。其条件如下：……（4）编排方面：（甲）低年级开始用的课文，先是演进连续的图画故事，次是半图半文的"反复故事"，初用的故事诗歌，从完整成段或成篇的文字入手，不从单字单句入手。

1941年《小学国语科课程标准》同1936年、1948年的课标相比，相对简单粗糙、篇幅短小。

国语教科书后期的识字编排体现了课标理念，不从单字单句入手，而从整段或整篇的童话故事诗歌或日常生活记叙文入手。

（2）识字编排是否符合汉字学习规律

从识字量看，《新主义国语读本》（1930）初小四年 2500~3000 字，《开明国语课本》（1932）初小四年 2245 字，比前期少。

从复现率看，近代后期国语教科书生字编排的复现率是很高的，课文的编排随处可见。一种是课内生字词的不断复现。如《国语教科书》初小第 2 册第 2 课："先生同学生，对国旗行礼，一鞠躬，二鞠躬，三鞠躬。"另一种是不同篇目的不断复现。如《初小国语教科书》（1938）第 1 册第 4 课"弟弟唱　太阳红　太阳亮　太阳出来明光光"，第 5 课"妹妹唱　我爱太阳红　我爱太阳亮　我爱早上的太阳光"；《复兴国语课本》（1933）第 1 册第 1 课"弟弟　你来　你来"，第 2 课"弟弟说　你来　我不来"，第 3 课"哥哥说　弟弟　你来看小猫"。

从识字方式看，随文识字，而且是在整段或整篇的童话诗歌中识字。如《基本教科书国语》（1931）初小第 1 册第 1—5 课的内容分别是：

第 1 课　　小狗　小狗　走走走

第 2 课　　小狗咬小鸡　小鸡逃走　小狗咬小猫　小猫逃走

第 3 课　　小狗咬小孩子　小孩子不逃　小孩子打小狗　小狗逃走

第 4 课　　小狗逃　小鸡叫　小猫跳　小孩子哈哈笑

第 5 课　　哈哈笑　笑哈哈　小狗小狗不要怕　你不咬鸡我不打

你不咬猫我不骂

儿童就在这些简单的游戏中学会了识字。

现将《国语新读本》（1933）初小第 1 册第 1—10 课的篇名列入表 1-7。

表 1-7　《国语新读本》（1933）初小第 1 册第 1—10 课篇名

第1课	第2课	第3课	第4课	第5课
小红上学	猫捉金鱼	小羊追鸟	两只羊过桥	看月亮
第6课	第7课	第8课	第9课	第10课
画国旗	国旗歌	小鸡游戏	老公鸡	老母鸡

从 10 篇课文的篇名可知，该教科书是以童话、游戏及儿童日常生活等短文展开识字。

（3）识字编排是否符合小学生学习汉字特点

近代后期的教科书编排，受到当时整个教育思潮的影响，如杜威的儿童中心主义等，非常注重儿童的兴趣，从课标到教科书编辑要旨、教科书编排，都体现了这一理念。1932 年《小学课程标准国语》附件三规定教材的编选应注意下列各点："（三）依据增长儿童阅读趣味的原则，尽量使教材富有艺术兴趣。（四）依据儿童心理，尽量使教材切于儿童生活。"1931 年《新主义国语读本》（初小）"编辑大意"："前四册供给想像生活的资料，利用童话、寓言，灌输革命思想，并以儿童环境中所有的事物，演成文学化、儿童化的教材，使儿童需要满足，生活丰富，并藉以养成其读书的兴趣。"教材编辑要旨就说明了以识字为主的前四册以培养学生的兴趣为目的，体现在教科书编写上即采用大量的童话、寓言等富有童趣的课文以激发学生学习的兴趣。如第 2 册第 28 课：

> 蜘蛛坐在网里，看见蜜蜂、蜘蛛、蚊子飞过。蜘蛛道：请进来，请进来；蜜蜂道，我要去采蜜，不进来；蝴蝶道，我要去采花粉，不进来；蚊子道，我来罢，我来罢。蚊子飞进网里，蜘蛛把他吃掉。

课文用童话的方式表达了热爱劳动的思想。通过小学生喜闻乐见的方式识字认字，受学生喜爱。

第二节 中国近代小学语文教科书选文内容研究

一、中国近代小学语文教科书选文内容编排"还原"

（一）初小选文内容"还原"

《最新国文教科书》第 1 册、《共和国教科书新国文》第 1—2 册、《新学制国语教科书》第 1 册每一课都没有课题，只是简单地呈现了字词，说明还只停留在识字阶段，还没形成简单篇章。从《最新国文教科书》第 2 册、《共和国教科书新国文》第 3 册、《新学制国语教科书》第 3 册、《开明国语课本》第 1 册开始陆续有了选文，虽然选文继续承担着识字任务，但选文内容不仅会成为语文学习的例子，即"教材无非是一个例子"①，也会包含一些价值取向、情感态度等内容。因此，初小选文内容"还原"以《最新国文教科书》第 2 册、《共和国教科书新国文》第 3 册、《新学制国语教科书》第 2 册、《开明国语课本》第 1 册为例，看是否为评论所说的"安身立命少年书"。②《最新国文教科书》第 2 册课文共 60 篇、《共和国教科书新国文》第 3 册课文共 50 篇、《新学制国语教科书》第 2 册课文共 50 篇、《开明国语课本》第 1 册课文共 42 篇。

1. 初小选文内容编排共同特点

（1）选文取材以小学生日常生活及道德礼仪为主

从部分课文题目中可见一斑。《最新国文教科书》初小第 2 册课文：

> 1.学堂；2.笔；3.荷；4.孔融；5.孝子；6.晓日；7.衣服；8.蜻蜓；9.采菱歌；10灯花；11.读书；13.诳语；14.食瓜；15.游戏；

---

① 叶圣陶，刘国正.叶圣陶教育文集[M].北京：人民教育出版社，1994.

② 王丽.安身立命少年书：重温民国小学国语老课本[J].云南教育（视界综合版），2013（04）：40-44.

16.牛；19.体操歌；20.公园。

《共和国教科书新国文》初小第3册课文：

1.读书；6.松；7.茶；8.采桑；9.指甲；11.苍蝇；12.帽；13.衣；17.帘；20.打麦；22.母鸡；23.孝亲；27.借伞；36.蝴蝶。

《新学制国语教科书》初小第2册课文：

1.这本书儿；2.小鸟没有耳朵；3.鸟怎么没有耳朵；4.狐狸想吃肉；5.狐狸怕狗；6.上山下山；7.摇铃；8.丁零零；9.谁把铜铃挂在猫颈上；10.洒扫；11.蚂蚁搬家；12.蚂蚁漂在水里；13.摇船；14.外婆桥；15.爱芳和小泥人；16.洗泥人；17.叫不倒翁睡觉；18.不倒翁；19.胡须和牙齿；20.刷牙齿；21.左右高低；22.长颈大肚皮；23.小老鼠喝酒；24.会跑；25.他们做什么；26.猫的宝贝；27.狐狸吃石子；28.狐狸跌在水里；29.捞月亮；30.月亮；31.月亮像什么；32.星的妈；33.星落在池子里；34.影子；35.太阳胆子最小；36.太阳；37.弄火；38.学做事；39.公鸡的脸红了；40.鸽姑姑；41.不留心；42.老鸭和燕子；43.小喜鹊和乌鸦；44.（缺）；45.音乐队；46.声音；47.种东西；48.杨柳条；49.让开点；50.东西南北。

《开明国语课本》初小第1册课文：

1.先生早；2.坐下来；3.我讲话；4.小黄狗；5.玩皮球；6.我爱皮球；7.走出去；8.晚上；9.这个是月亮；10.好月亮；11.妈妈走来看；12.窗子外；13.月亮像眉毛；14.母鸡小鸡；15.那里有青草；16.这是什么东西；17.小小房子；18.（缺）；19.（缺）；20.（缺）；21.小牛画图；22.这像个皮球；23.这像个馒头；24.现在画得像了；25.哪一张画得好；26.到小羊家里去；27.帮小羊烧茶；28.帮小羊煮饭；29.我也来帮忙；30.请请请；31.爸爸种菜；32.满园菜；33.妈妈裁衣；34.两件新衣；35.北风吹；36.雪花；37.雪人；38.你们都不对；39.十个好朋友；40.谁敲门；41.我们一起玩；42.你看像什么。

由于面向刚入学的孩子，《最新国文教科书》中的内容皆取儿童易知之事，在还原儿童日常生活的同时还向儿童进行传统伦理道德教育。《共和国教科书新国文》初小部分的内容也多为儿童身边之事。儿童吃穿中的"衣""帽""米""布""黄豆"，日常所见的动物"苍蝇""蝴蝶""蟋蟀"，农事活动"采桑""打麦"以及小学生基本的道德规范"亲恩""诚实""爱弟"等内容，皆体现在选文中。《新学制国语教科书》为了迎合儿童趣味，选文更多为童话故事。《开明国语课本》侧重日常生活，选文内容重在表现儿童生活。

（2）内容编排由浅入深、循序渐进

从文字形式上看，内容编排遵循由浅入深、循序渐进的原则。第1册、第2册都以简单的字词、单句呈现，偏向识字教学。第3册及以后，选文字数逐渐增加、选文篇幅扩充。《最新国文教科书》初小第1册前5课都是单个字，第6—12课都是双音节词语，第13—20课都是双音节词语和三音节短句搭配出现，第21—28课都是三音节短句，短句之间还具有一定的关联性；之后，课文的字数越来越多，变成了一篇篇具有故事性的小短文，这部分选文因字数太多，篇幅太长，教科书采用分篇连载的方式呈现。如第8册开篇课文《独立自尊》因字数太多，分成《独立自尊（一）》《独立自尊（二）》《独立自尊（三）》3篇课文。《共和国教科书新国文》初小第1册前5课都是单个字，第6—25课是双音节词语，第26课至第2册第50课都是简单的三、四音节短句。第3册第1课以对话体短文出现，文章篇幅逐渐加长，第8册第50课《毕业》字数达350字以上。《新学制国语教科书》初小第2册第1课22个字，第2课14个字，以简单的生字连成最简单的短语、短句开始，第7册许多课文因字数较多，分成2篇连载。如第30课《死象案（一）》、第31课《死象案（二）》等。《开明国语课本》初小第1册第1课以简单的问候语"先生，早！小朋友，早！"开始，第8册因为《火烧赤壁》字数太多，分成第23课、第24课。

从内容内涵上看，内容内涵的渗透同样遵循着由浅入深的原则。近代时期的小学语文教科书前几册内容都选儿童身边之事及生活必需之事，后几册则涉及国家政治、天文地理、经济生活、传统美德及国外经典等，后文在对比初小、高小选文时将展开详述。

（3）内容浅白，寓意深刻

如上文所述，近代小学语文教科书丰富的内容中包含着深刻的道理。既宣扬传统美德，如有孝悌、亲爱、信实、义勇、恭敬、勤俭、清洁等方面的教导，又紧贴时代，如有国家政治、地理、天文、经济、法律等知识的阐述。但综观近代小学语文教科书内容的编排，深刻的寓意多通过浅显易懂的儿童日常生活和童话故事来引导学生启发、体悟，很少枯燥说教。下文以四套样本教科书为例来分析。

《最新国文教科书》初小第 2 册第 48 课《父母之恩》：

> 人初生时，饥不能自食，寒不能自衣，父母乳哺之，怀抱之。子有疾，则父母忧之，加意调护，居不安，食不饱。诸生思之，父母育子，劳苦如此，岂可忘其恩乎？

课文以温情的笔触讲述了父母尽心养育子女的点点滴滴，甚是感人。不过，课文的主要目的不是歌颂父母的伟大，而在于引发学生的思考，提示学生要感念父母之恩，知恩图报，在日常生活中要用行动来孝顺父母。

《共和国教科书新国文》初小第 3 册第 23 课《孝亲》：

> 朱儿事孝亲。每得食物，必以奉母。一日，至姑家。姑给以果饵。儿不食。姑问故，对曰："将携归奉母也。"

课文把孝顺父母的道理寓于儿童的日常生活中，让学生自己体悟理解，并把"孝亲"扎实地落实到儿童的今后行动上。全篇没有对"孝亲"作不切实际的宏观叙事，而是采取易于儿童接受的方式寓于生活之中。

《新学制国语教科书》初小第 3 册第 8 课《不做工的没得吃》：

> 猴子拾着一个核桃。猴子请兔儿帮他种核桃，兔儿不肯。猴子请野猪帮他种核桃，野猪也不肯。猴子说："我就自己种罢。"核桃长成了小桃树，猴子请兔子帮他浇水，兔儿不肯。猴子请野猪帮他浇水，野猪也不肯。猴子说："我就自己浇罢。"桃树上结了桃子。猴子把桃子采下来。兔儿、野猪都要吃桃子。猴子说："不做工的没得吃！"

劳动者才能享受胜利的果实，不劳动没得吃。通过猴子种桃的故事，让低龄段的孩子也能很快领会。

《开明国语课本》初小第 2 册第 12 课《种下几棵树》：

　　你也锄，我也锄，种下几棵树。

　　好风吹，好雨下，树叶生得多，树身长得大。

　　树上结了果，大家吃几个。

　　树下多凉风，大家来坐坐。

课文直白浅显地向学生传达了"劳动才有收获""劳动才能享受"的道理。学生受到这些课文潜移默化的影响，在日常生活中，他们会自然地将头脑中形成的观念扎实地落实到行动中，从而有效地实现知识的迁移。

其他如 1917 年的《商务国语教科书》有《睦邻》一课，课文为：

　　母在厨房，制糕已成，命儿捧糕，送往邻家。

画中，母亲倚门而立，一儿手捧一盆糕走出家门，转头回望其母，母似做叮咛状。这些充满了生活气息的课文，配上生动朴实的插图，起到润物细无声的作用。

商务老课本中已有《职业》一课，课文内容十分简短：

　　猫捕鼠，犬守门，各司其事，人无职业，不如猫犬。

将一个不无抽象的大道理说得如此深透明白，有趣有味。像"国家民族主权"这样的概念，儿童更不易理解。课本中有一课《御侮》曰：

　　鸠乘鹊出，占居巢中，鹊归不得入，招其群至，共逐鸠去。

读罢此篇，不禁让人会心一笑：真是由小见大，举重若轻！

2. 初小选文内容编排不同特点

内容侧重点不同。《最新国文教科书》侧重各种知识及传统道德规范，《共和国教科书新国文》侧重传统知识的继承和新思想的弘扬，《新学制国语教科书》偏重儿童的童话世界，《开明国语课本》侧重儿童身边生活。

内容呈现方式不同。《最新国文教科书》《共和国教科书新国文》大多以说明议论方式呈现，如《最新国文教科书》初小第 1 册第 15 课《游戏》：

　　学堂课毕，诸生集体操场。或竞走，或击球，或上秋千，各自游

　戏。及闻铃声，皆入膳堂晚饭，坐列整齐，无一喧哗者。

《共和国教科书新国文》初小第 3 册第 4 课《击球》：

　　冯儿善击球。欲高则高。欲低则低。进退俯仰，可连击数百次。又

能向壁横击之，不落地上。

《新学制国语教科书》多以童话表达，如初小第 3 册第 31 课《蛋和石子》：

蛋从山上滚下来，许多石子，站在路旁。蛋喊他说："请你们让开点！我要下山哩。"石子不理他。蛋说："你们不让我吗？我要撞你们了！"石子仍旧不理他。蛋恼了，用力撞过去，一响，打成了烂泥酱。

《开明国语课本》以记叙和故事方式居多，如初小第 2 册第 11 课《茶话会》：

小白兔家里开茶话会。小鸟讲林中的故事。小鱼讲河里的风景。青虫讲叶上的游戏。小白兔听完了，立起来说："谢谢你们三位。我很高兴，听到许多有趣的话。"

（二）高等小学选文内容"还原"

1. 国文教科书时期：题材由日常礼仪扩展到社会政事

初小选文以日常生活及礼仪教育为主，高小选文题材则扩展到了社会生活及时事政治，这一点在《共和国教科书新国文》中体现尤其明显。

以《共和国教科书新国文》高小第 1 册目录为例：

1.国体与政体；2.民国成立之始末；3.华盛顿（一）；4.华盛顿（二）；5.美国二缝工；6.狮；7.鸵鸟；8.演说；9.国语；10.文字；11.行旅；12.铁达尼邮船遇险记（一）；13.铁达尼邮船遇险记（二）；14.马说；15.良马对岳飞；16.因小失大；17.吹竹；18.勤训；19.俭训；20.共和政体；21.卢骚；22.元之强盛；23.进步；24.男女；25.尊重人类；26.侨民；27.黔之驴；28.永某氏之鼠；29.临江之麋；30.区寄。

从目录中可以看到：民国初期，新政府急于让学生明白其性质，对学生普遍地实施资产阶级的道德教育，如第 1、2、20、23、24、25 课；又不忘传统文化、经典名篇的熏陶，如第 14、15、18、19、27、28、29、30 课；同时，放野世界，关注国外人事，如第 3、4、5、12、13、21 课，特别是第 12、13 课《铁达尼邮船遇险记》，内容就是闻名中外的"泰坦尼克号"轮船事件，在该事件发生两个月后我国小学教科书就把它收编进去了。

2. 国语教科书前期：侧重中外儿童故事和传统文化

以《新学制国语教科书》高小第1册目录为例：

1.杨继盛半工半读；2.劳动；3.孩子拒大将；4.女郎走马索亡羊（一）；5.女郎走马索亡羊（二）；6.马技；7.口技（一）；8.口技（二）；9.高冈上起火了（一）；10.高冈上起火了（二）；11.将身堵缺口；12.冒雨救危车；13.西湖游记（一）；14.西湖游记（二）；15.雾；16.义勇的老农夫；17.亲爱的猿猴；18.义犬保奇；19.阿剌伯马；20.黄金梦；21.金药；22.锈坏的东西；23.细心的工作；24.拾废物的老人；25.孔子；26.两个题目；27.爹爹回来了；28.打儿子；29.杯中蛇（一）；30.杯中蛇（二）；31.画谜；32.有名的美术家；33.随同学野外写生记；34.两个疑问的信；35.狭路相逢掀瓦甓；36.游居庸关登八达岭记（一）；37.游居庸关登八达岭记（二）；38.席下明珠；39.好马和宝剑（一）；40.好马和宝剑（二）；41.田兴打虎（一）；42.田兴打虎（二）；43.华盛顿和大尉（一）；44.华盛顿和大尉（二）；45.橄榄和黄金（一）；46.橄榄和黄金（二）；47.橄榄案（一）；48.橄榄案（二）；49.淳于缇上书救父；50.雪中拟站。

可见1923年的《新学制国语教科书》内容更关注儿童，侧重中外儿童故事和民间传奇。如第1、3、16、26、27、31、32、34课等是中国儿童故事，而第4、5、6、9、10、12、18、19、21、45、46课等是国外儿童故事或民间传奇，其他如第13、14、33、36、37课等是游记，另有第25课《孔子》，表明编者在近代中期西方教育思潮盛行的时代背景也不忘中国传统文化。

3. 国语教科书后期：侧重儿童的日常生活

1936年《小学国语课程标准》目标部分：

......

（二）指导儿童由环境事物和当前的活动，认识基本文字，获得自动读书的基本能力，进而欣赏儿童文学，以开拓其阅读的能力和兴趣。

（三）指导儿童体会字句的用法，篇章的结构，实用文的格式，习作普通文和实用文，养成其发表情意的能力。

小学高级学生用《开明国语课本》"编辑要旨"：

本书教材随着儿童生活的进展，从家庭、学校逐渐拓张到广大的社会。与卫生、体育、社会、自然、劳作、美术、音乐等科企图作充分的联络，但每课本书仍然是文学的读物。本书尽量容纳儿童文学及日常生活上需要的各种文体。用词力求正确，造句力求精密，务期与标准语相吻合，堪为儿童说话作文的模范。

以《开明国语课本》高小第 1 册目录为例：

1. 新学期；2. 满天的星；3. 月姑娘的亲事（一）；4. 月姑娘的亲事（二）；5. 蝙蝠；6. 检查身体；7. 学校新闻的一页；8. 弦高；9. 荀巨伯；10. 飞机；11. 长江轮渡；12. 河上；13. 海上的朝阳；14. 我要做一只木碗；15. 雁；16. 你很有东西好写呢；17. 一星期的日记（一）；18. 一星期的日记（二）；19. 两个善忘的人；20. 我希望你们这样；21. 孙中山先生的少年时代；22. 国旗；23. 勇敢的消防队员；24. 望爸爸回来；25. 不用文字的书和信；26. 文字的故事；27. 君子国（一）；28. 君子国（二）；29. 甥女的照片；30. 再过七天功夫；31. 宝石案；32. 细菌；33. 冬天的风；34. 初次的尝试战；35. 兵士和老百姓；36. 卖菜的老人。

可见 1932 年出版的《开明国语课本》以儿童的视角、儿童的口吻描述儿童的日常生活。如第 1、7、16、17、18、25、26 课是关于儿童的学习生活，如第 6、32 课是关于儿童的卫生健康生活，第 2、3、4、5、10、11、12、13、15、33 课是关于儿童所处的自然环境，第 25、29 课是关于儿童的家庭生活，第 34、35、36 课是关于儿童的社会生活。

4. 由浅入深、寓意深刻

初小选文无论从文字形式还是内容内涵都按照循序渐进的原则，高小选文同样遵循这一原则。如《共和国教科书新国文》高小第 1 册还是《国体与政体》《共和政体》等简单的说明文，第 5 册则出现了篇幅较长的《触龙说赵太后》《葬论》等。《新学制国语教科书》高小第 1 册有《杨继盛半工半读》《口技》等介绍少年生活的文章，第 3、4 册则出现了《自由的责任》等论及公民责任的文章。《开明国语课本》高小从第 2 册的《打铁》《中华毛线厂》，扩展到第 4 册的《公德》《为了正义，和暴力决斗》等有关政治、经济的文章。

二、中国近代小学语文教科书选文内容编排归因

（一）语文教育"从为功名到为实用"

传统语文教育学习识字、阅读、写作是为了考取功名，读书是为了做官。清末新政取消科举制，1904 年《奏定学堂章程》"中国文字""中国文学"规定课程目标是作为"谋生应世"之用，教育"从为功名到为实用"。教科书的实用取向体现在出现许多与学生实际生活相关的选文，如:《最新国文教科书》中的《衣服》《杨布》《器具》《职业》《钱》等;《共和国教科书新国文》中的《采桑》《采莲》《布》《米》《借伞》等;《新学制国语教科书》中的《种东西》《学做事》等;《开明国语课本》中的《爸爸种菜》《新学期》《国旗》等。实用倾向还表现在介绍了许多有关社会生活的实用知识选文，如《货币》《雾》《雨》《飞机》《长江轮渡》等。

（二）"儿童本位"教育思潮的影响

1. 国文教科书时期: 赫尔巴特儿童本位思想引导下的选文编排

1911 年辛亥革命爆发，建立了以孙中山为首的南京临时政府。发动辛亥革命的基本力量是孙中山领导下的同盟会，而同盟会的成员则是以留日学生和革命者为主体。时任教育部部长蔡元培 1907 年赴德留学的初衷，是深感"我国现行教育之制，多仿日本。而日本教育界盛行者，为德国海尔伯脱派（即赫尔巴特派）"[1]。可见，民国初年，对我影响最大的教育思想是取道日本的赫尔巴特思想。

赫尔巴特思想，被杜威批评为"传统教育思想"，被认为是"教师中心论"，与杜威的"儿童中心论"相对立。实际上，赫尔巴特的传统教育思想和杜威的儿童本位观是相互依存、相互联系、相互转化的。赫尔巴特认为，教育者要着眼于儿童的未来，要关注儿童将来作为成年人需要确立的目标，并帮助其做好心理准备，使其能够顺利达成这些目标。[2]赫尔巴特关注儿童的未

---

① 蔡元培.蔡元培全集（第1卷）[M].北京：中华书局，1984.

② 彭正梅，本纳.赫尔巴特教育论著精选[M].李其龙，等译.杭州：浙江教育出版社，2011：40.

来，认为教育的起点是儿童的未来，而未来可能从事的职业又各不相同，因此，教育者应该把握学生将来"可能的目的"和"必要的目的"，要发展学生多方面的兴趣，最终实现良好的道德人格。同时，赫尔巴特也强调教学要以儿童的兴趣为基础，认为教学内容若不能赢得学生的兴趣，则只会对学生学习产生负面作用。[①] 他又进一步指出，经验的兴趣是多方面兴趣中最原初的兴趣，"儿童的学习应与引导者良好结合在一起"[②]。可见，赫尔巴特不是不重视儿童，而是与杜威的儿童本位观存在差异，他更强调教育性教学，主张教材的教育性。

近代初期，中国的小学学制是师法日本的，教育理念是经日本翻译而来的德国的赫尔巴特思想，小学语文教授法书照搬赫尔巴特再传弟子莱恩的五段教学法，民初的小学语文教科书编排也深受赫尔巴特思想的影响，在选文内容上，着眼于儿童的将来生活。

本书以《共和国教科书新国文》为近代初期的代表样本，对教科书选文内容、文体进行分析。现将该书高小第1—6册选文内容归类，列入表1-8。

表1-8 《共和国教科书新国文》高小第1—6册选文内容归类

	政治类	中外名人	经典名篇	动物	科普知识	时事	农作物	行为规范	语言知识	经济知识	军事知识
代表选文	国家、国民、民族	卢骚、张骞、孔子	《桃花源记》《马说》	狮、鸵鸟、蚊	开矿、空气、量地	铁达尼邮船遇险记	麦稻、农业	勤训、俭训、自立	演说、国语、文字	市、公债、保险	陆军、军舰、枪炮

以上选文内容极为广泛，古今中外、修身为学、历史地理、科学实业等，涉及儿童将来生活的方方面面，体现了赫尔巴特着眼儿童将来生活的儿童本位观。如此深邃的小学选文内容，难怪当时的国人高小毕业就能在社会上安身立命。

2. 国语教科书前期：杜威儿童本位观映照下的选文编排

1915年前后，卢梭、裴斯泰洛齐、蒙台梭利等儿童本位论者的教育思想已在中国传播，自然主义、自由主义、自动主义、作业主义、自学辅导主义等教法也开始在教育教学中施行。这些教育理念都强调教育要以儿童为本位。

---

① 彭正梅，本纳. 赫尔巴特教育论著精选[M]. 李其龙，等译. 杭州：浙江教育出版社，2011：78.

② 彭正梅，本纳. 赫尔巴特教育论著精选[M]. 李其龙，等译. 杭州：浙江教育出版社，2011：200.

1919 年 5 月至 1921 年 7 月，美国进步主义教育之父杜威应邀来华讲学，他的"儿童是中心，教育的一切措施则围绕他们而组织起来""教育即生活""教育即经验的改造""学校即社会"等主张，成为近代中期影响最大的教育思想。1921 年，胡适曾预言："在最近的将来几十年中，也未必有别个西洋学者在中国的影响可以比杜威先生还大。"[1]鲁迅在发表的第一篇白话小说《狂人日记》中发出了"救救孩子"的呼喊，呼吁人们把孩子从封建礼教的桎梏中解放出来。胡适、蒋梦麟、陶行知等受杜威思想影响尤甚，注重儿童本位观的传播和实践。胡适主张让儿童"自立成人"，蒋梦麟认为"教育的真义，贵在教育儿童的本能"。陶行知把杜威"做中学"的儿童观付诸实践，创办实验学校。

在杜威儿童本位观的影响下，教材选用必须符合儿童生活经验，而儿童文学无疑是符合儿童生活经验的。1923 年吴研因起草的《新学制课程标准纲要小学国语课程纲要》在"读文"（即阅读）部分指出："注重欣赏，表演，取材以儿童文学（包括文学化的实用教材）为主。"[2]确立了儿童文学教育在小学语文课程中的中心地位，随后出版的多套小学国语教科书也都以儿童文学作为教科书的主体。如商务印书馆的《新学制国语教科书》、中华书局的《新教育国语教科书》及世界书局的《新学制小学教科书高级国语文读本》等，课文的极大部分采用物话的形式来编写。在选文内容上，为了迎合儿童当下的兴趣，简单通俗的科普文一律采用文学化的表达。

3. 国语教科书后期：儿童本位本土化的选文编排

1927 年以后，一方面，被认为是以儿童为本位、能革除传统教育弊端的西方教学法实践纷纷宣告在中国失败（如沈百英在江苏省立第一师范学校附属小学施行的设计教学法是在杜威"思维五步"理论基础上创行的，但该实践于 1927 年宣告失败；同年，廖世承在东南大学附属中学实施的"道尔顿制"也宣告失败）。另一方面，近代中期体现杜威儿童本位观的"鸟言兽语"的小学语文教科书受到了批评和质疑。一些人对儿童本位的儿童文学教育大加攻击，认为"鸟言犬吠的教材，无关国家社会，徒使儿童迷惑，应加以禁止"[3]，"恨

---

① 耿云志.中国近代思想家文库·胡适卷[M].北京：中国人民大学出版社，2015：194.

② 课程教材研究所.20世纪中国中小学课程标准·教学大纲汇编：语文卷[M].北京：人民教育出版社，2001：108.

③ 吴研因.儿童年与儿童教育[J].教与学，1935（03）：26.

不得把儿童文学撵出小学教科书去"①。基于以上种种，近代后期展开了"儿童本位本土化"的探索。

所谓"儿童本位本土化"，指中国教育者把西方的儿童本位理论结合中国国情展开探索，以求更适合中国儿童的成长。教育理论方面，著名的有陶行知的"生活教育"思想和陈鹤琴的"活教育"思想。陶行知曾师承杜威，并在杜威的儿童本位观指引下大力开展各项教育活动，1927年，他检讨自己的教育活动："我从前也是把外国教育制度拉到中国来的东洋车夫之一，不过我现在觉得这是害国害民的事，是万万做不得的。"② 他结合中国实际形成了生活教育理论，即"生活即教育""社会即学校""教学做合一"，并提出建设"教学做合一的教材"。陈鹤琴是我国著名的儿童教育家，幼稚教育研究尤为突出。他认为："现在中国所有的幼稚园，差不多都是美国式的。幼稚生听的故事是美国的故事，看的图画是美国的图画，唱的歌曲是美国的歌曲，玩的玩具、用的教材，也有许多是从美国来的。就连教法，也不能逃出美国化的范围。这并不是说美国化的东西是不应当用的，而是因为两下国情上的不同。"③ 他结合中国国情和教学实践，提出了"活教育"思想，提出把大社会、大自然作为我们的活教材，读活书、活读书。

"儿童本位本土化"探索，反映在教科书编写上，突出的当数《开明国语课本》。下面以该教科书为样本，剖析近代后期"儿童本位本土化"的探索。

以《开明国语课本》高小第1册目录为例，关于儿童学校生活的课文有：

1.新学期；6.检查身体；7.学校新闻的一页；16.你很有东西好写呢；17.一星期的日记（一）；18.一星期的日记（二）。

关于儿童生活的自然环境的课文有：

2.满天的星；3.月姑娘的亲事（一）；4.月姑娘的亲事（二）；5.蝙蝠；10.飞机；11.长江轮渡；12.河上；13.海上的朝阳；15.雁；32.细菌；33.冬天的风。

关于儿童家庭生活的课文有：

① 吴研因.清末以来我国小学教科书概观[J].同行月刊，1936（01）：2-4.
② 苏令.陶行知眼中的理想校长[J].云南教育（视界时政版），2007（05）：44-47.
③ 陈鹤琴，陈秀云，柯小卫.陈鹤琴教育思想读本·幼稚教育[M].南京：南京师范大学出版社，2012：38.

24. 望爸爸回来；29. 甥女的照片。

关于儿童社会生活的课文有：

34. 初次的尝试战；35. 兵士和老百姓；36. 卖菜的老人。

关于儿童道德教育的课文有：

8. 弦高；9. 荀巨伯；14. 我要做一只木碗；20. 我希望你们这样练习；21. 孙中山先生的少年时代；23. 勇敢的消防队员。

以上选文，由儿童熟悉的学校生活、自然环境、家庭生活等入手，从儿童身边事物入手，降低了学习的难度，激发了学习的兴趣；同时，儿童的世界不是封闭的，儿童是社会的成员，因而选文逐渐扩大到社会伦理道德范畴，塑造儿童美好品德，为儿童将来生活做准备。

（三）中国近代社会文化的影响

2011 年版《义务教育语文课程标准》指出："语言文字是人类最重要的交际工具和信息载体，是人类文化的重要组成部分。"教科书是重要的课程资源，是民族文化、社会进步和科学发展的集中体现，是达成课程目标的最直接的手段。阿普尔等认为，教科书的内容是由政治、经济、文化活动在斗争与互相妥协后决定的，除了编写之外，它的出版与发行也受到多种因素的影响，市场、资源、权力等都会起到一定的制约作用。[1] 由此可见，以选文为主的语文教科书，其内容必然反映当时主流文化的价值取向。如近代初期的"五育并举"观、五四新文化运动前后的科学与民主思潮，近代后期的"抗战救亡"思想等。所以，选文内容的文化性显示了教科书选文紧贴现实社会，"语文的外延与生活的外延是相等的"，"文化性"是"教学论"考量的一个维度。但是教科书文本毕竟不是政治文本，作为语文学科的教科书，选文还应体现语文性和适切性。

1. 国文教科书时期：经世致用与资产阶级启蒙文化

1904 年，科举制废除，语文独立设科。同年公布的《奏定初等小学堂章程》规定，"中国文字"之要义在于"使识日用常见之字，解日用浅近之文

---

① M. 阿普尔，L. 克丽斯蒂安-史密斯. 教科书政治学[M]. 侯定凯，译. 上海：华东师范大学出版社，2005：1-2.

理";《奏定高等小学堂章程》规定，"中国文学"之要义在于"使通四民常用之文理，解四民常用之词句，以备应世达意之用"。这表明语文教育从为功名转向为实用。1912 年，南京临时政府发布了《小学教则及课程表》，在课程设置上废止了"读经讲经"科，提出设"国文"科，在国文教材内容上也废除了清末"忠君""尊孔"的说教。时任教育部部长蔡元培提出了公民道德教育、军国民教育、实利主义教育、世界观教育和美感教育的"五育并举"教育方针。"清末民初教科书在科学理性、民主政治、现代伦理精神、现代商品经济、现代文明生活方式等方面进行着启蒙。"① 语文教科书作为"从一定社会文化里选择出来的材料"自然也反映了当时主流文化取向。下面从近代初期的课标、教科书编辑要旨及教科书选文内容三方面来考察选文内容"教学性"的一个维度——文化性。

（1）从课标的角度考察

1904 年《奏定初等小学堂章程》规定，"中国文字"之要义在于"使识日用常见之字，解日用浅近之文理";《奏定高等小学堂章程》规定，"中国文学"之要义在于"使通四民常用之文理，解四民常用之词句，以备应世达意之用"。

从课标的相关规定中，我们可以看出清末民初的国文教科书重视经世致用，强调教科书选文内容与实际生活相联系，为将来生活做准备。从表 1-9、表 1-10 可见，随着资产阶级政权的建立，国民教育，特别是小学国文教育势必要适应资产阶级民主教育的教育主张。国文要旨不再是"读圣贤书、代圣人言"，而是"启发智德，发表思想"②。读文内容不再是单一的四书五经，而是"修身、历史、地理、理科及其他生活必需事项各个方面"③，以达到各个方面的资产阶级文化启蒙。

① 吴小鸥. 现代性：清末民初教科书的启蒙诉求[J]. 华东师范大学学报（教育科学版），2010（04）：71-81.
② 顾黄初. 中国现代语文教育百年事典[M]. 上海：上海教育出版社，2001：49.
③ 毛礼锐，沈灌群. 中国教育通史（第4卷）[M]. 济南：山东教育出版社，2005：302.

表 1-9　1912 年《小学校教则及课程表》选文内容的规定

分 类	内 容	要 旨
国文	宜取平易切用可为模范者。其材料就修身、历史、地理、理科及其他生活必需事项择其富有趣味者用之	学语言文字，养成发表思想的能力，启发智德

表 1-10　1916 年《国民学校令施行细则》选文内容的规定

分 类	内 容	要 旨
读经	孟子大义、切于实用	熏陶圣贤正理，振发爱国精神
国文	宜取平易切用可为模范者。其材料就各科内容择其富有趣味及为生活必需者用之	学语言文字，养成发表思想的能力，启发智德

（2）从教科书编辑要旨的视角考察

《最新国文教科书》初小部分"编辑大意"："十一、陈义太高不能使得儿童身体力行"，"十二、墨守古义不能促社会之改良"，"本编智育之事只言眼前事物不涉技巧变诈以凿儿童天性"，"本编破重视体育之事以振尚武精神"。

《共和国教科书新国文》高小部分的"编辑要旨"：

一、注重自由平等之精神，守法合群之德义，以养成共和国民之人格。

二、表彰中华固有之国粹，以启发国民之爱国心。

三、矫正旧有之弊俗，以增进国民之智德。

四、详言国体政体及一切法政常识，以普及参政之能力。

五、提倡汉满蒙回藏五族平等主义，以巩固统一民国之基础。

六、注重博爱主义，推及待外人、爱生物等事，以扩充国民之德量。

七、注重体育及军事上之智识，以发挥尚武之精神。

八、注重国民生活上技能，以养成独立自营之能力。

九、关于历史地理理科之材料，以有兴趣者为主，与各科无重复之弊。

《新编中华国文教科书》高小部分的"编辑要旨"：

本书宗旨在养成学生普通作文之能力兼以启发其智德。

本书内容与各科联络而并不重复，其特色如下：

甲、修身，选用昔贤故事之兴味浓厚者，寓言之有益者，以陶冶其性情。

乙、历史，选用本国外国重要之史，进而尤注重于今世史。

丙、地理，选用记游记风土诸体以饶于兴趣足与地理科目相发明者为断。

丁、理科，选自然物自然现象之关系于人生生活者并及近世之新发明家。

戊、实业，如农业工艺商情以及交通诸端俱述其概要以殖学子自营生计之基础。

己、人事，举凡待人接物及改良社会禁革陋俗等事皆以明显之笔，述其当然之理。

庚、国民知识，开明五族共和之义以巩固国基并注意养成关于政治法律经济之国民常识。

辛、世界知识，指示世界大势之趋向，令学生确知己国及己身所处之地位。

从以上"编辑要旨"看，近代初期的教科书选文包括修身、历史、地理、实业等各个方面，目的是"启发智德"，即宣扬博爱、民主、科学等文化。

（3）从选文内容落实的视角考察

《最新国文教科书》中，呼吁女子免受封建戕害，以此来抨击封建糟粕的有初小第 3 册第 57 课《女子宜求学》，第 5 册第 57 课《女子宜读书》、第 56 课《鬼神》，第 10 册第 54 课《缠足》。还有介绍现代新事物的课文，如与现代科技相关的《电报》《电话》《望远镜》等，与现代经济相关的《专利》《制铁大王》《富翁》《邮政》《公司》等。更有重视实用知识的课文，如第 3 册第 60 课《家书》、第 8 册第 60 课《合同》，课文后面还附上了书信、合同等样式。

《共和国教科书新国文》中，体现爱国思想的课文，如第 3 册第 12 课《妇女爱国》、第 6 册第 36 课《学生之爱国》；体现独立思想的课文，如第 2 册第 4 课《自立》、第 4 册第 4 课《地方自治》；体现博爱思想的课文，如第 3 册第 15 课《合群之力》、第 16 课《博爱》；体现民主自由思想的课文，如第 2 册第 2 课

《人民之权利义务》、第17课《议员》，第4册第38课《共和政治之精神》。

《新编中华国文教科书》（高小）中，第4册第7课《自立》、第26课《民权与国权》，第5册第14课《社会》、第15课《权度》、第16课《地方自治》，第6册第1课《政党》、第2课《宪法》、第25课《司法》等，都体现了资产阶级的民治、民权思想；第3册第16课《贸易》、第36课《印刷术》、第39课《专利》，第6册第4课《海权与海产》、第18课《托拉斯》等，都体现了实业救国的思潮。

2.国语教科书前期：科学民主思想、儿童本位文化

（1）从课标的视角考察

从这一时期的1923年、1929年课标（见表1-11）来看，课程目的（目标）较初期课标增加了"趣味"或"兴趣"二字，选文内容要求基本以儿童文学为主。1929年课标中更是提到了"启发民权思想，养成民主观念"。

表1-11　近代中期课程标准

课标	目的（目标）	选文内容
1923年《新学制课程标准纲要小学国语课程纲要》	引起读书趣味，养成发表能力，并涵养性情，启发想象力及思想力	取材以儿童文学（包含文学化的实用教材）为主
1929年《小学课程暂行标准小学国语》	（三）欣赏相当的儿童文学，以扩充想象，启发思想，涵养感情，并增长阅读儿童图书的兴趣	（6）教材教科书的选择，应注意下列各点：（甲）不背本党主义，或足以奋兴民族精神，启发民权思想，养成民生观念的。……（丁）是有曲折有含蓄而且含有优美壮美滑稽美等的儿童文学，但不取可怕而无寓意的纯粹神话。……（己）合于儿童学习心理，并便于教学的

（2）从教科书编辑要旨的视角考察

在科学与民主、儿童本位及实用主义的文化思潮影响下，该时期的教科书编辑要旨大多强调选文内容符合儿童趣味（见表1-12），教科书中也加入了一些实用性与知识性的选文，旨在启发智德。

表1-12　近代中期教科书编辑要旨

教科书	编辑要旨
新教育教科书国文读本	（五）启发自由思想，养成分析、推理、比较、归纳的能力
新法国语文教科书	二、本书以动人感情，发人想象，供人欣赏为目的；所以选材注重于文学兴趣一方面

续 表

教科书	编辑要旨
新学制国语教科书	二、本书取材注重儿童文学、兼采语言材料，以与文字教学联络调剂
新学制小学教科书初级国语读本（1924年）	（四）材料选择，处处顾到儿童生活。低年级供给儿童想象生活的材料。高年级供给儿童现实生活的材料，内容又多可以表演的以助儿童兴趣，并使他的观念确实

（3）从选文内容落实的视角考察

《新法国文教科书》的编选，体现了儿童本位观。如：第1册第44课《美丽整齐的花》，通过对形态多样的雪花的描述，引导儿童善于发现事物的美；第1册第2课《三只小蝴蝶》，借蝴蝶避雨的故事说明兄弟之间须有义气；第2册第2课《煤的自述》，用自述体的形式写出了煤的来历。

你们都以为我是一块漆黑的煤罢了；可是说起来，很是奇怪！我本来是一棵小树；住的地方近着海；同伴很多；一天到晚的对着日光，自生自长，一点事情也没有。隔了多日，我旁边的一棵大树，忽然弯着腰对我说："海水来了，世界要绝灭了！"不多一会……（《煤的自述》）

该教科书中体现科学、实用主义理念的选文，如：第1册第7课《长途航空》、第8课《长途汽车》以及第2册第41课《火车头的话》，介绍了近代运输业的发展；第2册第16课《招租告白的三个例子》、第17课《写收据》，第3册第33课《租屋契约的写法》，介绍了生活中的实用知识。

3. 国语教科书后期：救亡图存文化

1931年，九一八事变爆发，东北三省沦陷。但是，1931—1937年，救亡图存文化并未对教育产生重大的影响，因为"国家主义的真精神，不外内求国家统一和外求国家的独立"[1]。1937年，七七事变爆发，日本发动全面侵华战争。面对救亡图存的形势，邱椿在《教育与中华民族的复兴（续）》中，对此前教育界盲从杜威儿童本位思想的现象提出了批评。1938年8月28日，蒋介石在中央训练团第一期毕业典礼上讲话，对以前的教育改革统统进行了否定。至此，近代后期，救亡图存文化占据了整个民族文化的主流。

---

[1] 陈启天，陆兆传. 国家主义与中国师范教育的改造[J]. 中华教育界，1925（01）：1-11.

（1）从课标的视角考察

近代后期的小学语文课程标准共有四个，分别考量，如表1-13所示。

表1-13　近代后期小学语文课程标准之比较

课标名称	目　标	教材编选要求
1932年《小学课程标准国语》	共四条，无"救亡图存"理念，以语言文字为主	（3）关于奋发民族精神的故事诗歌
1936年《小学国语课程标准》	（三）指导儿童从阅读有关国家民族等的文艺中，激发其救国求生存的意识和情绪	（2）关于奋发民族精神的
1941年《小学国语课程标准》	五、培养儿童修己善群爱护国家民族的意识和情绪	初级国语与常识混合编制
1948年《小学国语课程标准》	共四条，无"救亡图存"理念，以语言文字为主	无"救亡图存"理念

近代后期的四个课标均贯穿着"救亡图存"理念，但是程度不同。1936年、1941年的课标中，救亡图存文化得到了充分体现。在民族危急关头，教科书充分体现了其作为"国家意志、民族文化、社会进步和科学发展的集中体现和实现国家教育目标的最直接的载体"[①]的功能。

（2）从教科书编辑要旨的视角考察

例如，《实验国语教科书》（1936）"编辑大意"：

一、此书除遵守教育部新颁行之小学国语课程标准，更期能与公民、常识诸科目相辅而行，养成近代国民之德性与复兴民族之信力。

二、为达到上项目的，凡我历史上代表民族之人物，自孔子以至孙中山先生，皆有较详之传记。其间如岳飞、戚继光之抵御外侮，越王勾践之复仇雪耻，班超之外交，苏武之守节，卫青、霍去病之征伐……必取其卓然可表示民族的精神者：首据信史，旁及野乘，务使其事实如见，文字浅易，能受感动。

《新编初小国语读本》（1937）的"编例"云：

五、本书内容方面，力求合于儿童心理，各课皆有意义，有目的，自儿童的实际生活出发，并特别注重复兴民族的精神，以激发儿童救国求生存的意义和情绪。

---

① 石鸥，石玉.论教科书的基本特征[J].教育研究，2012（04）：92.

（3）从选文内容落实的角度考察

这一时期的教科书注重渗透爱国主义教育。如《复兴国语课本》高小第1册第1课《中华歌》：

中华！中华！我们民族的老家。中华！中华！生生世世地爱他。试登昆仑山上望，黄河长江东流下，农田连绵千万亩，稻、麦、菜、桑、豆、棉花。

这是中华！这是中华！试翻历史从头看，千余年古文化，绵延不息到现在，常能应时发新芽。

这是中华！这是中华！中华！中华！我们民族的老家。中华！中华！生生世世地爱他。

课文表达了热爱民族、保卫祖国的决心。同样的课文还有《开明国语课本》初小第6册第1课《中华》，课文的最后一句话是："中华，中华，我们爱护他！谁来犯他，我们抵抗他！"呼吁儿童奋起抗敌、保卫家园。还有《实验国语教科书》高小第1册第1、2课《越王勾践》（上、下），借勾践卧薪尝胆夺回故国的典故，激励中华儿女学习古人顽强抗敌。

另外，1937—1945年，出版界编译了大量的抗敌补充材料。如吴研因负责编写的《小学低中年级抗敌救国国语补充教材》和《中小学抗敌救国国语补充教材》，其中的课文《两兄弟》中有如下片段：

那军官拔出手枪，大叫："好！你不伺候我，我就把你打倒。"弟弟一直也不怕，还是骂："强盗！"那军官就碰的一枪，真把弟弟打倒。哥哥一声不响，眼泪也不掉，那军官问："你也不伺候我吗？"哥哥把头摇一摇……那军官乱蹦乱叫，一只手按着腰，一只手拔出手枪来，把哥哥打倒，哥哥连骂带笑，叫一声"中国万岁"，骂一声"东洋强盗"，很得意地死了。那军官受伤太重，也活不了了，临危的时候说："小……小孩……也……也这样，中……中国……哪儿灭得了！"

还有教育部战区教师服务团编写的补充教材，选文如《我是一个小兵》：

我是一个小小兵，拿着枪儿向前进。向前进，向前进，不把敌人赶出境，不算中华好国民。

三、中国近代小学语文教科书选文内容"教学论"审议

教科书选文内容教学审议有三个维度。一是内容编排是否符合课标理念。教科书选文内容必须符合课标理念，在这一维度中考察课标理念与选文内容的对应关系。二是内容编排是否符合选文学习特点。所谓选文学习特点，从语文学习的角度看，选文由语文的形式和内容构成，清末民国的课标在选材上明确要求从意义和文字等方面来考虑选文内容。1963 年语文课标规定"文质兼美"的选文标准（"文"指思想内容，"质"指语言文字形式）一直沿用到当下，因此，本书以"文质兼美"为标准来考量近代教科书选文。三是内容编排是否符合学生学习特点。所谓符合学生学习特点，即指选文内容具有适切性。教科书选文最主要、最直接的读者是学生，选文内容的适切性与否关系到教师的教和学生的学。20 世纪 20 年代到 30 年代，针对小学语文教科书选文物话语言较多引发的"鸟言兽语"的争论，以及当代小学语文教科书抗战题材"狼牙山五壮士"选文撤换引发的风波，实际上都提出了教科书选文编排的适切性问题。

教科书是特殊文本，它既是文化文本，具有教诲性，又是教学文本，体现学科特点，同时又是特定对象的学习文本，要具有适切性。因此，语文学科的选文内容要体现教育目标、课程目标，体现文化性、语文性，又要符合学生学习的规律，体现适切性。

（一）内容编排是否符合课标理念

1. 国文教科书时期

该时期共有 1904 年、1912 年和 1916 年三个课标。1904 年课标对选文内容规定不具体；1912 年课标规定"宜取平易切用可为模范者，其材料就修身、历史、地理、理科及其他生活必须事项择其富有趣味者用之"[①]；1916 年课标与 1912 年课标大致相同。该时期教科书选文内容包罗万象，甚至很多是成人社会中的内容。

---

① 课程教材研究所.20世纪中国中小学课程标准·教学大纲汇编：语文卷[M]. 北京：人民教育出版社，2001：63.

2. 国语教科书前期

该时期共有 1923 年和 1929 年两个课标。1923 年课标要求取材以儿童文学为主，1929 年课标要求教科书的选择注意下列各点：

（甲）不背本党主义，或足以奋兴民族精神，启发民权思想，养成民生观念的。

（乙）积极前进，乐观解放，而非消极退缩，悲观束缚的。

（丙）提倡合作、互助、勇敢、劳动、规律，而非自私自利懒惰浪漫的。

（丁）是流利的国语的语体文。

（戊）合于儿童学习心理，并便于教学的。

国语教科书前期选文以儿童文学为主，随着课标对想象类材料的限定以及党义的强化，该时期选文在儿童文学文本基础上增加现实类文本。

3. 国语教科书后期

该时期共有 1932 年、1936 年、1941 年、1948 年四个课标，其中 1936 年课标选文规定最为具体。

（一）根据本党的主义，尽量使教材富有牺牲、互助、奋发、图强的精神。凡含有自私、自利、浪漫、消极、退缩、悲观、封建思想、贵族化（如王子公主……之类）、资本主义化（如发财之类）等的教材，一律避免。关于下列的教材，尤应积极采用：

（1）关于国民革命的。例如：

（甲）国旗；

（乙）中山先生革命生活；

（丙）重要的革命纪念日（如黄花岗之役、武昌首义等）；

（丁）其他。

（2）关于奋发民族精神的。例如：

（甲）爱国、兴国和民族革命、民族复兴有关的；

（乙）和中华民族的构成及文化有关的；

（丙）和国耻国难有关的，但以根据历史事实，不流于感情叫嚣者为限；

（丁）其他。

（3）关于启发民权思想的。例如：

（甲）破除神权的、迷信的；

（乙）打破君权的信仰和封建思想封建残余势力的；

（丙）倡导平等、互助、规律等的；

（丁）关于民权运动的；

（戊）其他。

（4）关于养成民生观念的。例如：

（甲）劳动节和有关农工运动的；

（乙）有关造林运动、改良农业、工业运动的；

（丙）有关提倡国货的；

（丁）有关合作生产、合作消费的；

（戊）其他。

（二）根据儿童心理，尽量使教材切合儿童生活和儿童阅读能力及兴趣。其条件如下：

（1）意义方面

（甲）适合我国自然和社会环境等一般情形，并不与现时代相违背；

（乙）适合我国教育目标或富于道德教训；

（丙）适合儿童经验和阅读兴趣（初年级喜富于想象性的教材；中年级渐喜现实的教材；高年级喜性质奇特的教材，如战争、探险、英雄伟绩、机械发明等）；

（丁）奇警而有充分的真实性；

（戊）具体而有深切隽永的趣味；

（己）有引导儿童动作、思考等的功用。

（2）文字方面

（甲）确是国语，不杂土语、方音（诗歌韵取国音）；

（乙）语句明白顺适，合于语言的自然；

（丙）措辞生动而不呆板；

（丁）叙述曲折而不太平直；

（戊）描写真切而不得浮泛，并且和所叙的事实"一致的和谐"；

（己）情节一贯，层次井然；

（庚）结构严密完整而不疏散奇零；

（辛）体裁多用"拟人"的描写（例如用凭媒嫁娶拟蜂传花粉，用唱歌拟鸟叫等）和直接语的叙述（例如动物的生活，不用第三者的口吻转述，而由动物自述等），以使儿童设身处地亲切体味；

（壬）生字依据部颁的儿童字汇，支配大体均衡，并且多复习的机会；

（癸）文字的深浅恰合儿童程度。

……

可见，课标对教科书选文内容的规定具体又详细，该阶段教科书选文减少了物语类内容，增加了现实题材或时事类题材。

（二）选文内容是否符合学生学习特点

选文分为形式和内容两方面，形式要典范，内容要具有思想性、教育性，选文应该两者兼顾，即"文质兼美"。以我国古代语文教材史上具有里程碑意义的《文选》为例，其入选的作品必须具有"沉思"（指深刻的艺术构思）和"翰藻"（指华丽的辞藻）的特点，这是从选文形式和实质两方面考察的。叶圣陶在1962年写给人民教育出版社中学语文编辑室的书面指示中也谈到了"文质兼美"选文标准问题。当时中学语文编辑室同志提出把《谈学逻辑》（作者潘梓年）、《在莱比锡审讯的最后发言》（节选自《季米特洛夫选集》）、《在法庭上》（节选自高尔基的《母亲》）、《工厂技术革命的新气象》、《火光》、《在狱中》（节选自《青春之歌》）、《怎样评价〈青春之歌〉》等七篇文章选入教科书，叶圣陶却提出不同意见，说这七篇文章"仅为粗坯"，"实未具语文教材之资格"：

我人决不宜抱"唯名主义"，以为如潘梓年、茅盾二位之文，尚有何话说。我人亦不宜盲从市场情况，以为《季米特洛夫选集》《青春之歌》《母亲》行销至广，读者至众，何妨采录其一章一节为教材。我人首须措意者，所选为语文教材，务求其文质兼美，堪为模式，于学生阅读能力、写作能力之增长确有助益。而此七篇者，姑谓其质皆属精英，若论其文，则至为芜杂。意不明确者，语违典则者，往往而有，流行之赘言，碍口之累句，时出其间。以是为教，宁非导学生于"言之无文"之境乎？ ①

可见，语文教科书的选文，不应盲从名人、盲从市场，要坚决把握文章内容和形式上的精美标准。由此，本书在审议选文内容时，把"文质兼美"作为选文标准。"文"指选文形式要典范。结合小学学段，"文"的典范性可表现为：语言清楚规范、生动活泼，语意明确合理，文章结构清晰，等等。"质"指选文内容具有思想性、教育性。这是由教科书文本的性质决定的。"教诲性是教科书文本的根本属性"，"教科书意欲通过对学生进行知识解析，从中产生出善恶、真误原则来"。② 因此，教科书选文内容必定符合主流意识形态和人类共同的善恶观、审美观，从而具有了教育性。

但因为"文质兼美"的标准没有细化，导致语文教科书中"文"和"质"的不和谐，有时"质"压倒了"文"，有时又反之。这里结合"文质兼美"的标准，对近代小学语文教科书选文加以审议。

1. 国文教科书时期的选文内容：赫尔巴特理念下的"质"压倒了"文"

以《共和国教科书新国文》初小第3册第3课《蟋蟀》为例：

秋夜有蟋蟀鸣于墙，小弟问妹曰：蟋蟀口小，鸣声颇大，何也？妹曰：蟋蟀有四翅，振翅发声，非以口鸣也。

显然，初小学生学习《蟋蟀》一课，目的在于了解蟋蟀发声的知识，而不是欣赏蟋蟀虫鸣声的美妙，选文对秋天蟋蟀叫声的特点毫无描写，没有以儿童喜闻乐见的文本形式让儿童获得童趣和启示。

初小的课文如此，高小的选文更是以直白的说明、简单的叙述灌输成人本位的知识和思想。如《共和国教科书新国文》高小第1册第1课《国体与政体》：

---

① 叶圣陶. 叶圣陶集（第16卷）[M]. 南京：江苏教育出版社，1993.
② 石鸥，石玉. 论教科书的基本特征[J]. 教育研究，2012（04）：92.

　　　　国体有二：曰君主，曰民主。君位世袭者，是为君主国。不置
君位，由人民公举总统者，是为民主国。

　　　　政体有二：曰专制，曰立宪。政权由一人或一部独裁者，是为
专制国。政权分为数部者，是为立宪国。

　　　　立宪国之政权，大抵分为三部：立法属于议院，司法属于法院，
行政属于政府。各有权限，一切以宪法为断。

　　　　世界各国，有君主立宪，有民主立宪，各因其历史而异。惟君
主专制，不适于今日之世界，几无复存者矣。

　　国体与政体，乃政治学知识，远离或高于刚入高小学生的经验，但综观
全文，语言客观直白、枯燥乏味。有学者曾以儿童文学的角度对民国初期的
两套教科书选文与民国之前的教科书选文作比较，发现民国初期的选文从内
容到形式都毫无儿童文学色彩。[①]

　　2. 国语教科书前期：儿童本位观映照下的"文"压倒了"质"

　　1919年，伴随着杜威的一系列访华活动，教育领域的儿童本位观压倒了
成人本位观，反映在这一时期的教科书选文内容上，是过分追求儿童本位的
文章形式，"鸟言兽语"类的童话在小学语文教科书中占据大量篇幅。这里以
《新学制国语教科书》初小第3册和《新中华国语课本》初小第3册为例进行说
明，其篇名见表1-14。

表1-14　《新学制国语教科书》初小第3册和《新中华国语课本》初小第3册篇名

课　数	《新学制国语教科书》初小第3册		《新中华国语课本》初小第3册	
	篇　名	是否童话	篇　名	是否童话
1	爱群的喇叭		开学	
2	喇叭歌		星	
3	老虎捉虾	是	谜语	
4	小蟹生气	是	不要贪多	
5	老蚌和水鸟	是	杀鹅取金蛋	
6	青蛙的肚皮破了	是	猴子分饼	是
7	兔儿躲在山洞里	是	大喉咙	是
8	不做工的没得吃	是	儿歌	
9	果园里的大红桃		镜子	
10	人到底聪明	是	一只黑一只白	

---

① 张心科. 清末民国儿童文学教育发展史论[M]. 北京：北京师范大学出版社，2011.

续　表

课　数	《新学制国语教科书》初小第3册		《新中华国语课本》初小第3册	
	篇　名	是否童话	篇　名	是否童话
11	金蛋		多了一根骨头	
12	聪明的小麻雀	是	两只智羊	是
13	换		两只笨羊	是
14	记好		聪明的老鸦	是
15	时辰钟		骑驴歌	是
16	耳朵没有睡		母亲欢喜（一）	
17	戴眼镜		母亲欢喜（二）	
18	跛子和瞎子		两个和一个	
19	月亮白光光		瞎子和太阳	
20	风是哪里来的		狼来了	是
21	风呀（一）		狐骗虎	是
22	风呀（二）		早上学	
23	雨是哪里来的		蜘蛛牵丝	是
24	雨		蛛网	是
25	乌鸦洗澡	是	蜜蜂歌	是
26	打破水缸		狼与外婆（一）	是
27	司马光剥胡桃		狼与外婆（二）	是
28	替姐姐吃药		谜语	
29	肚子痛		打铁	
30	母鸡孵蛋	是	小白花（一）	
31	蛋和石子	是	小白花（二）	
32	分成两段		青草出汗	
33	黑羊和白羊	是	点点小露珠	
34	草儿		老麻雀（一）	是
35	独角羊	是	老麻雀（二）	是
36	蛇吞象	是	买什么好（一）	
37	狼跳下井去	是	买什么好（二）	
38	四种动物		给他一个父亲	
39	老鼠变老鼠	是	小鸡的母亲	是
40	老鼠的尾巴（一）	是	口袋里有什么东西	
41	老鼠的尾巴（二）	是	孔融让梨	
42	拔大萝卜	是	蠢孩子（一）	
43	小松树	是	蠢孩子（二）	
44	昨天去		泥小妹洗澡（一）	
45	葡萄和篱笆		泥小妹洗澡（二）	
46	不认识		吹喇叭（一）	
47	妙妙妙		吹喇叭（二）	
48	为了一块肉	是	不倒翁	
49	树林里一壶酒	是		
50	小孩和麻雀	是		

从表 1–14 可知，《新学制国语教科书》初小第 3 册童话类选文有 23 篇，占该册课文总数的 46%，还不包括以说明文或谜语方式介绍动物的选文，如第 38 课《四种动物》、第 47 课《妙妙妙》等。《新中华国语课本》初小第 3 册共 48 篇选文，"鸟言兽语"类童话 16 篇，占该册课文总数的 33%。再来看《世界书局国语读本》初小第 2 册第 28 课《小鸭只会叫呷呷》：

> 小鸭是母鸡孵的，他叫母鸡妈妈。母鸡说，我不是你的妈妈。小鸭没有妈妈，就大哭，把喉咙哭坏，他叫不出妈妈，只会叫呷呷。母鸭听得小鸭哭，就走过来，对小鸭说，我是你的妈妈，我忙着游水，请母鸡孵你。小鸭说，哦！原来母鸡是我的干妈。

此类为了迎合儿童趣味的选文，文本形式上生动活泼，但文本内容枯燥乏味。

20 世纪二三十年代的"鸟言兽语"之争中，既有来自政界的质疑，如"儿童文学化"被以何键为代表的国民党顽固派抨击为洪水猛兽和制造"无形之共党"的土壤；也有来自学界的针锋相对，如儿童教育专家尚仲衣就认为儿童本位的国语课本，是"教育的倒行逆施"。尚仲衣批评道："世界上本无神仙，如读物中含有神仙，即是违反自然的实际现象。鸟兽本不能作人言，如使鸟兽作人言，即是超乎自然。"[①] 对此，吴研因、陈鹤琴、魏冰心等学者以及儿童文学社都纷纷发表反对意见，从不同角度驳斥何键等人的言论，指出尚仲衣学术言论上的破绽与漏洞。在《致儿童教育社社员讨论儿童读物的一封信——应否用"鸟言兽语"的故事》和《读尚仲衣君〈再论儿童读物〉乃知"鸟言兽语"确实不必打破》等文章中，吴研因阐明了语文教科书不应排斥"鸟言兽语"的观点。尽管论争过程艰难，但支持"鸟言兽语"一方最终取得胜利。这场讨论在学术层面可以视为一种"文质之争"，它提醒人们，只追求文本形式而不注重内容实质同样会招致读者的反感。为实现"文"和"质"的和谐统一，课标在教材编制的规定方面不断改进，给出指导意见。如 1932 年课标规定：教材编选应依据增长儿童阅读能力的原则，使想象性的教材（如寓言物语等）和现实的教材（如自然故事、生活故事、历史故事等）调和而平均，并

---

① 尚仲衣. 选择儿童读物的标准[J]. 儿童教育，1931（08）：5.

尽量避免带有恐怖性的内容。1936年课标在"调和而平均"的基础上，还给出了具体的比例指标："想象性的材料与现实性的材料，大约是一与五之比。"

3. 国语教科书后期：良莠不齐的"文"和"质"

这一阶段也出现了一些"文质兼美"的教科书，当推的如《开明国语课本》和《复兴国语课本》。以《开明国语课本》初小8册为例，叶圣陶在编写语文教材的过程中，时时都想着青少年学生现在和将来的实际受用，选文体裁又尽量容纳儿童文学以及儿童日常生活中所需要的各种问题，他要求"语文教材编辑用词要力求正确，造句力求精密，务期与标准语相吻合，堪为儿童说话作文的模范"①。如：

《太阳》：

太阳，太阳，你起来得早。昨天晚上，你在什么地方睡觉？

《绿衣邮差上门来》：

薄薄几张纸，纸上许多黑蚂蚁。蚂蚁不做声，事事说得清。

明朗易记，形象直接，稍涉抽象的知识即转化为具体可感的物象，且多有回味，以期学生自觉思考。这反映出编者的立场是引领而非指导，方法是在一旁扶持而非居高临下地灌输。

《河上》：

柳条长长着地垂，河心倒影绿成堆。轻风吹过影摇动，白云青天露微微。浮萍簇聚在一旁，开得小花色桂黄。为甚忽然花打颤？鱼儿叶底捉迷藏。小小青蛙坐浮萍，瞪眼昂头不做声。它看什么谁知道？是否看那红蜻蜓？红蜻蜓去翠鸟来，燕子剪水又飞开。河上风光描不尽，河边小立足开怀。

《雁》：

秋天，有一群群的雁在天空飞过，发出清亮的叫声。雁的家乡在西伯利亚地方。那里秋天就飞雪，到了冬天，什么东西都给冰雪盖没了。太阳只露一下脸，立刻又落了下去。如果再往北去，便是北极，那里足有半个年头见不到太阳的面。在这样又寒冷又黑暗的地方，雁怎能够生

---

① 叶圣陶.叶圣陶语文教育论集[M].北京：教育科学出版社，1980：168.

活呢？所以一到秋天，它们就结队迁移，向南方飞来。

这些白话文语段清新自然，流畅优美，完全符合语文教科书内容"言文一致"的标准。细细品味，还可感受到文言的韵味——音韵和谐、简洁凝练。

《开明国语课本》中有少量的"鸟言兽语"类的童话，其情节设置合理，结构自然不牵强，语言风趣幽默。如初小第 6 册第 11 课《龟和狐》：

狐捉到一只龟，就送到嘴里去咬。龟的壳很硬，几乎把狐的牙齿轧碎。

狐不免动怒，狠狠地说："我总得吃你的肉，待我用石块打碎你的壳！"

龟想这不完了，心里十分慌。但是他立刻有了计策，他装得很放心地说："告诉你，莫说小小的石块，就是搬一座泰山来，也打不碎我的壳。"

狐怒得更厉害了。他说："那么，我用火把你烧了！"龟大笑说："那是我最欢喜的事，我常到烧红的窑里去玩的。"

"你竟是这样一个蛮东西，只配沉到河底里完事！"狐把吃龟的事忘了。

龟装出一副害怕的样子，恳求说："请你用火烧，用石块打吧。千万不要把我丢到河里，因为我最怕的是水！"狐听龟这样说，马上把他丢到河里。

龟在河里笑着问："你不知道河是我的家乡吗？"

整篇童话，活脱脱两个"小朋友"在斗智斗勇，趣味十足，寓意了无痕迹。

当然，这一时期还有许多因抗战需要而创作的选文，从文学性来看，其缺陷在于寓意明显、语言直白且没有美感。如教育部战区教师服务团编写的《抗战的麻雀》：

有许多麻雀，常在村庄人家的屋檐下做窝儿。中国兵和日本兵打起来了，村庄的房屋，全被大炮打毁。许多麻雀没有地方住，都逃到附近的树林里去。麻雀太太说："唉！战争真可恨，它把我们的家全都毁了！"麻雀先生说："可恨的是日本人，不是战争！中国人为着生存而战争，这是应该的；日本人无理地进攻中国，那才可恨呢！"麻雀哥儿说："单是恨，有什么用呢？恨得死日本人吗？我们应当和日本兵抗战。"麻雀小姐说："我们有什么能力和日本兵抗战呢？"麻雀先生想了一想说："我们可以飞到日本兵的后方去抢谷子吃，使他们缺少粮食，发生饥饿的恐慌。"大家都赞成，于是全飞到日本兵的后方，做抗战的工作。[①]

这类文章，正如陈伯吹所评价的："在某种时间与空间之下，有揭示特种教训的必要。但是直接的告诫，往往是没有用的，并且易招致反感，不如将教训深藏在故事中，让故事露着和善的脸，发挥它的艺术力，去指示、感化，这是很有效果的，其效率指数当在百分之八十以上。"[②] 另如《抗战建国读本》初级第 2 册第 11 课《中国的大城市》：

日本强盗起黑心，起了黑心出大兵。占了东北和平津，又占上海和南京。占了武汉再西进，就要没命回东京。

这样的课文，就像叶圣陶所说，只是"感情用事，叫嚣漫骂，乃下乘宣传文字之恒态"[③]。

（三）选文内容是否具有适切性

小学语文教科书选文是为了让学生学习语言文字、体会其思想情感，语言一定要准确、规范、优美，思想一定要积极向上，内容要富有教育意义，能激发学生学习兴趣，符合学生学习特点。综观近代小学语文选文内容编选，国文教科书选文内容普遍较枯燥，语言表达缺乏童趣。以习体操为例，《最新国文教科书》初小第 2 册第 19 课《体操歌》：

好男儿，志气高。哥哥弟弟手相招，同来学体操。小兵负短枪，大将握长刀。龙旗向日飘，铜鼓咚咚敲。

《新编中华国文教科书》初小第 4 册第 45 课《兵操之戏》：

学生数人，习为兵操。一人为队长，执木刀指挥。二人为军乐队，一吹喇叭，一击铜鼓。其余为兵，肩荷竹枪，排成一队，皆听队长号

---

① 教育部战区中小学教师四川服务团教材编辑组. 小学战时国语补充教材[J]. 教与学，1938（09）：31-51.

② 陈伯吹. 儿童故事研究[M]. 上海：上海幼稚师范学校丛书社，1933：140.

③ 叶圣陶，刘国正. 叶圣陶教育文集[M]. 北京：人民教育出版社，1994：246.

令。进则俱进，退则俱退，无违令者。

《共和国教科书新国文》初小第4册第48课《习体操》：

> 伍生畏习体操，谓其师曰："我体弱，不能操也。"师曰："体操能活血脉，强筋骨，正可以医体弱者。尔常习之，必能获益。"伍生从之，身体渐健。

如此富有童趣的题材，完全可以用韵语的形式铿锵有力地表达，而这几篇选文却叙事直白、结构单一、语言枯燥，毫无童趣。

国语教科书前期的选文过分迎合儿童趣味，连科普文都带上童话烙印，甚至为了迎合趣味强行"童话化"。国语教科书后期的选文充分尊重儿童，如《开明国语课本》初小第1课《先生早》，既显示了平等关系，又显示了长幼之分。当然，该时期也出现一些为体现思想性而完全忽视文字质量的选文。

第三节　中国近代小学语文教科书文体研究

　　探讨近代小学语文教科书，仅考察其选文内容是远远不够的。本节主要对近代小学语文教科书选文的文体展开研究，剖析不同时期的选文在文体方面的共性与特性，并且从教学论的角度进行审视，以期能较为客观地作出评判。

　　文体具有丰富的含义。广义上讲，指体裁、语体、风格；狭义上讲，指体裁。童庆炳认为，文体是指一定的话语秩序所形成的文本体式，它折射出作家、批评家独特的精神结构、体验方式、思维方式和其他社会历史、文化精神。[①]可见，作品的语言、体式是文体的表层，内在指向的是作家的文化精神。本书的文体指体裁。中国是"文章大国"，讲究"文章以体制为先"。我国第一部按体区分、从类编排的文学总集是梁代萧统的《昭明文选》，选文标准是"事出于沉思，义归乎藻翰"，既要文字优美，又要有思想，这显然是文学文体的选文标准。刘勰的《文心雕龙》也是文体专论，有23类文体，在23类文体下又分许多文体。著名学者黄侃在谈到古代文体弊端时，指出古代文体分类既多且乱："详夫文体多名，难可拘滞，有沿古以为号，有随宜以之称，有因旧名而质与古异，有创新号而实与古同，此唯推迹其本原，诊求其旨趣，然后不为名实玄纽所惑，而收以简驭繁之功。"[②]近代初期，刘半农、梁启超等对文体有新的研究。1918年，刘半农发表《应用文之教授》，把文章分为文学与应用文两类，认为两类文体性质不同。1922年，梁启超在《中学以上作文教学法》中以思想的路径区分了两类文体：一类是以客观吸收进来的事物为思想内容者，为记叙之文；另一类是以主观发出来之意见为思想内容者，为论

[①]　童庆炳.文体与文体的创造[M].昆明：云南人民出版社，1994：1.

[②]　黄侃.文心雕龙札记[M].北京：商务印书馆，2017：66.

辩之文。这种根据内容来确定文体的区分方法是有缺陷的。近代小学语文中，文体逐渐演变为普通文和实用文。普通文指记叙文、抒情文、议论文、说明文，实用文指日记、书信、合同等。历代学人强调，"文章以体制为先""先体制而后工拙""凡为古文辞者，必先识古人大体，而文辞工拙又其次焉"，可见从文体的维度来审视近代小学语文教科书不仅重要而且十分有必要。

一、中国近代小学语文教科书文体"还原"

（一）文体种类的共性

1. 文体种类丰富

笔者统计了四套样本教科书的文体，见表1-15。

表 1-15　四套样本教科书的文体

教科书	文 体
最新国文教科书	记事、论说、状物、写景、歌谣、诗词、诗歌、写景兼记事、记事兼论说、状物兼论说、状物兼写景、寓言故事、童话、民间传说、名人传记、书信、新闻、日记、应用、科普、说明
共和国教科书新国文	论说、记事、传记、游记、诗歌、状物、问答、记事兼论说、书牍、碑记、论说兼记事、论说兼问答、箴铭、物状、赋、专一体、杂记、传叙、书牍兼论说、寓言、家书、祭文、碑志、赠序、叙述、叙事、议论
新学制国语教科书	名人传、传记、杂记、游记、小说、诗歌、新诗、民歌、旧诗、古诗、词曲、剧本、弹词、笑话、寓言、记事、说明、论说、传奇、书信、大鼓词
开明国语课本	叙述、童话、记叙、新闻、笑话、诗歌、寓言、对话、日记、故事、解说、剧本、书信、传说、游记、说明、议论

由表1-15可以看出，《最新国文教科书》主要有21类文体，多为记事与论说，内容主要围绕儿童日常生活和学校交往，重在说理和叙事，使儿童易于理解；同时还涉及了一些实用知识，强调经世致用，使儿童易于实行。《共和国教科书新国文》主要有27类文体，涉及我国的政治、历史、地理等知识，同时也编排了与儿童日常生活紧密相关的自然科学知识。《新学制国语教科书》有21类文体，少了祭文、碑志、赠序等实用类文体，增加了传奇、大鼓词等故事性文体。《开明国语课本》中除了有一般的记叙文、说明文外，还有童话、寓言、儿歌、儿童诗、书信、演说、日记、剧本、便条、广告、意见

书等文体，这些文体都是儿童生活中常见的或常用的。编者把生活化的内容融入这些文体中，目的就是让孩子理解生活中的常见文体并能学以致用。

2. 文体编排循序渐进

以《复兴国语课本》初小第 2 册、高小第 2 册为例，如表 1-16 所示。

表 1-16 《复兴国语课本》初小、高小第 2 册的文体

课 数	《复兴国语课本》初小第2册		《复兴国语课本》高小第2册	
	篇 名	体 裁	篇 名	体 裁
1	我们再来造	儿歌	风	新诗
2	哥哥拿着一支笔	儿歌	游衡山记（一）	游记
3	大家来画	儿歌	游衡山记（二）	游记
4	讨干草吃	物语	两个疑问的信	书信
5	花猫	故事诗	复竹虚的信	书信
6	花鼠怕花猫	故事诗	笑的演说	演说稿
7	白猫捉小鸟	物语	儿童节珍儿写给姑母的信	书信
8	老鼠学本领	故事诗	吴季子挂剑	传记
9	小鸟回家	故事诗	返钏记	记叙文
10	树多不会倒	儿歌	总理逝世纪念	记叙（演说）
11	杨柳条	儿歌	工作室	新诗
12	让开和不让开	故事诗	鹤的生活（一）	说明文
13	白羊和黑羊	故事	鹤的生活（二）	说明文
14	白狼怕白狗	故事	苏武牧羊（一）	传记
15	狼来了	故事	苏武牧羊（二）	传记
16	张家有只羊	故事诗	云	新诗
17	要找朋友找不到	故事诗	武松打虎（一）	小说
18	脏朋友我不要	故事诗	武松打虎（二）	小说
19	吹喇叭	儿歌	武松打虎（三）	小说
20	果子生在树上	故事诗	武松打虎（四）	小说
21	草人赶乌鸦	故事	烈士塚上的没字碑歌	新诗
22	打大麦	儿歌	动物园	新诗
23	帮助农人	物话	预知李苦	小说
24	种大豆	故事诗	柏林之围（一）	戏剧
25	骑竹马	儿歌	柏林之围（二）	戏剧
26	大家都穿中国货	儿歌	柏林之围（三）	戏剧
27	给人穿了	儿歌、对语	柏林之围（四）	戏剧
28	找朋友	物语	游莫干山记	游记
29	四种虫	儿歌、对语	诚实的学生（一）	小说
30	蜘蛛不怕打破网	物话	诚实的学生（二）	小说
31	蜘蛛吃苍蝇	物话	寂寞（一）	小说
32	苍蝇的本领	物语	寂寞（二）	小说
33	蚂蚁咬螳螂	物话	寂寞（三）	小说

课　数	《复兴国语课本》初小第2册		《复兴国语课本》高小第2册	
	篇　名	体　裁	篇　名	体　裁
34	坐着小飞机	儿歌	寂寞（四）	小说
35	月亮呀下来罢	儿歌	寂寞（五）	小说
36	对着镜子照一下	儿歌	寂寞（六）	小说
37	走到外婆家	儿歌	寂寞（七）	小说
38	孙中山帮助做工	故事		
39	孙中山敢问老先生	故事		
40	小朋友	儿歌		

参考资料：张心科. 清末民国儿童文学教育发展史论 [M]. 北京：北京师范大学出版社，2011：196-197.

由表 1-16 可见，初小文体以简单有趣的儿歌、物话为主，符合低幼儿童特点；高小文体丰富而复杂，有新诗、书信、戏剧等。整体编排体现了初小到高小循序渐进的原则。

3. 文学类文体与实用类文体并举

清末颁行的《奏定初等小学堂章程》《奏定高等小学堂章程》打破了传统语文教育读书为功名的倾向，反映在教材上是注重实用文的编选。《最新国文教科书》初小部分就有很多实用文体，如家书、请假条、合同、账簿、书信等。《共和国教科书新国文》初小部分编排了大量文学类文体，高小部分有许多实用文体，如家书、祭文等。《新学制国语教科书》以文学类文体为主，初小选文几乎都是儿歌、童话、寓言、民谣等，连科普知识也以物话的手法来编排，如第 3 册课文《雨》：

"雨呀，你到底是什么东西？说你是水，你爬上天，用了什么梯？说你不是水，你落下地来，怎么和水不分离？"

"我是雨，就是水，我上天不用梯，化作云气轻轻飞。一朝遇着冷风吹，赶快打成堆；空中站不住，翻身直向地上回。"

20 世纪 30 年代，随着课标对想象性文体比例的限制，小学语文教科书逐渐出现文学类文体与实用类文体并重的现象，这在《开明国语课本》中就有所体现（见表 1-17）。

表 1-17 《开明国语课本》8 册教材文体统计

单位：课

体　式	第1册	第2册	第3册	第4册	第5册	第6册	第7册	第8册	总数	占比/%
记叙	7	11	8	13	13	10	10	10	82	25.63
童话	10	16	15	4	3	3			51	15.93
儿歌	12	13	9	7	5				46	14.36
对话	13	1	2	2					18	5.63
信		1	3	1	1	3	4	1	14	4.38
介绍			4	1	2	2	3	5	17	5.31
故事			1	5	6	8	6	9	36	11.25
散文				3	2	4	5	3	18	5.63
诗歌					5	6	5	6	22	6.87
戏剧					3	2	2	2	9	2.81
演说					1		2	3	6	1.88
小说				6			4		10	3.13
借条			1						1	0.31
游记						2	1		3	0.94
日记					1	1			2	0.63
杂文								1	1	0.31
辩论								1	1	0.31

资料来源：王益富，李洪兰，计萍《开明国语课本》体式编排与练习设计及其启示 [J]. 现代教育科学，2018（01）：104-109.

《开明国语课本》8 册课文因是初小阶段，前 4 册文学类文体稍多，后 4 册增加了实用类文体，整套教材在凸显初小特点的基础上，兼顾两种文体。

（二）选文文体的差异性

1. 文体种类：随着时代发展递减

国文教科书时期，1904 年出版的《最新国文教科书》，文体涵盖了记事、论说、写景、状物等 21 类，1912 年出版的《共和国教科书新国文》，文体涵盖了字书、祭文、赋、书牍兼论说等 27 类，非常广泛，涵盖了当时社会一个成人安身立命所需的各类文体。

国语教科书前期，1923 年《新学制课程标准纲要小学国语课程纲要》规定读文"注重欣赏、表演，取材以儿童文学（包含文学化的实用教材）为主"，教科书文体较为侧重儿童文学。以《新学制国语教科书》为例，初小"编纂大要"指出"本书取材注重儿童文学"，高小"编纂大要"指出"本书内容方面，仍以儿童文学为主；但趋重现实的生活，减少想象的资料"，"本书的材料，注重传记、小说、诗歌，约占全书六分之一"。因此，《新学制国语教科书》（高小）文体由近代初期的 27 种降至以儿歌、故事、传记等儿童文学为主的 21 种，减少了那个时代不常用的赋、字书等文体。

国语教科书后期，1932 年《小学国语课程标准》指出："依据增长儿童阅读能力的原则，想象性的教材（如寓言、物语等）和现实的教材（如自然故事、生活故事、历史故事等），应调和而平均。"1932 年出版的《开明国语课本》遵循 1932 年课标原则编写，在"编辑要旨"中指出"本书尽量容纳儿童文学及日常生活上需要的各种文体"，文体减少到 17 种。

2. 文体视角：从成人视角转向儿童视角

近代小学语文教科书文体的演变（见表 1-18），显示了近代教育逐渐把"学生"当成"儿童"的历程。

表 1-18 近代小学语文教科书文体的演变

时　期	教科书	文体要求
国文教科书时期	《最新国文教科书》《共和国教科书新国文》	各种文体略备，使学生知其梗概
国语教科书前期	《新学制国语教科书》	取材儿童文学
国语教科书后期	《开明国语课本》	尽量容纳儿童文学及日常生活中需要的各种文体

近代初期，祭文、碑志、赠序等 27 类文体，学生都须略知，这里显然把"学生"当成"成人"来看待和要求。近代中期，连科普小品也采用"鸟言兽语"的儿童文学形式。近代后期，叶圣陶在《开明国语课本》中设置了多种常见的文体，除记叙文、说明文外，童话、寓言、儿歌、儿童诗、书信、演说、日记、剧本、便条、广告、意见书等文体也包含在内，以此来满足儿童的生活需要。

可以说，随着时间的推移，近代时期小学语文教科书的文体编排逐渐从成人视角转向儿童视角。

3. 文体演变：从实用文体为主到实用文体与文学文体并重

这里以《共和国教科书新国文》高小第 2 册与《复兴国语课本》高小第 2 册的前 15 课为例进行文体比较，见表 1-19。

表1-19 《共和国教科书新国文》《复兴国语课本》高小第2册前15课的文体

	《共和国教科书新国文》高小第2册		《复兴国语课本》高小第2册	
课 数	篇 名	文 体	篇 名	文 体
1	民族	论说	风	新诗
2	人民之权利义务	论说	游衡山记（一）	游记
3	习惯说	论说	游衡山记（二）	游记
4	自立	论说	两个疑问的信	书信
5	李侃妻	记事	复竹虚的信	书信
6	罗兰夫人	传记	笑的演说	演说
7	惜时	论说	儿童节珍儿写给姑母的信	书信
8	人之职分	论说	吴季子挂剑	传记
9	开矿	论说	返钏记	记叙
10	我国矿业	记事	总理逝世纪念	记叙（演说）
11	采珠	论说	工作室	新诗
12	珊瑚岛	状物	鹤的生活（一）	说明文
13	张謇	记事	鹤的生活（二）	说明文
14	出塞	诗歌	苏武牧羊（一）	传记
15	吹竹	记事兼论说	苏武牧羊（二）	传记

由表1-19可见，《共和国教科书新国文》的课文中实用文体主要是论说体，15篇课文中有8篇是论说体，1篇为记事兼论说体，实用文体占据了相当高的比重。《复兴国语课本》中文体类型明显增多，15篇课文中文学文体（包括诗歌、记叙文、传记、游记）就有9篇，表明文学文体受到重视，与实用文体并重。

二、中国近代小学语文教科书文体演变归因

（一）实用主义教育思潮对实用文体的影响

国内最早传播实用主义思想的，当数黄炎培。1913年，美国教育家孟禄访华及其实用主义教育思想的传播，对黄炎培影响极大。1913年，黄炎培发表《学校教育采用实用主义之商榷》（《教育杂志》第5卷第7号），该文被公认为中国近代教育史上提倡实用主义教育思想的先声。至此，中国近代社会掀起了第一次实用主义教育思潮，提倡教育与学生生活相联系，强调实用教育、职业教育。1919年5月至1923年7月，杜威访华，宣讲实用主义教育理

念，对小学语文教科书实用文体的编选产生了很大影响。如：近代初期的《共和国教科书新国文》《复式学校国文教科书》《新中华国文教科书》以实用文为主；到了近代中后期，小学语文教科书逐渐发展到各类文体兼备。

（二）儿童本位观、儿童文学家对文学文体的影响

随着杜威访华，近代中国掀起"儿童本位"教育思潮，主张教材内容要符合儿童心理。儿童本位观对年轻时关注儿童文学的吴研因影响很大。早在1912年秋，吴研因、俞子夷就因没有合适的课本尝试自编白话课本，如启蒙课本中的"大羊跑，小羊跑，跑跑跑，两只羊跑上桥，黑狗跑来咬，大羊一顶，黑狗跌下桥"，生动有趣，深受低幼儿童喜欢。1923年，吴研因主持修订《新学制课程标准纲要小学国语课程纲要》，把"教材要以童话等文学为主编排"写在课标中。吴研因主编的《新学制国语教科书》，一改原来以枯燥的说明文、议论文为主的编排取向，兼采童话、故事、寓言、传记等文学文体。他说："就我编的三部小学语文教科书而言，尤其是初小部分，是有不少所谓'文学化'的，也就是把说明文、议论文改为比较有趣的记叙文，把动植物人格化。"[1]

叶圣陶，文学研究会成员、儿童文学作家，创作了我国现代文学史上第一部为儿童而写的童话集《稻草人》、长篇小说《倪焕之》等，主张"文学为人生"。《开明国语课本》400多篇课文有一半是他创作的。

因此，近代中期由于"儿童本位"思想盛行，再加上一批有儿童文学功底的编者加入教科书编写行列，文学文体得到发展。

（三）国内文体大争论对教科书文体选用的影响

国文教科书时期，《最新国文教科书》《共和国教科书新国文》等都以实用文章为主。1919年杜威访华后，儿童中心主义盛行。1923年，吴研因制定《国语课程纲要草案说明书》，提到教科书内容可含"神话仙人故事，妖怪故事"。1931年2月，湖南省政府主席何键呈给国民政府教育部一份咨文，对教科书编选过多儿童文学提出批评："民八（即民国八年，1920年，引者注）以

---

[1]　李汉潮.吴研因小学语文教材观探究[J].语文建设，2017（36）：53.

前，各学校国文课本，犹有文理；近日课本，每每'狗说''猪说''鸭子说'，以及'猫小姐''狗大哥'，充溢行间，禽兽能作人言，尊称加诸兽类，鄙俚怪诞，莫可言状"，这样的教科书"切宜焚毁"。[①]1931年4月，美国哥伦比亚大学博士尚仲衣在上海论坛上指出，"鸟言兽语"就是"神仙"，神仙是违背自然、超乎现实的，而"教育者的责任在使儿童对自然势力及社会现象，有真实的了解和深刻的认识"，那些"以为神仙物语以及其他违反自然现象的材料足以唤起儿童的兴味"的观点，是错误的，"未始不是教育中的倒行逆施"。这份发言后来刊登在《申报》上。[②]很快，尚仲衣的言论遭到吴研因等的反驳，他们认为，神仙妖怪文学本身就包含了教育意义，且能启发学生想象，引起趣味。陈鹤琴、魏冰心、张匡等人在《申报》《教育杂志》《儿童世界》等报刊上发文支持吴研因的观点，尚仲衣针锋相对，这场争论影响很大。有些人则撇开教科书文体不谈，认为关键在于教师引导，"前时有好多人对于禽言兽语、神仙故事曾有过热烈的辩论，一面拥护，一面痛诋"，"神仙故事，以及禽言兽语等，现在比较还是好的教材。不过好的教师用来，固然可以利用来丰富儿童的想象，引起儿童读书兴趣。但较差的教师，就不免把儿童引入歧途"。[③]

这场大争论促使课标对想象性教材和现实性教材的比例作调整。

三、中国近代小学语文教科书文体"教学论"审视

首先，教科书的编排要体现课标或者大纲的精神。任何教学行为都是对课标的具体落实，教科书作为教学文本，自然要遵循课标的理念。其次，教科书编排上要符合文体学习规律。本小节审视的是文体，自然要遵循语文学习中文体的特点、不同文体的功能等。最后，教科书作为学生学习的凭借，要符合学生认知规律。

① 何键.咨请教育部改良学校课程[N]. 申报，1931-03-05.
② 李文海，夏明方，黄兴涛.民国时期社会调查丛编（二编）：文教事业卷（第4册）[M].福州：福建教育出版社，2014：237.
③ 俞子夷.简易师范学校及简易乡村师范学校：小学教材及教学法[M].南京：正中书局，1936：10-11.

（一）是否体现课标理念

1904—1949 年共 9 个课标，其中关于文体的规定见表 1-20。

表 1-20　1904—1949 年课标中关于文体的规定

课标	文体规定
1904年《奏定高等小学堂章程》	无文体规定； 中国文学，其要义在使通四民常用之文理，解四民常用之词句，以备应世达意之用
1912年《小学校教则及课程表》 1916年《国民学校令施行细则》	无文体规定； 国文要旨，在使儿童学习普通语言文字，养成发表思想之能力，兼以启发其智德
1923《新学制课程标准纲要小学国语课程纲要》	规定读文取材以儿童文学（包含文学化的实用教材）为主
1929年《小学课程暂行标准小学国语》	目标三　欣赏相当的儿童文学，以扩充想象，启发思想，涵养感情，并增强阅读儿童读书的兴趣 读书教材选择上，规定各文体错综排列，低年级诗歌宜多，高年级逐渐减少
1932年《小学课程标准国语》 1936年《小学国语课程标准》 1941年《小学国语科课程标准》 1948年《国语课程标准》	1932年起，规定读书教材分量支配关于文体的分配，对普通文、实用文、诗歌、戏剧各个学年的比例作了规定

国文教科书时期，如《最新国文教科书》的文体以记叙文和议论文为主，《共和国教科书新国文》的文体以说明文、议论文为主，符合章程（教则）规定的"谋生应世之用"的实用取向。国语教科书前期，如《新学制国语教科书》有 21 类文体，少了祭文、碑志、赠序等实用类文体，增加了童话、儿歌、传奇、大鼓词等故事性文体，教科书选文以儿童文学为主。国语教科书后期，课标规定减少想象性文体比例，提高实用性文体比例，教科书文体做到了文学文体与实用文体并举，以《开明国语课本》为代表。

可见，近代时期小学语文教科书的选文文体编排较能体现课标理念。

（二）是否符合文体学习特点

语文文体有许多种类，每一种文体存在着不同的语序安排，折射着作者的思想。在小学语文教科书中，合理安排文体非常重要。

近代初期的教育，最大的问题就是把小学生当作成人来看待，以成人的视角观察社会，以成人的视角编写教材，以成人的视角编排文体。以《共和国教科书新国文》为例，其涉及 27 种文体，种类众多，儿童也仅仅只能略微了解，并不能深入学习。而这些文体中，甚至还包含了祭文、碑志、赠序等，过于老成，不符合儿童天真烂漫的个性。

国语教科书前期的《新学制国语教科书》文体类型十分丰富，以故事（童话、寓言、传记等）和诗歌（儿歌、新诗、故事诗等）为主，还有相当数量的戏剧、小说、书信等文体，较之单一的记叙文、说明文，这样多样化的文体类型可以开阔儿童的视野，提高儿童的文学鉴赏能力。如剧本、歌剧，是引自西方的艺术形式，让学生在小学语文课程中就接触世界的不同文化形式，也符合当时向西方学习的社会潮流。但这个时期的教科书，儿童文学文体过多，如上面所举的《新学制国语教科书》《复兴国语教科书》，甚至连说明事物也用物语形式，使得教学内容低幼化。

近代后期的教育思想较之前有了很大的进步，主张从儿童的实际出发，以儿童为中心，考虑儿童的生活。这一时期的教科书选文，文体涉猎广泛，既有朗朗上口的诗歌，也有发人深省的寓言，还有引发联想的童话，同时又不乏书信、演说、日记、便条、广告、意见书等实用性文体。学习这样的选文，儿童既能在梦幻的城堡中畅想遨游，又能在现实的生活中运用自如。可以说，这一时期小学语文教科书的文体编排是较为科学合理的。

（三）是否符合小学生语文学习特点

小学生的认知发展以想象、具体思维为主，以抽象、逻辑思维为次，而文学性文体更多指向想象、具体思维。如《新学制国语教科书》初小第 3 册第 14 课《布的原料》：

  "布的原料是什么？"

  "是棉花。"

  "棉花怎么可以做布呢？"

  "把棉花轧掉棉子，纺成棉纱，就可以织布了。"

  "布都是棉纱织成的吗？"

  "不，只有棉布是棉纱织成的。"

  "什么布不是棉纱织成的？"

"麻布（夏布）是麻织成的，辖布是离织成的，绒布是羊毛的麻布、葛布、绒布的原料，都不是棉花。"

再看《共和国教科书新国文》高小第4册第20课《布》：

布类甚繁。以麻织成者，曰麻布，宜用于夏日。以棉织古者，曰棉布，宜用于冬日。又有杂麻与丝，织成花纹，其光彩举绸缎者，则为丝布。

同样题材的选文，不同文体表达效果不同。《新学制国语教科书》（初小）以对话体儿歌形式表达，朗朗上口，好读好记；《共和国教科书新国文》（高小）则以说明文出现，虽寥寥数语，但信息量大，难懂难记。

第四节　中国近代小学语文教科书语体研究

一、中国近代小学语文教科书语体演变"还原"

近代小学语文教科书选文语体经历了从文言文向白话文的演变，是我国语文教育发展史上一次深刻而彻底的变革，语文教学由此从"代古圣人立言"的传统语文教学走向学习语言文字交际的现代语文教学。当然，这个发展过程是艰难的、曲折的。

（一）国文教科书时期：文言文

传统语文教育的识字教材、阅读教材等都是文言文。1904年，清政府公布了由张百熙、荣庆、张之洞主持拟定的一系列学制系统文件，统称《奏定学堂章程》，通令全国遍设学堂，因此急需相当的新式教科书。在该背景下，商务印书馆出版了近代第一套完整的、严格意义上的新式国文教科书。此后，"国文"一词大行其道。1911年辛亥革命成功，建立了以孙中山为首的南京临时政府，对教育进行了一系列适应资产阶级要求的改革。1912年，南京临时政府发布了《小学校教则及课程表》。在课程设置上废止了"读经讲经"科，提出设"国文"科，这一时期的教科书形式上称"国文教科书"，语体为文言文，在本阶段末也出现了少量的文白语体混合编写的教科书。

我国第一套真正具有现代意义的语文教科书当数1904年商务印书馆出版的《最新国文教科书》，选文语体为文言文。如初小第2册第4课《孔融》：

> 孔氏有子六人，孔融最少，年方四岁。一日，父取梨，置盘中，命诸子，各取食之。孔融独择其小者。父问故，对曰："儿年少，当取小者。"

北师大图书馆馆藏 1949 年前小学语文教科书中的 12 套小学国文教科书，一律为文言文。如商务印书馆 1912 年出版的《共和国教科书新国文》初小第 5 册第 18 课《华盛顿》：

> 华盛顿七岁时，游园中。以斧斫樱桃树，断之。其父归，见而怒曰：樱桃吾所爱，谁斫之？家人惧，不敢言。华盛顿趋至父前，自承曰：斫樱桃者，儿也。父遂释怒，执其手慰之曰：汝能不欺，予不责汝矣。

中华书局 1913 年出版的《新制中华国文教科书》初小第 7 册第 38 课《自由》：

> 一儿持鸟笼行于林中，呼鸟而告之曰："鸟乎，鸟乎，汝盍来居。吾将哺汝以芳饵，饮汝以甘泉。"鸟曰："吾营巢觅食，虽终日劳动，而有自由之乐，何能居于笼中，受子束缚乎？遂振翼飞去。"

文明书局 1916 年出版的《高等小学国文读本》第 1 卷第 24 篇《记异乞》：

> 张乞儿，谯陵人，雍正二年至周家口，跛一足，身无完衣，乞于市。与则受，不与亦弗强，无乞怜态，人以"异乞"呼之。居落落不与群乞伍，夜则栖迟市西义冢之隙，掘地深尺许，坐卧其中，风雨寒暑不暂移。或日一行乞，或数日不出亦不饥。一日，大雪深数尺，或曰："异乞死矣。"好事者纷纷掘雪视之，方酣睡。由是远近争异之。争进食，不偏受，各食少许谢去。有赠棚与衣者，曰："吾以天地为室，何以棚为？野处而衣新，适为强暴资。"辞不受。处义冢十三年，莫知所终。

（二）国语教科书前期：白话文的确立

1917 年，胡适在《新青年》上发表《文学改良刍议》，新文化运动正式开启。新文化运动在形式上倡导由白话文代替文言文；在内容上反对无病呻吟、空洞无物的文风，强调内容言之有物，能反映现实生活，表达真情实感；在思想上提倡民主与平等。这些思想言论在社会上引发了激烈的讨论，带来了巨大的社会反响。

1920 年，教育部训令全国各地的国民学校先将一、二年级的国文改为语体文，学科名称从国文改成国语，名称的改变意味着国文教科书的地位日益衰落。这里有三个概念需辨析：国语、语体文、白话文。国语，先于国语统一会发起，是一个国家和民族的统一语，相当于现在的普通话。但当时关于国语的标准，即发音、词汇、语法的标准都还处于争论之中，所以改用"语体文"三字。黎锦熙曾说："国文科改国语科的意思，第一层是要语体文普及，第二层才能说到国音统一；缓急先后，最要看清，所以有些学校，一时还没有懂得注音字母的教员，便可缓教国音，先改语体，用方音来读国语教科书，又有什么妨碍？"[①]语体文，是白话文的俗称，是相对于文言文的一个概念，即偏向于当时的口头语言，更侧重于语体概念。现代意义的白话文，起始于五四时期的"白话文运动"，发展到现在，已有明确规范的词汇、语法标准。

从言文不一的文言文教科书转换成言文一致的语体文（即白话文）教科书，开创了小学语文教科书的新局面，减少了儿童学习语言文字的困难，有利于儿童理解能力和表达能力的提高，使语文教育真正迈向了大众化和普及化，是语文教科书发展史上的一个重大发展。但由于各种原因，1920年起，虽然官方确立了白话文教科书的地位，也出版了许多语体文教科书，但在高小，还是有大量的文言或文白相混的教科书存在。

北师大图书馆馆藏的7套初小课本，其中有6套都是国语教材，只有商务印书馆1925年出版的《新撰国文教科书》是国文。如《新体国语教科书》，庄适编辑，商务印书馆1919年初版，是适应初小国语教学而出版的，为文选型语体文教材。该书第5册第24课《漆》：

漆是漆树的汁。每年八、九月里，将漆树的皮割开，用竹管插进去，底下放着木桶，树汁流出来，刚刚滴在桶里，这个便是生漆。把生漆提炼一番，就变做熟漆。凡是木漆，涂了漆，才经用，才好看；我国福建省的漆器，是最有名的。

《新法国语教科书》，刘大绅、戴杰、范祥善等编辑，商务印书馆1920年出版第1册。前4册是语体文，后2册语体文和文言文互用，但文言文只占3/10，还有部分篇目是语体文与文言文并行。如第6册第23课《画蛇》

---

① 陆衣言.黎锦熙的国语讲坛[M].上海：中华书局，1921.

（节选）：

　　人有用一杯酒送给门客的，许多门客见了，大家都说道，仅仅一杯酒，我们如何能全喝得着呢，不如大家都在地上画一条蛇，谁先画成，就给谁喝。

　　于是各人就画起来。不多时，一个人说道："我的蛇画成了。"举起酒来要喝，忽又想道："我还能给蛇添上脚。"等到画上脚，别人的蛇却已画成了。

　　于是第二画成蛇的人，就将酒夺着喝尽，说道："蛇本没有脚。现在你给他添上脚，就不是蛇了。"

《画蛇》（文言，第6册第24课）：

　　人有遣其舍人一卮酒者，舍人相谓曰："数人饮此，不足以偏，请遂画地为蛇，蛇先成者，独饮之。"

　　一人曰："吾蛇先成。"奉酒而起曰："吾能为之足。"及其为之足，而后成。人夺之酒，而饮之曰："蛇固无足，今为之足，是非蛇也。"

　　北京师范大学图书馆馆藏的9套高小教材中，有5套属于文白混编教材，只有4套属于纯文言文教本。如《新撰国文教科书》（高小），缪天绶编辑，商务印书馆1924年初版，全套4册，为文言文教本。该书第1册第5课《我何尝……》：

　　同学聚于谈话室。张生言曰："苏生有二过失：一为善怒，一为作事仓卒。"尔时，苏生适从门外过，闻之，怒甚，疾趋入室，披张生颊。同学皆怪苏生。苏生曰："彼谓我善怒，而又作事仓卒。我何尝善怒？我何尝作事仓卒？彼诬我耳。"同学皆曰："尔今者如何？非善怒耶？非仓卒耶？尔胡不自思！"苏生默然。

　　若苏生者，其同学非之，吾人亦莫不非之，以其闻过而不自悔改也。然吾人必当反省：吾会闻朋友道吾之过失，吾对之果如何耶？毋若苏生谓"我何尝！……"

　　更多的高小教材属于文白混编，如《新法国语文教科书》高小第2册第18课《说希望》：

各人都有个希望，可是希望的程度，高低不一。大约笨人的希望是短拙的，是错误的，聪明人的希望是智巧的，是合理的。

拿孩子来比喻：知识浅的孩子，他只望着穿几件美丽的衣服和吃些好东西罢了；这样的希望，谁也知道它没有价值。聪明的孩子呢，他就会从品学两方面着想，他总想叫自己的品学胜过别人；这样的希望，能够使他的能力跟着年岁一步步的加高，价值是很大的。

一个人的希望，最好要有价值。但是世界上的笨人比聪明人多，怎样的希望才算有价值？这个问题少有能够辨别清楚的。若是要辨清楚它，只有两个法子：一个是多交好朋友；一个是多读好书籍。因为朋友和书籍都能常常和你在一起，朋友好了，书籍好了，自然会帮助你去找那有价值的希望了。

《说希望》（文言，第2册第19课）：

人各有希望，惟希望之程度，高下不齐。大抵愚人所期常拙误；智者则巧于事而当于理。

譬诸童子：知识幼稚者，惟冀鲜衣与美食耳；其希望之无价值可知。聪慧者则能致思于品学之间，必使己之品学过人而后已；若是者，其人之才能，必与年俱进，价值固甚大也。

人之希望，贵有价值。然愚人较智者为多，有价值之希望如何？此事鲜有能辨之者。苟欲辨之，则有二术：一为多交益友；一则多读有益之书。盖友与书皆朝夕相从，二者俱益，自能助汝求有价值之希望矣。

（三）国语教科书后期：白话文的成熟

该时期的国语教科书，北师大图书馆馆藏共有42套，其中初小教材20套，高小教材22套，全部采用白话文编写。该时期的白话文教科书语言规范典雅、类型丰富，既有综合型白话国语教科书，又有分块型白话国语教科书，如《复兴说话教科书》《复兴说话范本》等。《复兴说话教科书》高小第1册第3课《初会谈话》：

甲：尊姓？

乙：敝姓黄，您贵姓？

甲：华，台甫。

乙：童子无字，名叫自强，请教大号。

甲：名叫世昌。

乙：贵处？

甲：广东，中山县，您呢？

乙：浙江，杭县。

甲：好哇，"上有天堂，下有苏杭"，西湖风景，更是有名的。

乙：您到西湖游历过罢？

甲：读过几篇游记，羡慕极了。

乙：便当的很，坐京沪沪杭甬两路通车，十三四个钟头就可以到了。

甲：好！得着机会，到贵处瞻仰瞻仰去。

这一时期，既有通用的面向汉族的白话文教科书，又有针对少数民族编写的《汉蒙合璧国语教科书》，还有针对不同地域编写的白话文教科书，如《分部互用儿童教科书儿童中部国语》（针对中部地区）、《分部互用儿童教科书儿童南部国语》（针对南部地区）、《分部互用儿童教科书儿童北部国语》（针对北部地区）。这些教科书中选编了迎合地方语言特色的文章，《分部互用儿童教科书儿童中部国语》中大量选入了中部歌谣，如第4册第9课的《年老公公》：

年老公公，白发蓬蓬；一个不留神，跌倒路当中。过路的儿童看见了，双脚跳，高声叫："车走开！马走开！"两手搀起公公来。"老公公！老公公！一跤跌得痛不痛？""还好还好，不痛不痛，心跳心跳，扑通扑通。"

还有根据某种教学理念编写的教科书，如《教学做儿童千字课》第2册第7—10课教儿童学做炕、炕席等。做炕、炕席，是北方农村生活所必备的技能。由此可见，这是一套典型的以生活为中心的教材，体现了实用主义教育思想"生活即教育，教育即生活"。

更有根据时局而编的满足短时之需的《修正短期国语读本》，选文如第2册第18课《吉房招租》：

79

　　小宁和弟弟走在街上，看见一个广告，弟弟不会看，请他念念，他就念道："吉房招租，南平路百吉里现在有吉房一所，北房五间，东西房各三间，如有租的，请到大沽路正兴里十三号面议。"

　　这样的白话文课文既具有故事性，也具有实用性。

二、中国近代小学语文教科书语体演变的意义

　　1919年，国语统一筹备会第一次大会达成共识："统一国语既然要从小学校入手，就应当把小学校所用的各种课本看作传布国语的大本营；其中国文一项，尤为重要。如今打算把'国文读本'改作'国语读本'。"①而胡适等人发起的"国语的文学""文学的国语"，主张以"活的文字"即白话文代替"死的文字"即文言文，新思想的传播需要新的语体表达。正是在这些力量的推动下，1920年1月，教育部训令全国各地的国民学校先将一、二年级国文改为语体文，初等小学国文科改为国语科。言文一致的教科书与生活相连接，课堂教学的另一端连接着丰富多彩的民间社会生活。以掌握书面语言读写能力、培养统治阶级接班人的文言文教学，愈发遇冷，而以掌握口头语言和书面语言听说读写能力为主的面向大众的白话文教学已然是大势所趋，语文教育从传统的精英教育转向平民教育。

三、中国近代小学语文教科书语体演变归因

（一）课标要求与现实需求的矛盾致使文白混编

　　虽然1920年教育部宣布国民学校小学教科书的语体由文言改为白话，但当时的社会现实是，中学及大学入考、来往书信、政府公文所用都是文言文。"现今大总统和国务总理的通电都是用骈体文做的；就是豆腐店写一封拜年信，也必须用'桃符献瑞，梅尊呈祥，遥知福履绥和，定下筹……我们若教学生'一律做白话文字'，他们毕业之后不但不配当'府院'的秘书，还不配当豆

---

① 繁泽渝，马啸风，李乐毅.黎锦熙语文教育论著选[M].北京：人民教育出版社，1996：26-28.

腐店的掌柜呢！"① 由于现实的需求，国语初期教科书编写出现一些怪现象。有上面列举的《新法国语教科书》，采用折中方案，文白互编；有些甚至既出版白话教科书，又出版文言教科书，如中华书局 1924 年出版的《新小学教科书》是白话文语体，同时出版文言教科书《新学制国语小学文言教科书》。

（二）文白比例大争论对初小、高小语体的影响

1920 年 1 月，教育部批准议案，国民学校初等小学一、二年级先改国文为语体文，小学科目改为国语科。但教育部这个议案没有明确规定高小要不要采用文言文。1923 年的《新学制课程标准纲要小学国语课程纲要》规定小学毕业程度为："能用字典看与《儿童世界》或《小朋友》程度相当，生字不过百分之十的语体文，及与日报普通记事程度相当，生字不过百分之十的文体文。标点及答问大意，准确数在百分之六十以上。"② 对第六学年的教学安排规定如下："小学校第六学年可酌加浅显文言文和浅显文言诗的诵习，其最低标准要儿童能看日报地方新闻程度相当生字不过百分之十的文言文。" 可见，课标显然要求高小教科书能搭配一些文言课文。正因为课标对高小教科书没有十分明确的规定，再加上当时社会通用文言文，1924 年竟有复兴文言文的呼声。

从民国九年，教育部颁布明令，令国民学校的国文科改为国语科，国语的曙光，一天明显一天。于是各地的国语学校、国语讲习所、国语讲习会、国语研究会、国语演讲会……等等，相继举办，风行一时。又如宣传界为迎合社会的潮流，刊行国语专号；出版界为供给社会的需要，发行国语专书；群众对于国语的热力，国语的运动，真实同时并发，势如破竹，一日千里！不料近一年来，国语的曙光渐弱，而"文言雾"反弥漫全国，以致颇有大开特别倒快车，复其故辙的现象。照这样倒行逆施，恐怕不止一年，国语的曙光，或者竟要弱得几等于零。③

1925 年 10 月 30 日，教育部召开部务会议。在讨论国文、国语名称时，国语运动领导人黎锦熙和教育总长章士钊展开了激烈的争论。黎锦熙认为应

① 盛兆熊，胡适. 论文学改革的进行程序[J]. 新青年，1918（05）：487.
② 课程教材研究所. 20 世纪中国中小学课程标准·教学大纲汇编：语文卷[M]. 北京：人民教育出版社，2001：15.
③ 陆衣言. 全国国语运动大会的缘起[J]. 中华教育界，1925（05）：1.

该以国语包国文，章士钊认为应该以国文包国语。名称的不同，显示了两人对教科书语体的不同主张。1925年，苏浙皖三省附小开会反对初级小学用文言文，并当众烧毁了一些文言教科书以示决心。1926年5月15—28日，南京国民政府第一次全国教育会议召开。会议提案中有《小学不授文言文，初中入学考试不考文言文案》，"请大学院明令规定小学校一律用语体文教育，中等以上学校参用语体文教育"[①]。由此，1929年以后的小学教科书一律都是白话文。

四、中国近代小学语文教科书语体"教学论"审议

（一）国文教科书语体审议

文言是先秦时期的口语，与近代社会语言表达相距甚远。文言有语言凝练、用词对仗等特点。如《单级国文教科书》的选文大多是浅显的文言文，第1册多类似于童谣儿歌，篇幅也比较短小，意思浅白，读起来朗朗上口，极具儿童特色。如第2册第7课"梅花盛开。我折两枝。插瓶中。供案上"，句数少，每句字数短，虽不是白话文，但口语化程度很高。又如第14课"室中有炉。炉中烧炭。火旺炭红。一室温暖。"意思浅白连贯，一读就懂，有利于儿童的理解，并且押韵，每句字数相同，极具节奏感，方便儿童自学。但有些国文教科书文言文，既不是优美的文言书面语，也不是活泼的时代口语。如《共和国教科书新国文》第3册第3课《燕子》，插画中一个孩子对着燕子说："燕子，汝又来乎。旧巢破，不可居。衔泥草，重筑新巢。燕子，待汝巢成，吾当贺汝。"用文言文呈现孩子的生活口语，明显不合时宜。

此外，这一时期的教科书把大量新知识和新事物呈现在学生面前，如《最新国文教科书》第6册第22课《舟车》、第7册第49课《电报》，这类课文向国民呈现了现代科技文明的相关内容，类似的课文还有《电话》《望远镜》《五代之生物》等；课文还涉及卫生健康的内容，如第2册第52课《卫生》和第8册第14课《种痘》；课文开始具有现代经济学的色彩，《钱业》《合同》

---

① 国民政府下之第一次全国教育会议[J]. 教育杂志，1928（06）：111-129.

《公司》《汇兑》等课文重在呼吁国民重视经济。《共和国教科书新国文》和《最新国文教科书》有异曲同工之妙，课文增选了大量适应民主共和政体、反映新时代的内容。这些知识本身就与儿童的现实生活相去甚远，需要一些直观的语言或图片帮助理解，但相关课文仍以文言文的形式呈现，不利于儿童的理解和领悟。

（二）国语教科书语体审议

国语教科书的语体以白话文为主，小学阶段的学习宜先从人们的口头语言即"活的语言"（白话文）开始。从言文不一的文言文教科书转换成言文一致的语体文教科书，使语文教育真正迈向了大众化和普及化，是语文教科书发展史上的一个重大发展。但是小学语文教科书完全采用白话文形式，甚至没有一篇文言文，导致了如下两个问题。

首先，20世纪三四十年代出现"中学国文程度低落""抢救国文"大讨论。1938年，有毕业生报考大学的中等学校共786所，最后有录取生的学校只有523所，263所学校一个学生也没有录取；1939年，有毕业生报考大学的中等学校共978所，学校数增加了，但最后有录取生的学校仍只有579所，399所学校一个学生也没有录取。而在这些有录取生的学校中，几乎有半数的学校没有一个毕业生在入学统考中得33分，这种状况是十分严重的。[①]1942年底，罗根泽参加了高等文官考试（大学毕业生参加考试）的国文试卷评阅工作，对毕业生国文程度之低感到非常吃惊。他在当时的《国文杂志》上撰文，发出了"抢救国文"的呼声，引发社会震动。实际上，"国文程度低下""抢救国文"的大争论，都直指中学的文言文教学和教材文言文、白话文编选问题。白话文教材是近代小学语文课本的创新事物，课文怎么编、文白比例怎么确定、小学阶段要不要一律都是语体文等，在社会上引发广泛争论。

其次，儿童缺乏对传统文化的了解。在历史的长河中，文言、白话是两种不同的存在，并非像五四时期那样水火不相容。张中行也指出："文言和白话，实物是古已有之，名称却是近几十年才流行的。两个名称相互依存、互

---

① 庄泽宣. 抗战十年来中国学校教育总检讨[J]. 中华教育界，1947（01）：3-50.

为对立面：因为提倡照口语写，所以以传统为对立面，并称作文言；因为一贯用脱离口语的书面语写，所以以革新为对立面，并称作白话。"[1] 文言和白话各有各的价值，白话实现了语言、文字、思想的"三位一体"；文言作为一种书面语言，永存于"时间隧道"，积淀出传统社会的优秀文化，学生在学习文言文的过程中，潜移默化地接受了优秀的传统文化。

---

① 张中行. 文言与白话[M]. 北京：中华书局，2007：1.

第五节　中国近代小学语文教科书编排方式研究

一、中国近代小学语文教科书编排方式"还原"

编排方式，指选文与选文之间、选文与练习之间的组合方式。教科书在编选之时，需要将那些零碎又分散的材料有序整合起来，以便于学生学习与阅读。因此，如何使教科书的编排兼具逻辑性与系统性，是一个重要的研究内容。选文是语文教科书的核心组成部分，教科书编者不仅要处理好选文之间的联络关系，也要处理好选文与其他组织系统的联络关系，如此方能提高语文教学质量，使学生获得良好的学习效果。

（一）国文教科书时期：单篇编排、相关内容相连

这一时期的教材属于文选型教科书，以单篇的课文为单位，前后课的内容一般不相关，文体也没有多大的联系，但是教科书各册选文按照由浅到深、由易到难、由简到繁的原则编写。

以商务印书馆出版的《最新国文教科书》初小第 8 册为例，整册教材共有 60 篇课文，每篇课文独立成篇，但也有部分选文在内容上息息相关。如第 1 课《独立自尊（一）》、第 2 课《独立自尊（二）》和第 3 课《独立自尊（三）》，三篇课文实为一个整体，前后相互衔接，因篇幅过长而分割。有的课文从题目上看似乎并不相关，实则内容有所联系。如第 57 课《农》是关于农事的课文，第 58 课《租税》开篇就是"秋冬之间，农事既毕"，第 59 课《续》是对第 58 课《租税》的进一步说明，第 60 课《合同》则讲授如何与人签订合同。四篇课文层层递进，相互关联，向学生呈现了农商方面的实用内容。

再以《共和国教科书新国文》高小第 1 册为例，30 篇选文独立成篇，但

课文紧密相连。首先，内容相关的课文相连。如：第1课《国体与政体》、第2课《民国成立之始末》都与国家政治有关；第3课《演说》、第9课《国语》、第10课《文字》，探讨的都是语言文字；第18课《勤训》、第19课《俭训》，主题是传统美德；第23课《进步》、第24课《男女》、第25课《尊重人类》，介绍了资产阶级民主思想；第27课《黔之驴》、第28课《永某氏之鼠》、第29课《临江之麋》，都是借动物故事表达观点。其次，属于同一类别。如：第2册第23课《图书馆》、第24课《博物馆》、第25课《公园》，均为说明性质的课文，都是说明一类建筑物。最后，选文内容有承接关系。如：第4册第14课《慈善事业》、第15课《南丁格兰》、第16课《红十字会》，是以爱心、医护主题相串联。

（二）国语教科书前期：单篇编排、相关内容相连

这一时期的教材，以课为单位，相邻的课文间有一定的关联，已具备单元的雏形。

以商务印书馆出版的《新学制国语教科书》为例，该套教材基本上继承了《共和国教科书新国文》的编排风格，不同的是《新学制国语教科书》课文数量增多，由《共和国教科书新国文》的30篇增加到《新学制国语教科书》的50篇。因篇幅过长而一分为二的课文由《共和国教科书新国文》的2篇增加到《新学制国语教科书》的11篇。该套教材以课文为单位编排，在课文的排列上，注意前后的衔接和呼应。每两课之间课文的对象或讲述事件常常是相近的，或者后一篇课文是前一篇课文的延伸和补充，如第1册第1课《狗》、第2课《大狗小狗》、第14课《我的马儿》、第15课《马吃草》，第2册第10课《搬不动》、第11课《蚂蚁搬米》、第12课《蚂蚁漂在水里》，第3册第20课《风是哪里来的》、第21课《风呀（一）》、第22课《风呀（二）》、第23课《雨是哪里来的》、第24课《雨》。

（三）国语教科书后期：单元编排、单元间照应

在《开明国语课本》初小的"编辑要旨"中，叶圣陶指出："本书每数课成一单元，数个单元又互相照应，适合儿童学习心理。"《开明国语课本》初小每册42课，可划分为9—10个单元，高小每册36课，平均2—3课划为一个单元，其单元划分的标志即数课之后所列出的练习题，这些题目是对前面几篇课文的复习与考查，但是单元划分的真正依据却是选文内容的相关性。内容的相关性主要体现在两个方面：首先，出于对小学生阅读接受水平的考虑，每篇选文的篇幅相对短小，一篇完整的童话、小说、话剧等通常会被分解为一个单元中的数课进行学习，而不是在一篇选文中全部呈现出来，例如初小第7册小说《荒岛上的鲁滨逊》，编者将其分解为两篇课文放在一个单元里；再如高小第1册中的童话故事《月姑娘的心事》，编者将其分解为两篇选文；第4册中的小说《遇难的船》分为三篇课文归在一个单元里。其次，一个单元的数篇选文内容虽不同，但表达的主题是相同的。例如，初小第6册第6单元中的《孙中山先生和农人》和《游中山陵记》两篇课文，前者讲述了孙中山和农人亲密无间的关系及时刻为农人着想的品格，后者讲述了中山陵的状况；两篇课文内容不同，但是从不同角度帮助学生了解孙中山先生。再如，高小第4册第3单元的《过了苏伊士运河》和《巴拿马运河》，两篇课文都是对地理知识的介绍。这种按照选文主题来划分单元的方法与现今教材的单元划分法已非常接近。

选文编排不仅注重选文与选文之间的衔接，单元与单元之间也是力求实现最大限度的联络。例如，《开明国语课本》初小第4册第4单元与第6单元关系就十分密切，第4单元共有4篇课文，分别是《我的身体被束缚住了》《我饿了》《人山》《小人国》，第6单元共有6篇课文，分别是《儿童节》《拔萝卜》《哈哈》《一个大人》《把我拾起来》《我望下面就是家乡》，很显然，除了第6单元的前3篇课文以外，剩余的7篇课文是根据《格列夫游记》中的《大人国和小人国》改编而成的，编者将大人国的内容和小人国的内容分列于两个单元，这样既避免了学生一次性接受过量信息的弊端，又能保持学生对阅读的持久兴趣——学完了小人国的内容，学生觉得还不尽兴，对整个故事还有一种期待心理；隔上一个单元，居然学的是大人国的内容，学生的学习兴趣肯定会大大提高，对课文内容印象也会更加深刻。值得指出的是，虽然这几篇文章是选自同一篇童话故事，但是编者在编写之时，还将其变换了体裁，其中《小人国》一文就是一则儿童诗。不同体裁相互编排，避免了表达方式的单一化。

《开明国语课本》中除了采用单元组合的形式进行选文编排以外，在一些细节的编排上也十分讲究。一是字体。选文中不仅体现了字体由大到小的变化，而且针对不同的选文，设计了楷书、行楷以及印刷体、手写体等不同字体的交替运用。初小前4册课文是以手写体为主，而从第5册开始使用印刷体，书信体裁的选文，其字体更是丰富多样，有的是孩子稚嫩的楷书，有的是大人熟练的行楷，都是手写后编印上去的。字体的变化能够调动学生的学习兴趣。二是插图与练习题。选文的编排注重与文中插图、课后练习等系统的联系。《开明国语课本》中的插图是一大亮点，这些由粗细不同、或明或暗的线条绘出来的图画，对于提升学生阅读兴趣、帮助学生理解选文内容、培养学生的审美观念有着重要的作用。而课后的练习系统也与前面的选文相互呼应，对于学生巩固所学知识有重要作用。三是整套教材的整体性特征十分明显。初小第1册第1课是《先生早》，这是小学生刚刚入学的情景，而高小的最后一课是《一个毕业生的演说》，整个演说中充满了对学校教育的感激、即将与亲密朋友分别的惆怅以及对未来生活的期望，整套教材的内容在渐进发展中浑然一体，体现出鲜明的整体性。初小第1册第1—7课的练习是读前面课文中的几句话，就充分考虑到了初上学的孩子学习语文知识的特点——先听读后表达。年级越高，越强调对课文内容、语文语法和写作能力的训练。

二、中国近代小学语文教科书选文编排演变的意义

（一）编排方式具有开创性

我国古代没有严格分科意义上的语文教育，因此也就不具备教科书意义上的语文教材。古代教育材料是集史、哲、经、地等于一体的一篇篇选文；近代初期语文分科设置的教科书也是沿用古代的选文型教材，如《最新国文教科书》是60篇选文，《共和国教科书新国文》是30篇选文，近代中期《新学制国语教科书》是50篇选文；到了近代后期，教科书编排出现了新的探索——单

元编排，即几篇相关课文相连，课后设置练习。单元编排使得选文分类更系统、更合理，读写知识也得到了很好的依附。单元编排的出现表明语文教科书编排走向科学化、现代化，在语文教科书编排史上具有开创性意义。

（二）编排方式指向学科性

20世纪20年代的教材还没有进行单元编排，以一篇篇选文为主，但也有教材把相邻的课文连在一起编排，初具单元雏形。商务印书馆1921年出版的《新法国文教科书》（高小）前后篇目具有一定的关联性，如：第3册第1课《我国文字之可贵》、第2课《统一语言之法》、第3课《言语之要件》，都是关于语言文字统一问题的内容；第2册第17课《动物之谜语》、第18课《鸟》、第19课《家象之动作》、第20课《蛇蚁相食》、第21课《雀与狼》、第22课《蜗牛之教训》，都是关于动物的内容。

最早提出文章分组（单元）教学思想的学者是梁启超。1922年，他在《中学以上作文教学法》一书中主张："教学须启发学生自动的在讲堂以外预备（各门教授都应如此）。须选文令学生能多看，不能篇篇文章讲，须一组一组的讲。讲文时，不以钟点为单位，而以星期为单位，两星期教一组，或三星期教一组，要通盘打算。譬如先讲静态之美，选十篇（或专选同类的或不同类）令学生看。先生教他如何看法。"[①] 他强调，教师教学时要引导学生找到作者的观点，理解时间与空间的关系等课文相关内容，帮助学生在课文学习中找到同类课文中的相同之处与相异之处；对于同一类题目，教师也应一组一组地讲解，不求学生能够逐字逐句理解，只求他们懂得同类题的解题方法。梁启超提出的"单元"教学法（一组一组地讲解），对20世纪30年代语文教科书的单元编排有一定启发意义。

20世纪30年代在单元编排方面的积极探索，以《开明国语课本》为代表。该书"编辑要旨"指出："本书每数课成一单元，数个单元又互相照应，适合儿童学习心理。"这种编排既注意了范文的分单元编排，又兼顾各单元之间的相互联络，课后有练习，每册后编有词汇知识，培养学生的读写能力。正

---

① 梁启超. 中学以上作文教学法[M]. 北京：首都经济贸易大学出版社，2018.

是在《开明国语课本》单元编排的基础上，1935年，叶圣陶、夏丏尊合编初中国文教学自修书《国文百八课》，该书是集知识系统、范文系统、练习系统和助学系统于一体的单元型教科书，是当时中学教科书的典范之作。

三、中国近代小学语文教科书编排方式"教学论"审议

（一）审议的维度

1.课标理念

作为法定学科的教学文本，教科书编排是否遵循了课标文件的规定？本书在这一维度审议课标对教科书编排方式的规定及教科书编排现状。

2.选文编排方式特点

传统语文教育是"选文集锦"，20世纪20年代开始有了单元编排的探索。单元编排主要有两种方式：论理的排列，即按照事物的逻辑性编排；心理的排列，即按照学生个人的经验和兴趣编排。前者的优势在于学科知识逻辑性强，便于学科知识系统化；后者的优势在于能激发学生学习兴趣，特别适合初小阶段的学生。

3.小学生学习规律

根据认知心理学的图式理论，单元编排能提供给学生一组相互作用的知识结构，让学生在知识同化、知识顺应中构建新的认知结构。

（二）"教学论"审议

1.国文、国语教科书前期编排方式"教学论"审议

1904年、1912年、1923年、1929年的课标都没有提到编排方式，而该时期的教科书基本以"选文集锦"的方式呈现。清末民初教科书的编排以单篇为主，没有明确的单元划分，甚至没有课后练习。这既不是论理的排列，也不是心理的排列。这样的"选文集锦"既不利于语文学科知识的系统性分布，也不能很好地激发学生学习的兴趣。但由于出现了两到三篇相关主题的课文排列在一起的探索，可以认为这一时期的教科书编排方式有了单元编排的萌芽。

2. 国语教科书后期编排方式"教学论"审议

1941 年课标针对教材选编作出如下规定:"中低年级每课或每单元之后,应附问题和练习课文,高年级应附各种实用文格式等。"实际上,在 1941 年课标颁行之前,语文教科书单元编已有较多探索,成果显著。如《开明国语课本》,以心理序列和人文主题编排选文,《开明国语课本》高小第 1 册前 5 个单元篇目见表 1-21。

表 1-21 《开明国语课本》高小第 1 册前 5 个单元篇目

单 元	课 序	篇 目
第1单元	1	《新学期》
	2	《满天星》
		练习
第2单元	3	《月姑娘的亲事(一)》
	4	《月姑娘的亲事(二)》
	5	《蝙蝠》
		练习
第3单元	6	《检查身体》
	7	《学校新闻的一页》
		练习
第4单元	8	《弦高》
	9	《荀巨伯》
		练习
第5单元	10	《飞机》
	11	《长江轮渡》
		练习

由表 1-21 可见,编者有意按照学生兴趣把相关主题的文章归整在一起。《开明国语课本》"编辑要旨"指出:"单元编排的目的在于适合儿童学习心理。"表明了"心理的排列"取向。以文体编排为例,各单元选文基本是应用文体与文学文体并举,交叉学习,使学习不再枯燥。如《开明国语课本》初小第 6 册第 18—22 课组成一个单元,第 18、19 课是应用文(书信)学习,非常实用,第 20、21、22 课是故事学习和表演,妙趣横生,能激发学生学习兴趣。

第六节　中国近代小学语文教科书助学系统研究（一）

助学系统，从字面意思来看，是帮助学生学习的系统，而语文教科书的助学系统就是语文教材中能够培养学生独立思考能力，在学习中能运用自主、合作、探究学习方式，充分掌握语文知识的一种导学体系。它与选文系统、插图等相互联系、相互作用，共同构成了一个有机整体。本书主要从练习系统以及插图系统两方面展开较为深入的探讨，分两节述之。

一、中国近代小学语文教科书练习系统"还原"

练习系统，是语文教科书重要组成部分之一，"在语文教科书中编排一些精心设计的练习题，将有助于学生记忆、理解、应用所学的基础知识和基本技能"[①]。

在教科书发展史上，练习系统并不是一直都存在的，它经历了从无到有、从简单到复杂的发展历程。本书主要从三个阶段对近代时期小学语文教科书的练习系统展开研究。

（一）国文教科书时期：基本没有练习系统

国文教科书时期，小学语文教科书几乎不设置任何练习。

（二）国语教科书前期：零星出现练习系统和眉批

国语教科书前期，只有零星几套基本教科书设置了练习系统。

1.《新体国语教科书》

该套教材由庄适主编，商务印书馆1919年初版，全套8册，为语体教科

[①]　倪岗.教材更应是学材：台湾、大陆教材中的《记承天寺夜游》比较研究[J].语文建设，2008（Z1）：21-23.

书，供小学一至四年级使用，为文选型语体文教材，各册均有练习。前4册是各个句式的练习。如第3册有8套练习：练习一是"你笑什么""你说什么"等常用句；练习二是陈述句指示代词的运用；练习三是肯定句和相应的否定词；练习四是肯定词与否定词的用法，如"一样""不一样"。第5册以后的练习发生了改变，强调将练习前的几课内容通过练习联系在一起。如第5册第1课至第7课是《统一国音》《国音字典》《查字典的法子》《铁铜》《火柴》《藏鸡卵的法子》《养蚕的常识》，练习内容如：

我们赶紧练习国音吧；否则国语是仍旧说不好的。

查字典的法子，必须懂得；否则字音是读不准的。

我国自制的火柴，原来是很好的；不过不够用罢了。

我不过这样说罢了，不知道做起来是怎样的？你用这个法子，鸡卵就更容易保存了。

你们有了这几种常识，蚕就更养的好了。

将各题目巧妙连成几句话，既练习了说话能力，又是对已学课文的巩固。

2.《新法国文教科书》(高小)

该套教材由庄适、许国英、范祥善等编，商务印书馆1921年初版，共6册，为文言教本，但各册后均附语体文4篇。课后设有若干练习题，课后句读均用新式标点。该套教材每课后都有问题若干，这些问题并不是随意设置的，都有显著的特点。①

(1)注重问题设置的层次性

如第5册第4课《检衣诗》的练习：

北风动庭树，落叶浩如雪。游子身觉单，检衣辄呜咽。游子还家时，襦袴垢且裂。垢者忽以浣，裂者忽以缀。浣斯复缀斯，不闻慈母说。游子计出门，终岁十常七。还家慈母劬，出门慈母慑。念此心孔伤，泪下不可掇。游子眼中泪，慈母心上血。

[设问]本诗以何等字为押韵，共有几韵？本诗之命意何在？游子出门时，慈母必必"慑"？试将本诗译为散文。

---

① 闫萍，张雯.民国时期小学语文教科书评介[M].北京：语文出版社，2009：106-109.

前 3 个问题分别从韵脚、标题含义、主要情感出发，兼顾了对形式和内容的考查，一方面帮助学生加强诗歌基础知识的积累，另一方面引导学生理解作者寓于字里行间的深厚情感。"试将本诗译为散文"则提出了读写结合的要求，完成这一练习需要学生在理解诗意的基础上组织语言，恰到好处地表达诗歌中的思想感情。

（2）注重知识的归纳

该教科书课后的练习题有许多是知识性的归纳。例如，第 5 册第 9 课《蜂蚁之生活》说明了蜜蜂和蚂蚁的生活状况，课后有"列蜂蚁社会组织之比较表"一题，就是对课文内容的归纳；第 5 册第 27 课《疗贫二则》讲述了两名医师采用不同方法治疗贫穷的故事，课后有"试列叶古二医师疗贫比较表"一题，是对疗贫的相同之处和不同之处的对比归纳，以加深学生的学习印象。

（3）注重知识的拓展训练

例如，第 1 册第 10 课《家用》说明家庭收入支出的理财方法，课后有这样一题："有每年收入五百元之家，试为立一预算表。"该题不仅考查学生学习课文的效果，而且还将数学知识融入其中。第 1 册第 22 课《美国之自由钟》说明美国自由钟的由来及命名意义，课后"试就美国地图，指示十三州之位置"一题的设计就是将国文课与地理知识紧密联系起来，扩大了学生的知识面；"我国改建民国，亦有可为纪念之物品否？"一题，又将国文课与时代内容相连，引导学生关心国事。第 2 册第 18 课《鸟》介绍了鸟的声音及生殖等情况，课后有"汝等所常见者为何鸟？亦爱之否？"一题，其设计使得比较枯燥的说明文与学生生活紧密联系起来，启发学生观察生活、感受生活。

此外，《新学制小学教科书高级国文读本》《新学制小学教科书高级国语文读本》也都有课后练习题，以问题形式出现。

1929 年之前的小学国语教科书没有完备的练习系统。一是因为时空、地域等条件的限制，使得能够借鉴的教科书较少，二是因为课程标准尚不完善。1929 年之前颁布的课程标准中，没有对练习作出规定。而 1929 年《小学课程暂行标准小学国语》颁布之后编写的小学国语教科书，大多具有完备的练习系统。《小学课程暂行标准小学国语》把作业分为说话、读书、作文和写字四个类别，每个类别都作出具体的要求，并对每项作业每周所用时间、每学年训练任务作出详细的规定。

（三）国语教科书后期：练习系统全面而丰富

这一时期的小学语文教材大多数设有练习，主题相关的课文尽量选编在一起，以《开明国语课本》（见表1-22）为代表。正像该套教科书的"编辑要旨"所言："本书每数课之后列有练习课。有的注重于内容的讨究，有的注重于语法的整理，有的注重于写作的训练。练习课文字与图画并用，绝无枯燥、呆板的弊病。"

表1-22　《开明国语课本》部分课后练习示例

学段册数	课后练习题
初小 第2册	**练习一：** 填写字词： 我姓____。我叫_____。我住在_____。 _____是我哥哥的名字。_____是我弟弟的名字。_____是我姐姐的名字。 _____是我妹妹的名字。 我的好朋友姓____。_____是他的名字。他住_____。 **练习二：** 读一读下面的话： 弟弟问医生说："泥人也要种痘吗？" 医生摇摇头，说："泥人不出天花，种什么痘！" 弟弟洗过了脸，说："泥人脸上不很干净，我来洗一洗。" 他用水洗泥人的脸。洗过了再看，他说："泥人的脸怎么洗不干净呢？" **练习三：** 填写字词： 小羊从林中走来，经过泉水旁边。（　）请他喝杯水。 小羊（　）泉水旁边走来，经过果树旁边。（　）请他（　）个果。 小羊从果树旁边走来，（　）小牛的家。（　）立在门外，请（　）进去坐坐。 **练习四：** 填写字词： 我用锄头锄地。（　）了地，种桃树。 桃树（　）了花，谁都爱看。蜜蜂也来（　），蝴蝶也来（　）。 桃树结了果，谁都（　）吃。小鸟也来（　），小虫也来（　）。 桃树，桃树，爱你的朋友有这许多，你可欢喜？

续 表

学段册数	课后练习题
初小 第2册	**练习五：** 读一读下面的话： 鸟在树上，问河面的鹅说："你为什么不飞到树上来玩？" 鹅也问鸟说："你为什么不飞到河面来玩？" 岸上的小草说："你们都到岸上来玩，不好吗？" 小鸟就飞下来，鹅也上岸来，大家一同玩。**练习六：** 填写字词： 小云在河边看到汽船。回到家里，就照（　）的样做成纸汽船。 小云坐了火车出去玩。回到家里，就照（　）的样（　）纸火车。 她又做成泥狗、木人，都做得很像。她说："我要开玩具店了。"
初小 第7册	**练习一：** 如果　因为　但是　虽然 我们说话，遇到怎样的情形，才用得着这几个词？ 试着把这几个词用在几句话里，说出来或者写出来。 **练习二：** 小朋友的生日 一、说说大家在什么地方给他庆祝，在学校里还是在他家里。 二、说说大家送给他什么礼物。 三、说说大家怎样给他庆祝。 **练习三：** 秋天的风景 无论家庭里、学校里、市集里、田野里，只要是秋天特别的风景，就把它说出来或者写出来。 拿出我们的力量来 这一课有几点重要意思？试着说出来。 **练习四：** 日食 月食的道理已经明白了，日食又是什么道理呢？把知道的说出来或者写出来。 一本书 随便看一本书，把它的大概说出来。 **练习五：** 蒲公英的故事 把《蒲公英》这一首诗歌改成故事。 照下面的式样造四句句子 _____起先_____，后来_____。 _____也_____，可是_____。 如果_____，即使_____，也_____罢了。 _____虽然_____，但_____却是_____。 **练习六：** 工厂参观记 参观近旁的一个工场（铁工场、木工场或其他工场），把看见的写出来。 蔺相如 把蔺相如的故事改做两幕戏，一幕是赵国许多人商量的情形，一幕是蔺相如到秦国献璧的情形。

学段册数	课后练习题
初小 第7册	**练习七：** 愚公真愚吗？智翁真智吗？如果不然，为什么？ 把回答的话顺次写出来。 我们有一双耳朵 一、说说耳朵有什么用处。 二、说说如果耳朵有毛病，听不见，我们的生活将怎样。 三、说说帮助耳朵听的机器。**练习八：** 武松打虎 把第二十三课的图画用文字记下来，至少要用六十个字。 孙中山先生 孙中山先生的事迹很多，你还知道哪些？可以查阅资料了解。 **练习九：** 写一封信（写给谁都可以） 一、和学校里近来的情形告诉他。 二、把家里近来的情形告诉他。 三、从自己近来想到的意思中间，选出一些来告诉他。 了　吧　呀　吗　呢 这五个词用在话里，口气各不相同。试把用了这五个词的许多句子聚在一起，看口气怎样的不同。
高小 第4册	**练习一：** 一、第一课的主要意义是什么？表示这主要意义的是哪几句？ 二、第二课夜学校里的景象是谁的眼睛看到的？他站定在一处看到这些景象呢，还是移动了他的立脚点看到的？ 三、从前读过的文字，哪几篇是移动了立脚点，把逐步看到的景象记起来的？ 四、试写一封信，劝某一同学不要无故缺课。 **练习二：** 一、第五课是发信人经过了苏伊士运河写给侄儿的一封信。他当时的所见所闻就只有这些呢，还是不止这些？如果不止这些，为什么只把这些写在信里？ 二、如果出去游历，随时写游记，要不要把所有的经历、所有的见闻完全记下来？如果说不必要完全记，那么，什么是要记的，什么是不必记的？ 三、第六课第五段"现在正和以前相反，顺次降下三级，水面和海面等平了"是省略的说法。为什么要用这简省的说法？如果不简省，应当怎样说？ 四、试参考书本和图画，作一篇记叙长城的文字。 **练习三：** 一、《货币》和《新世界的缩图》都是说明一些事物的文字。试问前一篇说明货币的什么？后一篇说明报纸的什么？ 二、第七课第二段的"同样的情形"是一种什么说法？包含多少意思？ 三、第八课共有五段。如果要减少一段或者两段，该怎样改？如果要增加一段或者两段，又该怎样改？ 四、试作一篇文字，说明邮票的用处。

续 表

学段册数	课后练习题
高小 第4册	**练习四:** 一、遇难的船的主要人物是谁?全篇分几个大段落?如果要写得简短一点,哪些部分可以略叙?如果略叙了,比较详叙怎样? 二、第十一课里水手叫喊"送一个小孩子过来吧"之后,马利奥和寇利泰两人心里的念头便转变了几回。他们的念头怎样转变呢?试顺次说出来。 三、第十一课里马利奥对寇利泰说的话都是短句。当时马利奥怀着怎样的心情呢?人在怎样的心情之下,才说这一类的短句? 四、试写一个足以感动人家的故事。 **练习五:** 一、第十二课记叙那夸口的人所说的话很详细,这是什么缘故?如果不记叙这一大篇话,单说"从前赵国有个爱夸口的人,自己说活了几千岁了",接下去便叙赵王要杀他来治伤,可以吗?如果可以,比原来的写法怎样? 二、那夸口的人所说一大篇话里,滑稽趣味在什么地方?把他这一番话和在后的事情对照着看,滑稽趣味又在什么地方? 三、第十三课多用"叠"字,像"细细"、"滑滑"、"迷迷蒙蒙"都是。试从读过的课文里拣出一些叠字来。话语中使用叠字有什么特别情趣? 四、第十三课里,为什么不说"海棠花沾着雨滴倒垂下来"?为什么不说"双双燕子很快地飞过"?为什么不说"戴箬笠的农人慢慢地走回去"?

从表 1-22 可以看出,该时期的课后练习有四个特点。

在练习数量上,《开明国语课本》中练习的数量在初小和高小的课本中有所差异。在初小的课本中,练习所占数量为 8~10 个不等,而高小均为 14 个,这充分考虑了儿童的接受能力。

表 1-23 《开明国语课本》初小和高小课本的练习数量

初小练习数量(个)								高小练习数量(个)			
第1册	第2册	第3册	第4册	第5册	第6册	第7册	第8册	第1册	第2册	第3册	第4册
10	8	9	10	10	10	10	10	14	14	14	14

在练习内容上,初小一、二年级以练习字词、朗读为主,初小三、四年级涉及简单的说和写作,如"说说一本书的大概""写信";高小基本以写作为主,而且是相对复杂的写作,如改写,分析课文中的详写、略写等。

在练习形式上,可谓丰富而多变。有的练习侧重阅读,要求学生在阅读中掌握相关知识点,如各种人称代词、动词、方位词等的意思和用法;有的练习以填词为主要形式,帮助学生梳理课文内容,选词填空便是其中的一种常见形式;有的则为造句的形式;有的练习追求直观效果,提供了相关的图画,要求学生看图完成练习；有的练习是以改错的形式呈现；有的则要求学生根据汉语拼音或是当时所用的注音符号写出相应的文字。除此之外，还有写作练习和毛笔字体的练习。

在练习的逻辑上，注重循序渐进。如同样是写信，初小是"写一封信（写给谁都可以）一、和学校里近来的情形告诉他。二、把家里近来的情形告诉他。三、从自己近来想到的意思中间，选出一些来告诉他"。只要学生能写出来，没有过多的要求，想写给谁就写给谁。而高小就有了明确要求："试写一封信，劝某一同学不要无故缺课。"写作对象是同学，写作目的是劝告不得无故旷课。练习的设置体现了由易到难的原则。

二、中国近代小学语文教科书练习系统"教学论"审议

（一）审议的维度

首先，考察练习系统是否符合课标理念。其次，考察练习系统是否符合练习设置的特点。教科书设置练习，目的是使学生理解、巩固、迁移本单元语文学习的知识；练习设置要紧扣本单元语文选文文体特点和学段特点；练习的内容应包含语文学习的识字写字、口语表达、阅读理解、写作等。最后，考察练习系统是否符合学生认知特点。练习是助学系统，目的是帮助学生学习，练习的内容要难易适中，符合学生认知特点，练习的形式要灵活多样。

（二）"教学论"审议

1. 国文教科书时期练习系统"教学论"审议

这一阶段只有零星几套教科书设置了练习，练习内容多为课文理解，练习形式单一，多以问题设置形式出现。

2. 国语教科书时期练习系统"教学论"审议

首先，近代小学国语课程标准从 1929 年开始，将各个学年的作业分为四个类别：说话、读书、作文、写字。第一、二学年，第三、四学年，以及第五、六学年对四个类别的具体内容都有具体的规定，并且对每周的作业时间也有具体的时间规定，一般一周以读书作业为最多。以 1936 年课标为例，

一、二年级，读书、作文、写字、作业时间共 360 分钟。到了三、四年级和五、六年级，读书、作文、写字就分开来了。三、四年级，读书 210 分钟，作文 90 分钟，写字 70 分钟；五、六年级，读书 240 分钟，作文 90 分钟，写字 60 分钟。由此可以看出课标对各项作业的规定，一、二年级说话占比较大，四项作业当中以读书即阅读为主，其次是作文。综观这个阶段的练习设置，还是符合课标要求的。练习内容指向这四项内容，且以阅读和作文为主。

其次，就练习设置来看，符合语文学习特点。练习内容丰富，有识字写字，有阅读理解，有口语表达，如"说说蚂蚁国在哪里""说说蚂蚁国里看见些什么"，有写作练习，如"日记：记一天里的一件或两三件事情"。练习形式多样，有图文相结合的练习，有看图练习，等等。

最后，练习设置基本符合学生学习特点。练习设置具有趣味性。如生字的识记多集中在初级阶段，练习中呈现一段或几段朗朗上口的短语，让学生在反复诵读中达到复习巩固的效果；配以选择填空、看图填空等题目，使生字的识记变得简单且不枯燥。练习设置注重将课堂知识与生活经验联系起来，学以致用，这在高小阶段的语文教科书中尤其突出。如学到有关写信、发电报等内容时，课后练习便要求学生将其应用于生活，给父母、朋友、同学写信或发电报；遇到重要的节日，就要求学生回忆相关的语文知识，制作一张贺卡。练习设置充分遵循学生的学习规律，由易到难，循序渐进。初小的写信练习与高小的写信练习要求不一。就作文练习设置上，先是填字连句，再是回答问题连句，如《开明国语课本》初小第 7 册："愚公真愚吗？智翁真智吗？如果不然，为什么？把回答的话顺次写出来。"根据问题回答连句，就成为一篇小短文。高小有许多根据课文的改写练习或翻译、改编练习，作文练习层层递进。

第七节　中国近代小学语文教科书助学系统研究（二）

一、中国近代小学语文教科书插图"还原"

传统意义上的插图也称插画，指插在文字中间用以说明文字内容的图画。它主要对文字内容作形象的说明，以增强作品的感染力和书刊版式的活泼性。本书研究的是语文教材插图，它是传统意义上书籍插图的一种，因此将之界定为附在教材中的图，包括封面插图和课文中的手绘图、实物照片以及附录的文本图，如收据、请柬等。

教科书插图作为书籍插图中的一种，以传达信息和装饰美化的主要功能。但小学语文教科书的受众是生理、心理和智力都处于发展阶段的儿童，绘编者在进行创作时积极应考虑儿童的理解能力和接受能力。同时，语文教材具有的知识传递、价值观引导和人格塑造功能，又要求插图不能过分夸张和独立，要具有一定的教育意义，能培育儿童健康的审美意识。因此，教科书的独特性和儿童的特殊性使近代小学语文教科书的插图表现出与一般插图不一样的功能和作用。另外，由于受到不同时期教科书编辑理念及课程标准的影响，教科书插图在每个阶段呈现出来的特征各异。

（一）国文教科书时期：承清末传统之风，草创教科书插图

1904 年，商务印书馆出版了第一套现代意义上的教科书——《最新国文教科书》。此后，"国文"大行其道，并被政府采用作为母语教育的确切科目。1907 年，学部《奏定女学堂章程折》中"小学"有了明确的国文一科；1912 年，各级学校都设有国文一科；此后直到 1920 年教育部通令将"国文"改为"国语"，国文才失去其地位。这一时期，教科书的插图处于初创阶段，绘制者艰

辛探索。总体而言，这一时期的插图呈现以下几个特征。

1. 内容上：传统文化的承接与新思想的萌芽

（1）教科书插图从侧面反映父母是儿童世界的权威

在特定的时代背景下，教科书插图中出现的场景也因时而异。国文教科书时期的插图场景仍有传统社会的因素存在。该时期的小学国文教科书中，教科书编者受传统价值取向的影响，围绕儒家的"孝"文化构建儿童的家庭生活，从不同方面强调父母对子女的权威性。一方面，一些插图从侧面反映了教科书对长幼有序、父母权威的强调。如《最新国文教科书》初小第1册第22课"有客至　入室内　我迎客　立几侧　父见客　问姓名　父做右　客坐左"，在插图中（见图1-1、图1-2），儿童迎客时与客人的距离十分疏远，没有父亲时儿童的体态也十分拘谨，当父亲在招待客人时，儿童需要立在一旁侍奉听讲，低眉垂眼，身体紧绷，整个身体语言都显出谦恭之态，表现出对父亲和长辈的敬畏与顺从。

图1-1　《最新国文教科书》
初小第1册第22课

图1-2　《最新国文教科书》
初小第1册第22课

同样是迎客，《共和国教科书新国文》初小第1册第48课（见图1-3、图1-4）与前两幅插图内容几乎相同，但插图中儿童的体态完全不同，插图中没有父亲在场，儿童独自接待客人，他与客人的距离十分近，并且抬头挺胸，面部表情舒展，伸出手势邀请客人进入，整个身体语言都表现出独立自信之态。当父亲接待客人时，儿童也没有出现在插图中，表明儿童无须在旁侍奉听讲，这可谓是一种进步。另一方面，插图以写实为主，在低年级的国文教科书中插入了展现子女"事亲"的图片，儿童通过插图既能从熟悉的生活画面中习得生字，又在潜移默化中得到思想教育。如《最新国文教科书》初小第1册第59课"采瓜田中　孝敬父母　父命取刀　剖瓜一半　分给弟妹"（见图1-5）、第2册第5课《孝子》的插图（见图1-6）中，儿童侍奉在床头给父亲更衣，都是从行动层面强调子女要孝顺父母。

图1-3 《共和国教科书新国文》
初小第1册第48课

图1-4 《共和国教科书新国文》
初小第1册第48课

图1-5 《最新国文教科书》初小第1册第59课

图1-6 《最新国文教科书》初小第2册第5课

在民初的小学国文教科书中，传统的"孝"文化虽然开始隐退，独立自主的儿童形象开始出现，但当儿童与父母在一起时，父母仍是儿童的权威，教科书依旧固守传统的"孝"观念。在插图中，儿童与父母在身体上保持着较远的距离。如《新制单级国文教科书》初小第 1 册第 29 课的插图（见图 1-7），我们可以发现，儿童向坐着的父母鞠躬行礼；也有父母和儿童一起站立，父母俯视儿童，如《单级国文教科书》初小第 2 册第 2 课的插图（见图 1-8），母亲与儿童的高低位置不对等。

图 1-7 《新制单级国文教科书》
初小第 1 册第 29 课

图 1-8 《单级国文教科书》
初小第 2 册第 2 课

从这些插图中，可以直观地看到儿童服从成人权威的形象，人物关系的位置和距离也流露出根深蒂固的传统观念。但随着时代的变革、新思想的传播，这种成人权威的价值取向逐渐隐退，教材偶尔也会出现父母子女间平等温馨的场景图，父母与子女身体上的距离慢慢靠近。如《订正女子国文教科书》第 1 册第 1 课"人"字上面插入了一家三口的温馨图片（见图 1-9），《新制单级国文教科书》初小第 3 册第 6 课插入了一家人围坐案旁一同做事的温馨画面（见图 1-10）。

图 1-9 《订正女子国文教科书》
第 1 册第 1 课

图 1-10 《新制单级国文教科书》
初小第 3 册第 6 课

（2）教科书插图重视向学生灌输新思想

受民主科学新思想的影响，该时期教科书编排开始注重向儿童灌输科学性的知识内容。插图对这类儿童感到陌生的事物起到了非常重要的示意作用，包含了历史、地理、化学、医学、军事等方面的内容，其中历史方面以历史人物肖像为主，地理以地图为主，化学以化学仪器为主，医学以人体器官为主，军事以军事器材、军事训练为主，旨在辅助儿童学习，帮助儿童理解相关原理，增强儿童探索科学的兴趣，以及对儿童进行军国民教育。以地理知识的科学示意图为例，如商务印书馆《单级国文教科书》初小第 7 册第 23 课《五大洲》、第 24 课《五大洋》（见图 1-11）、第 25 课《中华疆域》（见图 1-12）等课文配有地图，向学生直观展现了世界各大板块及我国疆域，学生开始有了地图的概念。再如中华书局《中华女子国文教科书》高小第 2 册第 22 课《火山》就配有一幅火山喷发的图片（见图 1-13），形象生动地绘出了火山喷发时的状态，为不曾远足且从未见过火山喷发的学生构建了直观性的场景，极具吸引力。

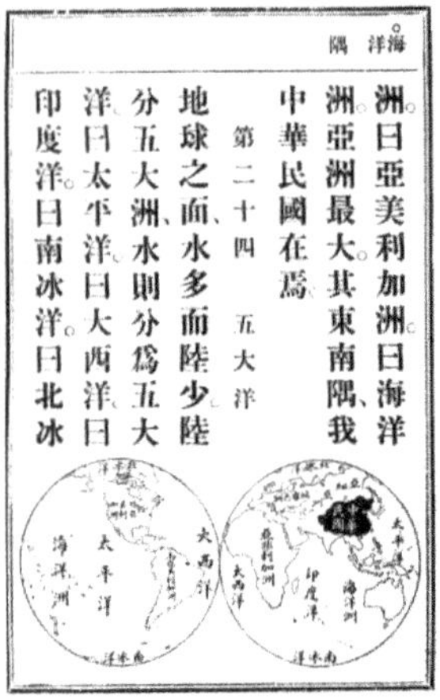
洲。曰亞美利加洲。曰海洋
洲。亞洲最大。其東南隅、我
中華民國在焉。
第二十四　五大洋
地球之面、水多而陸少。陸
分五大洲、水則分爲五大
洋。曰太平洋。曰大西洋。曰
印度洋。曰南冰洋。曰北冰

图 1-11 《单级国文教科书》
初小第 7 册第 23、24 课

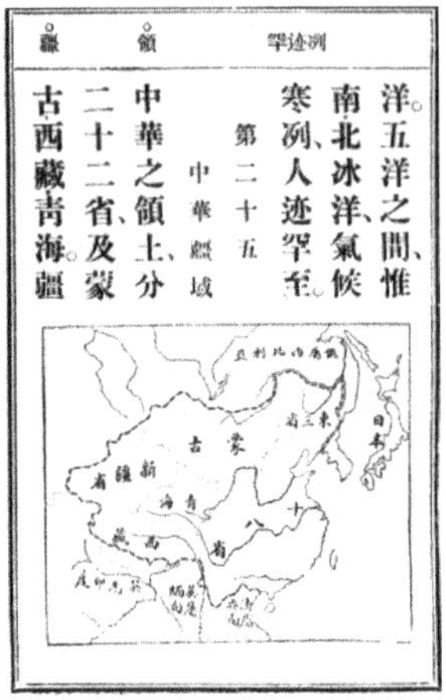
洋。五洋之間、惟
南北冰洋、氣候
寒冽、人迹罕至。
第二十五　中華疆域
中華之領土、分
二十二省、及蒙
古西藏青海疆

图 1-12 《单级国文教科书》
初小第 7 册第 25 课

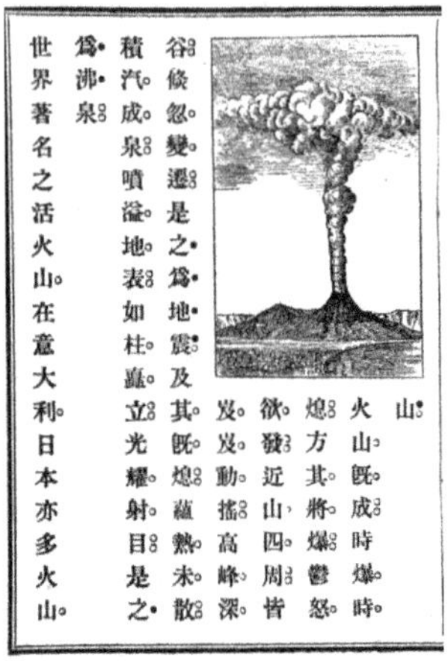
山。
火山既成。時爆時
熄。方其將爆。鬱怒
欲發。近山四周皆
岌岌動搖。高峰深
谷。倏忽變遷。是之爲地震。及其既熄。蘊熱未散。
積汽成泉。噴溢地表。如柱矗立。光耀射目。是之
爲沸泉。
世界著名之活火山。在意大利。日本亦多火山。

图 1-13 《中华女子国文教科书》
高小第 2 册第 22 课

另外，教科书中附有多幅实用性插图，如书信、票据、广告以及实用仪器等，旨在通过直观插图帮助学生掌握实用技能。如商务印书馆出版的《单级国文教科书》初小第 7 册第 5 课《借物条》（见图 1-14）和第 6 课《明信片》（见图 1-15），文字旁边就附有相关的示范性实例图片，使儿童从课文中学习到规范的实用文书写格式，掌握必备的实用生活技能。

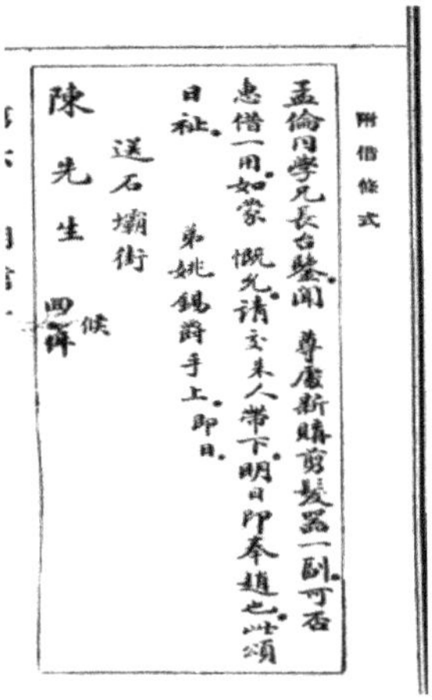
附借條式
孟倫同學兄長台鑒。聞 尊處新購剪髮器一副。可否
惠借一用。如蒙 慨允。請交來人帶下。明日即奉還也。此頌
日祉。 弟姚錫爵手上。即日。
送石壩街
陳先生 四牌 候

图 1-14 《单级国文教科书》
初小第 7 册第 5 课

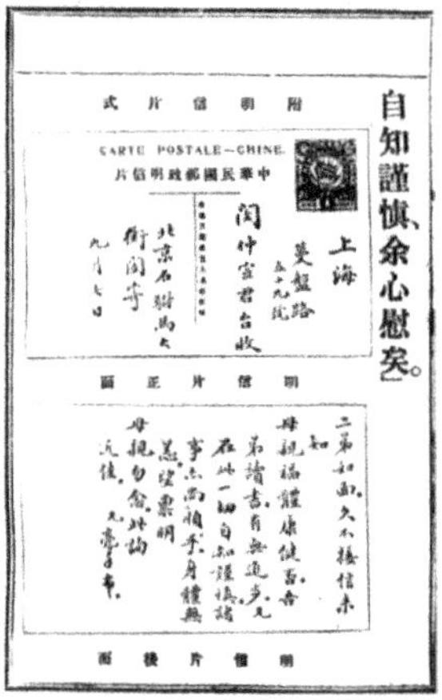
自知謹慎、余心慰矣。
附明信片式
CARTE POSTALE—CHINE
中華民國郵政明信片
上海 曼盤路 五十九號
閔仲宣君台收
北京石駙馬大街閔寄
九月七日
明信片正面
明信片後面

图 1-15 《单级国文教科书》
初小第 7 册第 6 课

2. 形式上：规律性探索，为后世教科书插图定下范式

（1）该时期教科书插图在数量上已然形成一定的规律

部分教科书考虑到儿童心理发展的特点，插图数量随年级增高而递减。低年级儿童需要利用插图辅助理解增强学习兴趣，而高年级儿童学习重心逐渐过渡到文字，插图的影响逐渐减弱。因此，在低年级教科书中，插图有着相当高的比例，部分教材的插图数量甚至超过了课文数量，而高年级教科书中插图所占的比例明显降低（见表 1-24、表 1-25）。如由戴克敦等编写的《女子国文教科书》，初小前 4 册的插图数量均高于课文数量，其中第 1 册的课文仅仅 50 篇，而其插图数量达 89 幅之多。随着年级的升高，后 4 册的插图数量锐减，第 8 册的插图数量仅 12 幅。再如中华书局出版的《中华高等小学国文教科书》，几乎以文字为主，第 2—8 册的 252 篇课文中总计才 17 幅插图，其中第 7、8 册中无插图，足见编者对儿童认知特点的考量。

表 1-24　商务印书馆《女子国文教科书》初小 8 册教材插图数量

	第1册	第2册	第3册	第4册	第5册	第6册	第7册	第8册
插图数量（幅）	89	61	58	59	23	30	14	12
课文数量（篇）	50	50	50	50	50	50	50	50

参考资料：骆卡娜．民国时期小学语文教材插图研究 [D]．上海：华东师范大学，2012.

表 1-25　中华书局《中华高等小学国文教科书》第 2—8 册教材插图数量

	第2册	第3册	第4册	第5册	第6册	第7册	第8册	总计
插图数量（幅）	4	5	4	3	1	0	0	17
课文数量（篇）	36	36	36	36	36	36	36	252

（2）教科书插图在位置和大小上也较为固定

低年级插图在位置上主要有上图下字、上字下图、左图右字、左字右图等四种形式，且低年级识字要求低，插图在篇幅上较大，有些甚至占据整个版面，形成强烈的视觉冲击。如《女子国文教科书》初小第 1 册第 2 课为上图下字（见图 1-16），第 14 课为上字下图（见图 1-17），第 11 课为左字右图（见图 1-18），第 24 课为左图右字（见图 1-19），第 20 课文字与课文不在同页，插图占据了整个版面（见图 1-20）。而高年级的插图与低年级相比，在位置上就显得比较随意与单调，主要穿插在文字之中，并且篇幅较小，不易分散学生注意力。

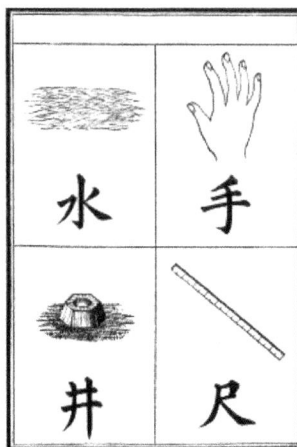

图 1-16　上图下字式
《女子国文教科书》
初小第 1 册第 2 课

图 1-17　上字下图式
《女子国文教科书》
初小第 1 册第 14 课

图 1-18　左字右图式
《女子国文教科书》
初小第 1 册第 11 课

图 1-19　左图右字式
《女子国文教科书》
初小第 1 册第 24 课

图 1-20　整篇式
《女子国文教科书》
初小第 1 册第 20 课

（3）教科书插图在绘画样式上以工笔画为主，有清晰的线条勾勒，在色彩上以黑白两色为主色调

部分教科书为启发学生思维，在教科书中也插入了几幅彩色插图。如被评价"开国内儿童读物彩色插图之先河"的《最新国文教科书》，在其初小首册的第 1 课"天　地　日　月　山　水　土　木"之前（见图 1-21），第 15 课"姊长　妹幼　坐草上　立花前"之后（见图 1-22），皆插入了彩色插图，将生字所表达的内容具象化，色彩鲜艳，引起儿童兴趣。

图 1-21 《最新国文教科书》初小第 1 册第 1 课　　图 1-22 《最新国文教科书》初小第 1 册第 15 课

　　无论从内容上还是形式上，国文教科书时期的插图都在清末插图风格的基础上有所创新和发展，虽然是教科书插图发展的草创期，但其对后期教科书插图的设计有着深远的影响。

（二）国语教科书前期：以儿童本位为价值取向，发展教科书插图

　　1920 年，教育部正式颁发"全国各国民学校现将一二年级国文改为语体文"通令，国语教科书从此诞生。1928 年，南京国民政府成立，系统规范的小学语文课程标准随之出台，国语教科书的发展开始步入成熟巩固的阶段。故以 1920 年为起点，到 1929 年《中小学国语课程暂行标准》的颁布结束，该时期为国语教科书前期。这一时期教材的插图有所发展，地位有所提高，编绘者进行多元探索。总体而言，这一时期的插图呈现出以下几个特征。

　　1. 内容上：独立平等的儿童与儿童文学的辅助

　　（1）体态自然、活泼的儿童成为教科书插图的主角

　　相较于国文教科书时期儒家文化对儿童的束缚，新学制时期的国语教科书特别强调对儿童的解放，要求以儿童为中心，谋个性之发展。受编辑理念的影响，教科书插图重视描绘儿童本真自然的身体动态，"插图多画连续的动

作图，减少静止的景物"①。儿童嬉戏打闹时所展现的动态画面和充满趣味的肢体语言皆能惟妙惟肖地凸显儿童活泼好动、率性肆意的独特个性。在该阶段，高大权威的成人形象开始隐退，体态自然、活泼好动的儿童成为教科书插图的主角。据统计，世界书局出版的《新学制小学教科书初级国语读本》初小前2册中儿童单独或与同伴成群出现的插图有70幅（见表1-26），成人与儿童一同出现的插图有5幅，动物插图有18幅。其中，在儿童出现的插图中，他们与同伴、兄弟姐妹亲密接触，兴奋时跳跃，玩耍时轻快奔走，朝气蓬勃，尽显新文化风貌（见图1-23、图1-24、图1-25）。在少有的儿童与成人交往的插图中，他们也保持了亲密的关系，交往时体态自然，喜笑颜开，儿童与成人间的距离被逐渐拉近。这些活泼可爱的儿童与清末小学国文教科书中低眉垂眼的儿童、民初小学国文教科书中刻意昂首挺胸的儿童形成了鲜明的对比。

表1-26　《新学制小学教科书初级国语读本》初小前2册插图统计

	儿童	成人	儿童与成人	动物
第1册（幅）	40	0	1	6
第2册（幅）	30	0	4	12
合计（幅）	70	0	5	18

图1-23
《新学制小学教科书初级国语读本》
第1册第5课

图1-24
《新学制小学教科书初级国语读本》
第1册第7课

图1-25
《新学制小学教科书初级国语读本》
第1册第12课

（2）插图中的人物关系彰显儿童平等观

第一，以"爱"为核心的平等家庭关系。在该阶段的小学国语教科书中，传统的父权思想被打破，以"爱"为核心的平等家庭关系逐渐建立，插图的

---

① 庄适，吴研因，沈圻，朱经农，等.新学制国语教科书 编纂大要[M].上海：商务印书馆，1923.

基调是幸福与欢乐。如中华书局出版的《新教育教科书国语读本》（春季始业国民学校用）第13课："后来小孩子病好。他的父亲母亲，带着他，出门游玩。"插图（见图1-26）中，父母带着孩子一起出门游玩，其乐融融。这样的插图还有很多，如《新学制小学教科书初级国语读本》第1册第32课"哥哥学飞鸟　弟弟学马跑　姐姐学猫叫　妹妹学狗跳　妈妈看见迷迷笑"（见图1-27），第2册第49课《弟弟做矮老头子》"爸爸从外面进来，看见这个形状，也笑起来了"（见图1-28），插图与文字共同呈现了父母与孩子欢乐交往的情形。

图1-26 《新教育教科书国语读本》
第2册第13课

图1-27 《新学制小学教科书初级国语读本》
第1册第32课

图1-28 《新学制小学教科书初级国语读本》
第2册第49课

　　不仅如此，父母也开始加入儿童的游戏，如《新学制国语教科书》初小第4册第6课《捉迷藏》（见图1-29、图1-30）。从插图中还可以发现，父母与子女在身体上的距离也发生了改变，如父亲与孩子牵手（见图1-31），父母俯身同孩子交流（见图1-32），这些插图都表现出父母与孩子的亲密性，他们之间建立起了以"爱"为核心的新式家庭关系。

图 1-29 《新学制国语教科书》
初小第 4 册第 6 课

图 1-30 《新学制国语教科书》
初小第 4 册第 6 课

图 1-31 《新教育教科书国语读本》
第 2 册第 23 课

图 1-32 《新小学教科书国语读本》
第 4 册第 34 课

第二，师生间的教学平等关系。在清末民初的小学国文教科书插图中，先生一般站在讲台，儿童则端坐在讲台之下的座位上，编绘者试图用师生身体上的距离来彰显教师的权威。而该阶段的国语教科书建立起了儿童与成人的平等关系，先生与儿童的身体距离逐渐拉近。如《新小学教科书国语读本》初小第 5 册第 2 课《小猪也要读书》的插图（见图 1-33），先生俯身融入孩子们；还有《新学制小学教科书初级国语读本》第4册第24课《捉住先生》的插图（见图1-34），被头巾蒙住眼睛的孩子紧紧抱住了先生的双腿，还有个孩子躲在先生的后面，而一旁的孩子都开怀大笑，轻松欢乐的场景正体现了师生关系的平等与和谐。

图1-33 《新小学教科书国语读本》
初小第5册第2课

图1-34 《新学制小学教科书初级
国语读本》第4册第24课

第三，主客间的礼仪平等关系。在该阶段的小学国语教科书中，儿童与客人以"礼"为核心，双方互相尊重、平等对待。如《新教育教科书国语读本》初小第2册第38课："客来了！父亲不在家。我请客坐。又倒一杯茶，请客喝。客去，我送到门口。"虽然在文字上我们并未读出客人对儿童言行的具体反应，但插图（见图1-35）给予了形象化的诠释：儿童为客人端来茶水，客人起身相迎；客人要离去时，儿童鞠躬行礼，客人也同样行鞠躬之礼。在客人的眼中，儿童与自己是平等的，应当以礼相待。

图1-35 《新教育教科书国语读本》
第2册第38课

　　第四，同侪间的性别平等关系。"男尊女卑"的传统观念在该时期的国语教科书中不再体现，男孩与女孩一样，都要分担家务事。如《新教育教科书国语读本》第5册第16课《帮助母亲做事》的插图（见图1-36），是一个女孩在厨房帮助母亲做事。同样的内容在《新小学教科书国语读本》初小第3册第31课《帮助母亲做事》中出现（见图1-37），但不同的是，图中是一个男孩在厨房帮助母亲做事。两幅插图从侧面反映出男女平等的观念已经逐渐渗透到当时的社会。

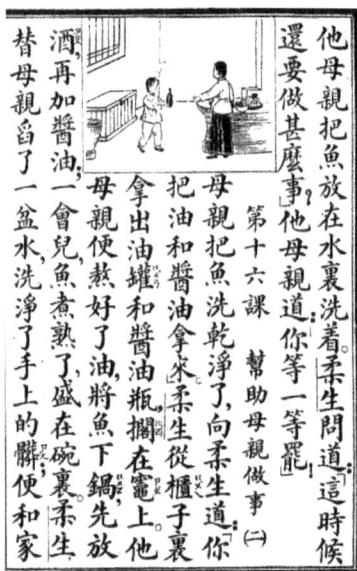

图1-36 《新教育教科书国语读本》
初小第5册第16课

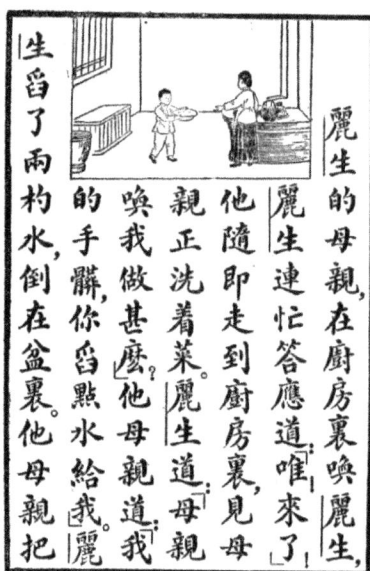

图1-37 《新小学教科书国语读本》
初小第3册第30课

　　（3）呈现连续性、故事性的插图辅助儿童文学

　　该时期的教科书以儿童本位为编辑理念，儿童文学的内容相较于前一时期大幅增加，并出现"物话"的形式。教科书插图作为助学系统，也相应地出现了拟人化的动物形象，并且这些插图前后有所联系，情节性强，儿童可以通过插图大致了解故事内容。生动形象的插图更有利于儿童学习课文内容。例如，吴研因编撰的《新学制国语教科书》初小第2册第27课《狐狸吃石子》（见图1-38）和第28课《狐狸跌在水里》（见图1-39、图1-40），课文内容前后连贯，因而相应配上了连续性的多幅插图，在这些插图中，动物穿上了

人的衣服，具有人的言行举止。这种拟人化的插图较之前一时期的写实插图，给予儿童更多想象和思考的空间，也更能引起儿童的兴趣，使儿童文学的意蕴更为明显。

图 1-38　《新学制国语教科书》
初小第 2 册第 37 课

图 1-39　《新学制国语教科书》
初小第 2 册第 28 课

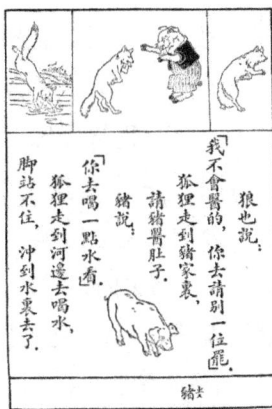

图 1-40　《新学制国语教科书》
初小第 2 册第 28 课

2. 形式上：插图数量、位置、类型有所突破

（1）数量上承继前期规律，单篇插图数增加

该时期的教科书插图在数量安排上与前一时期大同小异，低年级插图数量多，高年级插图数量少。受内容改变的影响，该时期有关百科性知识的插图数量有所减少，情节性插图增多，因此，在该时期出现了一篇课文配多幅插图的现象，插图的独立地位渐渐凸显，可见编者对插图的日趋重视。表1-27 对《新学制国语教科书》8 册教材中插图数量的统计显示，前 2 册插图数量明显多于课文数量，这正是单篇课文插图数量增加的缘故。随着年级的升高，高年级的教科书插图中连续性插图减少，单篇课文少有多幅插图的情况，但相较于前期，高年级教科书的插图数量有所增加，整册无插图的情况有所改善。

表 1-27　商务印书馆《新学制国语教科书》8 册教材插图数量

	第1册	第2册	第3册	第4册	第5册	第6册	第7册	第8册
插图数量（幅）	68	74	34	36	18	26	14	22
课文数量（篇）	50	50	50	50	50	50	50	50

参考资料：骆卡娜. 民国时期小学语文教材插图研究 [D]. 上海：华东师范大学，2012.

（2）位置上随文放置，灵活随意

该时期的教科书插图在位置上不再循规蹈矩，而是依据课文内容变换位置，随意插入。同时，分页整版式的插图逐渐减少，整版的插图与文字相融合的形式逐渐增加。由于情节性插图的增加，课文相应的情节处就会插入图片辅助教学，增强了插图与课文内容的联系。例如，世界书局《新学制小学教科书国语读本》第2册第10课《晚上》在文字"我吃晚饭，我吃完晚饭"的右上角插入了"我与哥哥姐姐一同吃饭"的图片，在文字"我走到房里睡觉"的旁边插入了一张儿童躺在床上睡觉的图片（见图1-41）；第27课《四时玩耍（二）》分别在左上角插入了与课文内容"冬"相关的堆雪人插图，右下角插入了与"秋"相关的季节图，插图随文放置（见图1-42）；第29课《杨柳儿》的插图（见图1-43）更是与文字相融合，文字嵌入图中。由此可见，插图对文字内容的辅助性作用增强，插图地位有所提升。

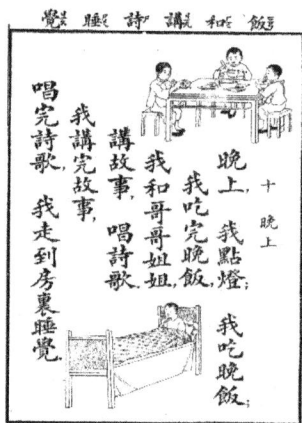

图1-41
《新学制小学教科书国语读本》
第2册第10课

图1-42
《新学制小学教科书国语读本》
第2册第27课

图1-43
《新学制小学教科书国语读本》
第2册第29课

（3）样式类型增多，重视彩色插图

该时期的教科书插图，除工笔画之外，还加入了少量其他类型的插图，如油画、素描、木刻版画以及实物照片等，尽管这些类型的插图在教科书中占比不多，但也为教科书提供了新的插图形式。随着绘画样式的增多，其色彩也随之丰富，彩色插图受到了编者的重视，多部教科书的编写说明中都提到彩色插图，如商务印书馆《新学制国语教科书》"编纂大要"的第七条提到

"低学年各册插入彩色图"，世界书局《新学制小学教科书国语读本》的"编辑大纲"提到"低年级各册，并插入彩色图，足以供给欣赏"。《新学制国语教科书》初小第2、3、4册以及《新学制小学教科书国语读本》第2册课文前均有彩色油画（见图1-44至图1-47；此处为影印，原图为彩色）。

图 1-44　《新学制国语教科书》初小第 2 册，油画

图 1-45　《新学制国语教科书》初小第 3 册，油画

图 1-46　《新学制国语教科书》初小第 4 册，油画

图 1-47　《新学制小学教科书国语读本》第 2 册，油画

（三）国语教科书后期：迎合课程标准要求，规范教科书插图

1928 年，国民政府实现了"形式上的全国统一"，在此后的十年里，国内政局恢复稳定，教育体制日趋完善，民国教育步入稳定发展和逐渐定型的时期。这一时期，国民政府重视教育，教育部先后于 1932 年、1936 年、1941 年、1948 年颁布并修订了四个国语课程标准，对国语教科书内容和形式提出了更加具体的要求，国语教科书也正式进入成熟巩固期。这一时期的课程标准对插图提出了相关的要求，使国语教材的插图走上了规范化的道路。具体而言，插图呈现以下几个特征。

1. 内容上：插图贴近儿童生活，重视呈现想象性材料和现实性材料

（1）还原儿童现实生活

相较于前期插图对儿童家庭生活的重视，该时期插图对儿童生活的描绘更加广泛，从家庭生活逐渐扩展至学校生活、社会生活。正如《开明国语课本》的"编辑要旨"所言："取材从儿童周围开始，保持文学性的同时随儿童生活逐渐扩展至社会生活，与自然、艺术科充分联络等。"该时期儿童生活更为丰富多元。在家庭生活上，承继前期的代际关系渐趋亲密、儿童更为独立的特点，亲子关系十分融洽。如《复兴国语教科书》初小第 2 册第 3 课《大家来画》的插图（见图 1-48），描绘的是一群儿童围绕在爸爸旁边，有说有笑地谈论着他们画的画，家庭氛围其乐融融，亲子关系和谐。在主客关系上，相较于前两个时期，儿童更为主动独立。例如在《复兴国语教科书》初小第 4 册第 6 课《来客》的插图中（见图 1-49），儿童端着茶水迎向客人，学会了在没有长辈在场的情况下独立接待客人，礼仪十分周到。

该时期编绘者更注重对儿童在家庭中自理能力的还原，教科书中增添了许多儿童洗漱、打扫卫生等展现儿童生活能力的插图。老课本《开明国语课本》上册第 1 课《早上起来》（见图 1-50）、《复兴国语教科书》初小第 2 册第 36 课《对着镜子照一下》（见图 1-51）的插图，真实还原了儿童清晨洗漱、吃饭的场景——充满童真地照镜子、独立进食。老课本《开明国语课本》上册第 45 课《今天早上》的插图（见图 1-52），展现的是儿童早起在家大扫除的场景。在这些插图中，儿童具有很强的自理能力和独立性。

三　大家来畫

姐姐畫雙貓：
頭太長，
腳太小，
畫得不好。

弟弟畫雙羊，
腳太長，
頭太大，
畫得不像。

妹妹畫匹馬，
腳太大，
頭太小，
畫得也差。

爸爸畫雙鳥，
腳不大，
頭不小，
畫得像，

畫得好，
大家看見拍手笑。

見得拍　鳥窩　差都　腳跟

图 1-48　《复兴国语教科书》
初小第 2 册第 3 课

六　來客

有客到我家，請客坐一下，
隨去倒杯茶，恭恭敬敬捧給他。
客人問我：「你的爸爸可在家？」
我要會見他，同他談句話。
我答：「爸爸不在家，東村種棉花。
你要會見他，改日再來罷。」
客人去，我送他，送出門外，
說聲：「再會！再會罷！」

棉花東村答句話　恭敬

图 1-49　《复兴国语教科书》
初小第 4 册第 6 课

图 1-50　老课本《开明国语课本》
上册第 1 课

三十六　對着鏡子照一下

穿好衣，理好髮，
洗過臉，刷過牙，
對着鏡子照一下，
鏡子裏，有個小娃娃，
笑嘻嘻，不說話，
他像認識我，
我也認識他。

認識　娃娃　對着鏡照理髮

图 1-51　《复兴国语教科书》
初小第 2 册第 36 课

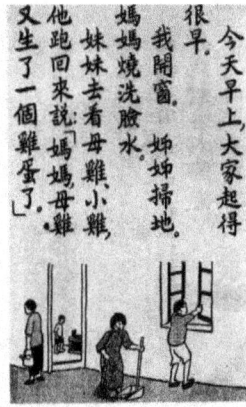

今天早上，大家起得
很早。
我開窗，姐姐掃地。
媽媽燒洗臉水。
妹妹去看母雞小雞，
他跑回來說：「媽媽母雞
又生了一個雞蛋了。」

图 1-52　老课本《开明国语课本》
上册第 45 课

119

在学校生活方面，教科书插图还原了儿童上下学向先生问好、在校园里玩耍的场景。例如老课本《开明国语课本》上册第2课《上学去》（见图1-53）、第3课《先生早》（见图1-54）、第13课《明天会》（见图1-55）的插图，都展现了儿童上学时的真实生活。这些形象生动的插图也能引发低年级学生的模仿，当这些情境在真实的学校生活中发生时，儿童便会仿照插图中的场景向先生礼貌问候，和同学友好再见，从而实现知识的迁移和运用。再如《复兴国语教科书》初小第2册第1课《我们再来造》的插图（见图1-56），展现的是儿童在学校玩耍的场景，插图中共有7名儿童，他们在自由自在地用积木造房子，整个场景极具现代特色，搭好的积木也展现了儿童的创造力与想象力。

图1-53　老课本《开明国语课本》
上册第2课

图1-54　老课本《开明国语课本》
上册第3课

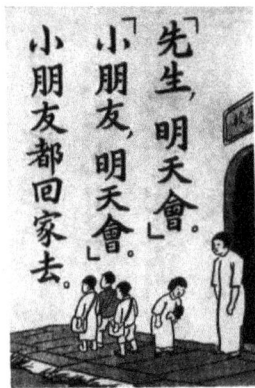

图1-55　老课本《开明国语课本》
上册第13课

图1-56　《复兴国语教科书》
初小第2册第1课

在社会生活方面，儿童善于模仿成人扮演各种社会角色，这有利于儿童在与同伴的互动中获取社会经验，也反映出了儿童渴望融入社会。如老课本《开明国语课本》上册第63课《大家开店》（见图1-57）、第64课《拿什么做店柜呢？》（见图1-58）、第65课《你做买客》（见图1-59）、第66课《买东西》（见图1-60）和第67课《信来了》（见图1-61）的插图中，儿童分别扮演了买家、卖家和邮差等角色，尤其是买卖东西的一系列过程，体现了儿童对交易活动的思考，生动还原了儿童想要融入社会的心理过程。

图1-57　老课本《开明国语课本》
上册第63课

图1-58　老课本《开明国语课本》
上册第64课

图1-59　老课本《开明国语课本》
上册第65课

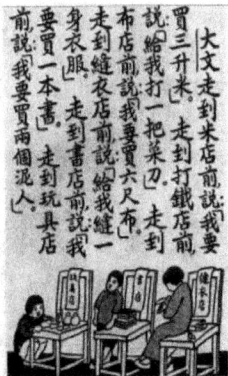

图1-60　老课本《开明国语课本》
上册第66课

图1-61　老课本《开明国语课本》
上册第67课

（2）儿童文学类插图更系统全面

相较于前两个时期，该时期的插图对儿童文学具有更强的还原性，教科书中出现大量的童话故事插图、神话故事插图，还有少量的寓言故事插图。

1932 年课标对童话文体说明为"超自然的假设故事",因此,在教科书中出现了大量的兽面人形图。据统计,世界书局《国语新读本》初小前 4 册中兽面人形图有 73 幅,神话故事图有 19 幅(见表 1-28)。这些插图不仅生动形象,而且以连环画的形式呈现,形成一个故事系统,十分有趣。

表 1-28　世界书局《国语新读本》初小前 4 册插图统计

	第1册	第2册	第3册	第4册	总计
兽面人形图(幅)	21	28	14	10	73
神话故事图(幅)	0	0	10	9	19

参考资料:吴研因,陈履坦,陈丹旭,等 . 国语新读本 [M]. 上海:世界书局 .1933.

其中,兽面人形图不仅真实还原了动物本真的生活世界,而且还通过兽面人形的方式展现了人类的日常生活。在这些兽面人形图中,动物与人友好互动,颇有现代动画片的意蕴,富有童趣和想象力。例如,世界书局《国语新读本》初小第 1 册第 8 课《小鸡游戏》的插图(见图 1-62),将儿童与成人游戏的画面通过母鸡与小鸡的游戏展现出来;第 1 册第 22 课《小老头做年糕》的插图(见图 1-63)中,小猪、小牛、小狗与老头有了对话和互动,这些动物和老头像朋友关系,画面十分和谐有趣,能够吸引儿童阅读,丰富儿童的想象力。

图 1-62　《国语新读本》初小
第 1 册第 8 课

图 1-63　《国语新读本》初小
第 1 册第 22 课

随着年级的升高，儿童阅读能力增强，教科书中神话故事与寓言故事也在增多，编绘者也为这些故事配上了相应的插图，以此来辅助儿童理解与想象，建构形象思维。其中，神话故事课文多描写儿童做梦时与神话人物发生了互动。例如，世界书局《国语新读本》初小第3册第8课《梦中人》1—4篇（见图1-64、图1-65），分别写了"小守真""小宝善""小爱美"做梦时，梦中人进入他们三人的梦里，并带着他们坐云船飞上天游玩的故事。插图中仙女的形象灵动飘逸，天上所见之景也十分奇妙，充分展现了神话的浪漫与奇妙。

图1-64　《国语新读本》
初小第3册第8课（三）

图1-65　《国语新读本》
初小第3册第8课（四）

《国语新读本》初小第7册第24课是寓言故事《愚公移山》，三幅插图（见图1-66、图1-67、图1-68）将愚公和智叟对话、愚公和子孙齐心协力移山的画面展现得淋漓尽致。插图起到了助学的作用，能够帮助儿童理解愚公移山"做事有恒心与毅力"的寓意。

图 1-66 《国语新读本》　　　　图 1-67 《国语新读本》　　　　图 1-68 《国语新读本》
初小第 7 册第 24 课　　　　　初小第 7 册第 24 课　　　　　初小第 7 册第 24 课

（3）党义插图增多，爱国主义氛围浓厚

1929 年课标强调教科书不违背党义，1932 年课标着重说明党义教材要采用孙中山、国民革命以及"三民主义"等方面的内容。教科书顺势而变，插入了许多关于孙中山的事迹图，以及国旗、党旗等图片。这些插图在高年级的教科书中更为多见。例如，《复兴国语教科书》初小第 4 册第 17 课《中山先生不怕海盗》的插图（见图 1-69）绘制了孙中山见到海盗不害怕、不逃走的勇敢形象，《国语新读本》初小第 7 册第 4 课《国旗的歌》的插图（见图 1-70、图 1-71）分别展现了国旗、孙中山先生的肖像以及国民革命的场面。随着侵华战争的日益加剧，爱国主义教育也得到重视，教科书插图相应加入了抗击侵略者的内容。例如，《复兴国语教科书》初小第 8 册第 6 课的剧本《悲壮的呼声》中加入了插图（见图 1-72）以辅助儿童演绎，图中展现了日本侵略者对中国人的欺凌和压制，能够唤起儿童的爱国心理。

图1-69 《复兴国语教科书》
初小第4册第17课

图1-70 《国语新读本》
初小第7册第4课

图1-71 《国语新读本》
初小第7册第4课

图1-72 《国语新读本》
初小第8册第6课

2.形式上：教科书插图的绘制达成共识，各部分符合课标要求

（1）插图的呈现样式、数量占比和画幅大小满足课标要求

1932年课标对教科书排列作出了明确的规定，要求教科书"开始用演进连续的图画故事，次用半图半文的故事，到三、四年级所用的故事，文字可

逐渐增多，图画可逐渐减少"。教科书在低年级插入了丰富且极具趣味性的插图，甚至有的教材在第1册开始几课没有文字只有插图，意在通过连环画的形式向儿童呈现独立的小故事，如《新生活教科书国语》《复兴国语教科书》《开明国语课本》《国语新读本》。值得注意的是，出版社考虑到"低中年级宜多用彩色图"，倾向于在教科书的开篇插入色彩鲜艳的彩色插图（见图1-73至图1-76）。如此设置插图，既符合课标要求，又能迅速抓住初入学儿童的注意力，提高儿童的学习兴趣。

图1-73 《国语新读本》初小第1册   图1-74 《国语新读本》初小第1册

图1-75 《国语新读本》第1册   图1-76 《国语新读本》第1册

　　教科书插图在数量和图幅大小上也严格遵循课标要求。如《开明国语课本》初小第1—8册，低年级课文与插图数量持平，而且图幅较大，突出图中的主体，图文搭配合理；随着年级升高，插图数量逐渐减少，但还能占到课文总数的 25% 以上。另外，鉴于课标要求"依据增长儿童阅读能力的原则，想象性教材与现实性教材相互调和，平均呈现"，教科书插图便不再局限于单一的材料，而是将两种材料交替呈现，既注重增强儿童的想象力，又重视开展实用教育。

表 1-29 《开明国语课本》初小第 1—8 册课文插图分布

	第1册	第2册	第3册	第4册	第5册	第6册	第7册	第8册
课文数（课）	42	42	42	42	42	42	42	42
插图数（幅）	42	42	25	28	26	26	14	12
彩色插页数（页）	6	3	0	0	0	0	0	0
插图占比（%）	100	100	59.5	66.7	61.9	61.9	33.3	28.6

参考资料：马升红 .1932 年《开明国语课本》插图研究 [D]. 济南：山东师范大学，2014.

（2）插图在封面、目录、练习中出现，功能多元化

在国文教科书时期，教科书插图的作用主要局限于对课文内容的补充、解释和强调，插图类型以课文插图为主，而国语教科书时期的插图开始具有装饰的作用，旨在给予儿童良好的审美体验。插图不再局限于设置在内文中，而开始应用于封面设计中，甚至目录也配有图画边框。如 1933 年开明书店出版的《开明国语课本》初小封面插图（见图 1-77），两侧是两棵硕果累累的苹果树，两棵果树枝头相接，更有许多已经成熟的果实从树上掉下来，生机盎然。教科书封面的插图设计有时也会契合教材的编辑理念，如 1933 年商务印书馆出版的《复兴国语教科书》初小封面插图（见图 1-78），七个小朋友分工有序地搭积木，有的指挥、有的搬运、有的测量，左下角是坍塌的积木砖瓦，小朋友团结一致将其重新搭建成房屋。这与当时被炸毁的商务印书馆谋求复兴的理念十分契合。再如 1933 年大东书局出版的《新生活教科书国语》封面（见图 1-79），两个儿童站立在地球两侧，一人拉着飞机，一人拉着坦克，这正是新时代儿童的生活表现，与当时社会所倡导的"新生活"理念相符合。

图 1-77 《开明国语课本》
初小封面

图 1-78 《复兴国语教科书》
初小封面

图 1-79 《新生活教科书国语》封面

教科书目录的图画边框也极具美感，如《开明国语课本》初小第 3 册目录中的月亮船（见图 1-80），图画中有两个小孩在星河里划月亮船，这种超越时空的幻想涵养了儿童的美感。

为了帮助儿童学习，该时期国语教科书中大部分的课文练习也加入了插图。因此，插图不再只为课文服务，也具备了吸引、协助儿童完成练习，随之提升儿童各方面能力的功能。如《复兴国语教科书》初小第 2 册练习五的插图（见图 1-81），在该练习"谁会……"后面插入了许多小动物，既能够帮助生词量不大的儿童解读题目、认识小动物，又能激发儿童做题的热情。《复兴国语教科书》初小第 2 册练习六（见图 1-82）和世界书局《国语新读本》初小第 1 册、第 2 册的最后一页（见图 1-83、图 1-84）都设计了依据文字进行画画的练习，这种图文结合的练习形式，既能吸引儿童兴趣，又能增强儿童的绘画技能。《复兴国语教科书》初小第 4 册练习五"记出图里的故事"（见图1-85）是看图写话的练习，能有效地锻炼儿童的写作能力。

图 1-80 《开明国语课本》
初小第 3 册

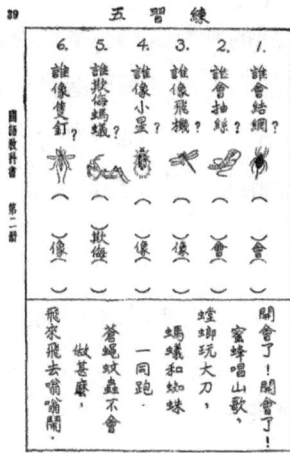

图 1-81 《复兴国语教科书》
初小第 3 册

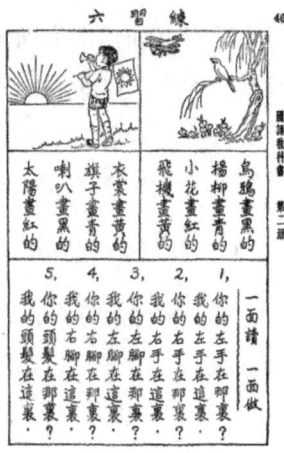

图 1-82 《复兴国语教科书》
初小第 2 册

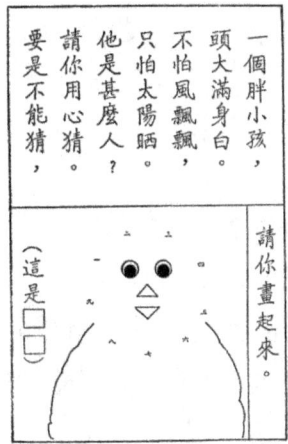

图 1-83 《国语新读本》
初小第 1 册

图 1-84 《国语新读本》
初小第 2 册

图 1-85 《复兴国语教科书》
初小第 4 册

二、中国近代小学语文教科书插图"教学论"审议

（一）审议维度

首先，考察教科书插图是否符合课标要求。插图属于助学系统，是帮助学生学习、为学习目标服务的，所以要符合课标理念与课程目标要求。其次，

考察教科书插图作为助学系统的独特价值。插图有形式和内容之分，插图的数量、大小、样式等形式和插图的内容都要有助于学生的学习，体现插图独特的价值。最后，考察教科书插图设计是否符合学生认知特点。教科书插图是给小学生看的，插图设计要有助于小学生的理解，并能深化学习内容。

（二）"教学论"审议

在课标理念方面，近代小学语文课程标准只有 1936 年、1941 年课标对插图有规定。1936 年课标规定：

（甲）插图必须多，最好和文字各占一半；

（乙）图幅的大小：低年级用的，占全面的二分之一；中高年级用的，可小些，但至少占全面四分之一；

（丙）在可能范围内，中低年级宜多用彩色图；

（丁）单色图以浓淡深浅分别；

（戊）图中的主体，特别明显；

（己）生动而富于滑稽性。

1941 年课标规定基本同 1936 年课标，主要是对插图形式安排的规定，如插图的大小、色彩等，同时要求插图形象生动，能提升阅读兴趣。国文教科书时期的教科书插图，色彩基本以黑白为主。到了国语教科书前期，开始重视彩色插图，如《新学制国语教科书》的"编纂大要"规定低年级各册插入彩色图。国语教科书后期，教科书已倾向于在开篇插入彩图，以吸引入学儿童，激发儿童学习兴趣。

从教科书插图数量看，国文教科书和国语教科书都体现了低年级多设置插图，随着年级升高逐渐减少插图的特点。就插图与文字的位置看，国文教科书插图的位置较为固定，只有上图下文、下图上文、左字右图、左图右字或通篇式。到了国语教科书时期，插图的位置就较为灵活，依据课文内容有机地放置插图，插图已不再是生硬地作为文字的直观显示，而是与文字融为一体、图文交融。从课标理念看，国语教科书后期，插图形式完全符合课标理念。另外，国语教科书后期的插图除了为文本服务外，还发挥了其作为一种绘画艺术的审美功能。

　　教科书插图内容的独特价值还表现在"插图与教科书教学目标相对应，插图带来独特的信息（我们在课文中找不到的信息）"[①]。首先，"插图与教科书教学目标相对应"，实质上指插图为理解文本内容服务，表现在插图对文本知识和阅读内容的直观呈现。在对文本知识的助学作用上，国文教科书和国语教科书都针对文中较难理解的新现象、新事物配了插图，以便学生直观理解这些难点，如《单级国文教科书》在涉及书信、票据、广告以及实用仪器等内容时都设计了插图加以说明。在对课文的理解上，国语教科书比国文教科书有了很大的进步。国语教科书大多以动态的、连续的插图呈现情节，有助于学生更清晰地理解课文内容。如吴研因编撰的《新学制国语教科书》初小第2册第27课《狐狸吃石子》和第28课《狐狸跌在水里》，课文内容前后连贯，插图也相应配上了连续性的多幅插图。其次，"插图带来独特的信息（我们在课文中找不到的信息）"，我们把它认定为插图为教科书中隐含的思想、文化服务。教科书的思想性、文化性，单靠文字很难传达，而插图中人物的神态、动作等，可以填补课文难以传达的信息。如《最新国文教科书》第1册第22课"父见客　问姓名　父坐右　客坐左"，由插图可见，父亲和客人端坐在客厅正中位置，孩子在一旁毕恭毕敬地听着。国语教科书《新教育教科书国语读本》插图中，父亲拉着儿子的手，神态自然、态度亲切，父子轻松愉快地走着。若没有插图的显示，很难从文字中发现国文教科书时期的父权思想和国语教科书时期的儿童本位思想，教科书插图发挥了文字不能达到的作用，让学生看到了课文中找不到的信息。

　　从学生认知特点来看，小学阶段的思维是从形象思维向逻辑思维发展的过程，刚入学的儿童，对图画、色彩、线条等直观形象的东西较易产生兴趣。国文教科书插图以黑白为主，国语教科书低年级的插图以彩色为主；图文位置从固定走向灵活，插图中人物的神态、动作又隐含着该时期的社会文化思潮；封面装帧使人产生审美的体验。总的来说，从国文教科书到国语教科书演变，插图从形式到内容都渐渐符合小学生的认知特点。

---

① 弗朗索瓦-玛丽·热拉尔，易克萨维耶·罗日叶. 为了学习的教科书：编写、评估和使用[M]. 汪凌、周振平，译. 上海：华东师范大学出版社，2009：255.

第八节　中国近代小学语文教科书编制的贡献与局限

一、中国近代小学语文教科书编制的贡献

（一）开创了现代意义的真正的教科书

教科书的"科"字有学科、科学之义，严格意义上的教科书应分科编制、科学编排。古代语文教材大致分为蒙学教材《三字经》《百家姓》《千字文》《千家诗》，阅读教材四书五经，只是大致分为两个学段。1897 年，南洋公学外院编写《蒙学课本》，有了教科书的雏形。1904 年 1 月，《奏定学堂章程》颁布，规定了学科分类和学制安排。1904 年，商务印书馆出版《最新国文教科书》，被称为第一套现代意义的真正的教科书。这套"最新教科书"是中国历史上第一套按照学制、有中英文书名，分年、分学期、分级、分科编写，并且小学教科书都配有教授法、有彩色插图的现代意义上的教科书，"实开中国学校用书之新纪录"[①]。

（二）确立了言文一致的教科书

传统教育言文不一致，课堂上用的是文言文，课堂下生活中用的是白话文。清末新政废除科举制，语文独立设科。独立设科后，语文教育之目的从选拔科举人才转向了获取经世致用的谋生之道，语文教学的主要任务是提高学生的语言文字能力，以应对现代生活之需，仅仅以培养模仿古人语言文字读写能力的文言文教学阻碍了语文学科任务的达成。独立设科后的语文学科，不仅要求学生掌握较强的书面语言读写能力，还要求学生具有一定的口头表

---

① 庄俞. 清季兴学与最新教科书[C]//陈学恂. 中国近代教育史教学参考资料（上册）. 北京：人民教育出版社，1986：656.

达能力与听说能力。"国文的问题最重要的就是白话与文言的竞争，我想将来白话派一定占优势的。"[①]言文一致的教科书才能使国文、国语的听说读写同步进行，真正实现学生口头语言与书面语言能力的提高。1920年，教育部训令国民学校一、二年级教科书改文言为语体文。言文一致的教科书带来的不仅仅是语文学科目的、教学方式等的一系列改变，更重要的是，言文一致的教科书使学习不再成为某些阶级、某些人的特权。教科书中的优秀作品成为人们日常生活中口口相传的经典。在这样一种潜移默化、言文一致的母语环境中，民众的口头语言与书面语言能力才能得到切实提高。

（三）开启了教科书编写科学化的探索

近代教科书识字编排从单字单句编排到在故事中识字，选文文体从实用文体到文学文体，再到实用文体与文学文体并重，练习设置从无到有、从只有问题设置到形式多样丰富，插图系统从只注重形式到注重形式与内容的结合，单元编排从"选文集锦"到按照心理序列、人文主题组成一个个单元……近代教科书编排体例的变革为教科书发展做出了巨大的贡献。编排体例的变革，很多是在实验的基础上科学化探索的结果。中国传统语文教育的理论仅仅是主观经验的汇集，而不是建立在科学实验和客观事实的基础上，所以很难对语文教育实践起到指导作用。20世纪20年代，在科学、理性观念的影响下，教育人士希望通过科学实验解决实践困惑，这些教育实验探索主要表现在五个方面。一是教材识字量实验。最早进行汉字基本字汇研究的人是陈鹤琴，他把实验成果汇编成书，即《语体文应用字汇》。由于字汇设计存在缺陷，遭到当时许多学者的批评，但同时也吸引了很多人加入此实验。邱椿、杜佐周、俞子夷都做过实验，比较有影响力的是1930年王文新、1931年艾伟的小学分级字汇研究成果。1930年，国民政府教育部也组织人员进行常用字汇研究，1935年颁行《小学初级暂用字汇》，并把研究成果编入语文教材中。二是汉字编排顺序和频率研究。国语教材中的汉字顺序以"儿童已有经验"还是"汉字规律"出现？如何在教材中科学地复现？李步青作了科学实验，最后

---

① 蔡元培. 国文之将来[J]. 新教育杂志，1919（02）：121-138.

拟定了《国语文学课本中生字假定与反复次数比较表》。三是写字问题实验研究。俞子夷于 1918—1922 年进行书写速度研究，实验结论是：钢笔写字速度最快，其次是铅笔，最后是毛笔。[①] 关于汉字直排与横排对阅读速度的影响，1918 年张耀翔、1923 年杜佐周、1925 年沈有乾与赵欲仁、1927 年艾伟等作了实验，艾伟的实验更加科学。四是教材文白比例研究。五四运动以后，废除文言的呼声很高，1920 年教育部规定小学称为国语科，教材改为语体文，但传统文化的影响并不是一道命令就烟消云散。小学、初中语文教材要不要文言文？比例如何确定？艾伟在 1926 年、1928 年分别进行大规模测试实验，1940 年主持中大实验学校小学高年级文言文教学实验，得出不同结论，为确定教材文白比例提供了依据。五是语文教学法的学校实验。最著名的是俞子夷等在江苏省一师附小进行设计教学法实验，舒新城等在东南大学附中进行"道尔顿制"实验，这些科学实验为教科书科学化编写提供借鉴，有的实验成果被直接采用。

二、中国近代小学语文教科书编制的局限

（一）政局动荡学制更替，审定制下的教科书质量良莠不齐

近代社会从语文独立设科的 1904 年到 1949 年，共颁布了九个课程标准章程，几乎每四年更新一次。除课程标准更替频繁外，学制也从九年制小学改为七年制小学、六年制小学，语体从文言文转化为白话文。庄俞在《谈谈我馆编辑教科书的变迁》中写道："学制修改一次，教材跟着变更一次，往往一部还没出全，又要赶编第二部，我馆对于此点向来是很注意很敏捷的。"近代第一大出版社商务印书馆如此，中华书局的崛起亦是如此。陆费逵认定辛亥革命会成功，遂秘密组织编写体现共和政体的教科书，在 1912 年中华民国成立后，迅速推出《中华国文教科书》，可谓一鸣惊人，而其他出版社包括商务印书馆还在忙着修改晚清教材。中华书局由此抢占了先机，打破了商务印书馆垄断教科书市场的局面。另外，从教科书的名称更替中也可以窥知一二。

---

① 俞子夷. 关于书法科学习心理之一斑[J]. 教育杂志，1926（07）：1-9.

商务印书馆出版的《共和国教科书新国文》《新法国语教科书》《新学制国语教科书》《新时代国语教科书》，中华书局出版的《中华国文教科书》《新式国文教科书》《新教育国语读本》《新课程标准小学国语读本》，世界书局出版的《新学制小学教科书》，大东书局出版的《新生活教科书国语》等，从教科书名称就可以看到学制、社会思潮（"三民主义"、党化教育、新生活运动等）、课标等频繁转换对教科书编写的影响。而在频繁的转换中，教科书质量难免良莠不齐。

（二）狂飙激进的文白之争，小学课文几乎没有文言文

传统教育言文不一致，近代社会独立设科的语文学科教育目的转向提高学生的听说读写能力，言文不一致的教育对目标的达成造成了阻碍。1919 年五四新文化运动开始，新文化运动健将力倡语言改革。胡适指出："我们的中心理论只有两个：一个是我们要建立一种'活的文学'，一个是我们要建立一种'人的文学'。前一个理论是文字工具的革新，后一种是文学内容的革新。"[①] 胡适的"活的文学""人的文学"需要一种新的语言形式承载，即白话文。蔡元培在一次演讲中说："白话是用今人的话，来传达今人的意思，是直接的。文言是用古人的话，来传达今人的意思，是间接的。间接的传达，写的人与读的人，都要费一番翻译的工夫，这是何苦来？"[②] 死文字不能创造出新文学，因此就有了"国语的文学，文学的国语"。在那样一个狂飙激进的时代，文白之争俨然已是对文言的指摘。文言往往成了传统文化的代名词，而且是封建腐朽落后文化的代言；白话成了新时代、新生活与文明、民主的代言。"文白之争"演变成新旧意识形态的话语争夺之战，争论的结果是白话胜出。在这样的背景下，1920 年教育部训令国民学校一、二年级教材改文言为语体文，以后逐年改为语体文。1925 年前后，还有一些教科书的国文高小部分为文言文；到了 1929 年，随着国语运动的发展，教科书初小、高小几乎都是白话文。实际上，文言、白话不过是语言的形式，语言作为一种工具，不仅仅有它传播思想文化的一面，更有其本体性的一面。在语言发展的长河中，

---

① 胡适.导言[C]//赵家璧.中国新文学大系·建设理论集.上海：上海文艺出版社，1935：1-32.
② 蔡元培.国文之将来[C]//赵家璧.中国新文学大系·文学论争集.上海：上海文艺出版社，1935：97-98.

文言、白话也不是泾渭分明的，人为割裂文言，不仅会阻碍语言的学习，更会导致我们精神家园的迷失！

第二章

中国近代小学语文教科书编者研究

在新思想的启蒙中，教科书承担着义不容辞的责任。如何编写小学国文（国语）教科书，成为人们的关注点。有识之士都明白：中国要强盛，首先在教育；教育要振兴，首先在小学，尤其在小学教科书。针对其识字内容的编排、选文内容的取舍、文体的选择、助学系统的安排等，有识之士各抒己见，热心之士付诸实践，留下了探索的足迹。在近代的100多套小学语文教科书中，从翻译西洋课本到自编白话文课本，在无成例可援的基础上，编写了类型众多（如女子、识字、作文等）、理念各异（如职业教育、儿童本位、实用主义等）的教科书，编者团队披荆斩棘、呕心沥血，付出了诸多努力。近代史研究者傅国涌先生曾在一次谈话中强调了小学教科书的作用，他认为："在底线的意义上，我们的国民是由小学教科书塑造的。小学教科书担负的责任，比任何一个阶段的教科书都要重大。如果你在小学阶段读的教科书是高品质的，代表一种文明的最好的常识教育，那么你即使不读中学，不读大学，也能够成为一个完整意义上的健全的人。"[1]近代小学语文教科书的编者，具有明确的责任意识，他们不辞辛苦、笔耕不辍，俯身为孩子们编写教材。同时，主要来自知识分子群体的教科书编者，其专业水平和文化素养决定了教科书的质量，进而直接影响教学质量。我们不难发现。近代小学语文教科书的编者，如张元济、陆费逵、庄俞、顾颉刚、叶圣陶、夏丏尊、丰子恺、陈鹤琴等，大多学识深厚、博学笃行。一方面，他们大多为当时的文化大家，具有深厚、扎实的旧学根底，深谙传统文化之道；另一方面，他们又都接受新思想的熏陶，具有敢为人先的进取精神和气魄。

研究近代小学语文教科书编者团队，有助于更确切地理解近代小学语文教科书的编制理念、内容编排以及内部逻辑，为当代小学语文教科书编写提

---

① 李伯棠. 小学语文教材简史[M]. 济南：山东教育出版社，1985：299.

供若干启发。本章选取近代社会有影响力的出版社——商务印书馆、中华书局、世界书局、开明书店的编者代表展开分析（大东书局出版的有影响力的教科书多是与其他出版社的编者团队合作，因此本书不予探究）。其中，商务印书馆以张元济、庄俞、庄适、吴研因、沈百英为编者代表，中华书局以陆费逵、黎锦晖为编者代表，世界书局以魏冰心为编者代表，开明书店以叶圣陶为编者代表。通过对上述编者代表的编辑经历、编写理念及贡献进行探究，进一步理解近代小学语文教科书的内容编排。需要特别指出的是，他们虽为"编者"，实则全方位参与了当时的出版活动，如组稿、策划、编辑、校对等。

第一节　张元济：中国现代教科书之父

一、生平介绍

张元济（1867—1959），字筱斋，号菊生，浙江海盐人，是中国近代文化教育出版领域举足轻重的人物。他不仅是出版业巨擘，同时也是著名的文献学家和教育家，为中国近代的出版、文化、教育、图书馆事业均作出了重要贡献。张元济昌明教育的一生，可分为前后两个时期。

（一）兴办学堂，教育救国

19世纪末20世纪初的中国，列强入侵，朝廷衰败，求新求变思想在涌动。张元济倡导变法维新，兴办教育，传播思想，开启明智，富国强民。他在担任总理各国事务衙门章京时，兴办通艺学堂（严复命名），招收官绅子弟，专授英文等学科。戊戌变法失败后，革职流落上海，后被李鸿章推荐到南洋公学，任译书总校、总理等职。此时，他的教育救国思想已从精英救国转化为教育救国。"国家之政治，全随国民之意想而成。今中国民智过卑，无论如何措施，终难骤臻上理。国民教育之旨即是尽人皆学，所学亦无取高深，但求能知处今世界所不可不知之事，便可立于地球之上，否则未有不为人奴，不就消灭者也。"[①] "今设学堂，当以使人明白为第一义。"[②] 他与严复等人于1910—1917年兴办师范学习班，创办函授学社，汇集学生近万名。

---

① 张元济. 张元济全集（第3卷）·书信[M]. 北京：商务印书馆，2007：203.
② 张元济. 张元济全集（第5卷）·诗文[M]. 北京：商务印书馆，2008：23.

（二）普及教育，课本为先

在兴办学堂、普及国民教育的同时，张元济越来越意识到编译课本的重要性，"译书尤为兴学之基址……选课文以便教育"①。在南洋公学任职期间，师范生自编《蒙学课本》，该课本"为我国人自编教科书之始"②。1903 年正月，张元济进入商务印书馆编译所工作，任所长。"自是厥后，商务印书馆始一改面目，由以印刷业为主者，进而为出版事业。其成为我国历史最长之大出版家，实始于张君之加入。"③ 在他的带领下，商务印书馆成为我国近代出版业的先锋，他本人也成为近代教科书编者的引领者。

二、张元济编校的小学语文教科书

张元济编校的小学语文教科书，见表 2-1。

表 2-1　张元济编校的小学语文教科书

教科书名称	出版时间	适用范围	编校者
最新国文教科书	1904年	初等小学用	蒋维乔、庄俞编 张元济、高凤谦校
		高等小学用	高凤谦、张元济、蒋维乔编
女子国文教科书	1907年	初等小学用	戴克敦、庄俞、蒋维乔、沈颐编 张元济、高凤谦校
简明国文教科书	1907年	初等小学用	庄俞、戴克敦、蒋维乔、沈颐编 高凤谦、张元济校
简易国文教科书	1909年	初等小学三年级用	蒋维乔、庄俞、沈颐等编 高凤谦、张元济校
共和国教科书新国文	1912年	初等小学用 春季始业	庄俞、沈颐编 高凤谦、张元济校
	1912年	初小/国民学校用 秋季始业（乙种）	庄俞、沈颐编 高凤谦、张元济校
	1912年	高等小学用（甲种）	庄俞、沈颐编 高凤谦、张元济校
	1913年	高等小学校用 秋季始业（乙种）	樊炳清、庄俞、沈颐编 高凤谦、张元济校

---

① 朱有瓛.中国近代学制史料（第1辑·下册）[M].上海：华东师范大学出版社，1986.
② 张静庐.中国近代出版史料补编[M].北京：中华书局，1957：139.
③ 周武.张元济：书卷人生[M].上海：上海教育出版社，1999：78.

教科书名称	出版时间	适用范围	编校者
共和国教科书新国文	1916年	国民学校用 春季始业	庄俞、沈颐编 高凤谦、张元济校
女子新国文	1912年	高等小学用	庄俞等编 高凤谦、张元济校
单级国文教科书	1913年	初等小学用	庄适、郑朝熙编 高凤谦、陈宝泉、庄俞、张元济校
普通教科书新国文	1915年	国民学校用 秋季始业	庄适、沈颐编 高凤谦、张元济校

参考资料：北京图书馆，人民教育出版社图书馆．民国时期总书目（1911—1949）：中小学教材[M]．北京：书目文献出版社，1995：33-63．王有朋．中国近代中小学教科书总目[M]．上海：上海辞书出版社，2010：95-134．

三、张元济在中国近代小学语文教科书编写中的贡献

（一）采取合议制编写方式

张元济打破了过去的包办式、单打独斗式编写方法，采取圆桌会议，合议编写教材。据蒋维乔在《编辑小学教科书之回忆(1897—1905)》中描述："当时之圆桌会议，惟在最新初小国文着手之时讨论最详悉。第一、二册几乎每撰一课，皆讨论至无异议方定稿。至三、四册以后，则由各人依据原则自行起草，草成之后，再付讨论；亦有由一二人先行讨论者。尔时不乏有趣味之资料，如余编及某课时，用一'釜'字，而高梦旦必欲改为'鼎'字，余曰：'鼎字太古，不普通，不可用。'高曰：'鼎字乃日常所用之字，何谓不普通？'余曰：'鼎字如何是日常所用之字？'高曰：'鼎字如何不是日常所用之字？'于是二人大争，至于声色俱厉。及后细细分辨，方知闽语呼'釜'为鼎，而不呼为'釜'也。相与拊掌大笑。"[①]据庄适（庄俞之子）回忆，当时庄俞编写《最新国文教科书》时，"事属首创，进行不易。每成一课，必与共事者张菊生、高梦旦、蒋竹庄诸君团坐一桌，互相讨论，必至无可指始为定稿"[②]。

---

① 上海市出版工作者协会《出版史料》编辑部.出版史料（第5辑）[M].上海：学林出版社，1986：95.
② 庄适.庄俞家传[C]//蔡元培，蒋维乔，庄俞，等.1897—1987商务印书馆九十年.北京：商务印书馆，1987：73-75.

（二）培养了众多的教科书编写人才

据考察，1903—1921 年，张元济任商务印书馆编译所所长或实际负责人，编译所由 1908 年的 64 人增加到 1921 年的 160 人左右。[①] 一方面，张元济真诚邀请文化名人加入教科书编写队伍，如陆费逵、蒋维乔、郑振铎、庄俞、郭炳文、竺可桢、杜亚泉、顾颉刚等；另一方面，他致力于培养年轻的留学生成为教科书编者。张元济在选拔人才方面不拘一格，典型的例子有沈雁冰、胡愈之等。很多在近代出版界有所作为的人物、出版社的领军人物，如中华书局创办人陆费逵、世界书局创办人沈知芳、开明书店创办人章锡琛，以及知名编者叶圣陶、沈百英等，都曾在商务印书馆任过职。从这一点看，称张元济为"中国现代教科书之父"一点也不为过。

---

① 吴小鸥.文化拯救：近现代名人与教科书[M].北京：商务印书馆，2015：92.

第二节　庄俞：兼采众长的商务元老

一、生平介绍

（一）出身名门，旧学扎实，接受新学

庄俞（1876—1938），名亦望，字百俞，又字我一，别号梦枚楼主，系出江南望族——毗陵庄氏。毗陵庄氏以经学、科第、文章、教育传家，名人辈出。他的父亲庄鼎彝，字苕甫，光绪十七年（1891）举人；他的伯父，亦是嗣父，曾为广东巡抚游智开幕宾多年，较早接受西方先进文化。1896年，庄俞在伯父家的私塾读书，接受伯父教育。明治维新后，日本的崛起引起了庄俞的关注。庄俞曾经和蒋维乔、伍博纯、严练如等志同道合的同乡，合请一位日本教师，向其学习日文以及数理等实用学科知识。

（二）倡导新学，投身实践

在接受新学启蒙后，庄俞不囿于个人的发展，将目光投向整个国家和民族的进步，积极投身启蒙实践，寻求救国良策。一方面，他积极倡导新学。1901年，庄俞领衔在上海创办人演社，译印东西文新书，寻求救国良策，传播西方和日本的变法图强与革新思想。另一方面，他通过创设图书馆、办学堂等实践，为新学思想的传播提供平台。1904年，庄俞、于定一、刘志扬发起创设阅书讲报社，即今常州图书馆之前身。1904年，庄俞将常州新街巷原庄氏冠英义塾改为冠英小学堂（今常州觅渡桥小学之前身），创设简章。1905年，商务印书馆创办了一所实验性质的小学——尚公小学，旨在"培育公共教育和公共精神"。庄俞自1912年任校长，兼任时间长达十年。1918年3月，

武进职业补习学校在常州青果巷张王庙旧址创立，庄俞任校董。

（三）编撰课本，商务元老

1903 年 9 月，庄俞经同乡蒋维乔介绍，任商务印书馆编译员。庄俞进入商务印书馆的第一件事即编撰国文教科书。庄俞在商务印书馆供职 30 多年，既担任编译所副所长，又历任门市部经理、国文部部长、交通科科长、机要科科长、总务科科长、分庄科科长兼总经理处秘书以及董事会监察人、董事等职，成为商务印书馆的四大元勋之一。

二、庄俞编校的小学语文教科书

庄俞编校的小学语文教科书，见表 2-2。

表 2-2　庄俞编校的小学语文教科书

教科书名称	出版时间	适用范围	编校者
最新国文教科书	1904年	初等小学用	蒋维乔、庄俞等编
女子国文教科书	1909年	高等小学用	庄俞、沈颐、蒋维乔、戴克敦编
	1913年	高等小学用	庄俞等编纂 高凤谦、张元济校订
简明国文教科书	1907年	初等/高等小学用	庄俞、蒋维乔、沈颐、戴克敦编 高凤谦、张元济校订
简易国文教科书	1909年	初等小学三年级用	戴克敦，蒋维乔、庄俞、沈颐等编 高凤谦、张元济校订
女子新国文	1912年	女子高等小学用	庄俞、沈颐、樊炳清编纂 高凤谦、张元济校订
共和国教科书新国文	1912年	初等小学用 春季始业	庄俞、沈颐编 高凤谦、张元济校
	1912年	初小/国民学校用 秋季始业（乙种）	庄俞、沈颐编 高凤谦、张元济校
	1912年	高等小学用（甲种）	庄俞、沈颐编 高凤谦、张元济校
	1913年	高等小学校用 秋季始业（乙种）	樊炳清、庄俞、沈颐编 高凤谦、张元济校
	1916年	国民学校用 春季始业	庄俞、沈颐编 高凤谦、张元济校
单级国文教科书	1913年	初等小学用	庄俞、沈颐等编
实用国文教科书	1915年	国民学校用	庄俞、蒋维乔等编

教科书名称	出版时间	适用范围	编校者
复式学级国文教科书	1919年	国民学校用	俞子夷等编纂 庄俞校订
新体国语教科书	1919年	国民学校用 春季始业	庄适编纂 庄俞、范祥善、蒋维乔等校订
新法国文教科书	1920年	国民学校学生用 春季始业	范祥善、庄适编纂 吴研因、蒋昂、庄俞、高凤谦校订
	1921年	高等小学校用	季锡组、唐湛声、魏寿镛等编纂 庄俞、高凤谦校订
新法国语教科书	1920年	初级/高级/后期小学用	刘大绅等编纂 庄俞等校订
	1920年	国民学校学生用 秋季始业	庄适编纂 范祥善、黎锦晖、王璞、庄俞校订
	1921年	国民学校学生用 春季始业	庄适编纂 沈圻、刘儒、黎锦晖、范祥善、庄俞校订
	1922年	新学制小学后期适用	沈圻编纂 庄俞校订
复兴国语课本	1934年	春季始业初级小学用	庄俞编校

参考资料：北京图书馆，人民教育出版社图书馆．民国时期总书目（1911—1949）：中小学教材 [M]．北京：书目文献出版社，1995：33-63．王有朋．中国近代中小学教科书总目 [M]．上海：上海辞书出版社，2010：95-134．

三、庄俞在中国近代小学语文教科书编写中的贡献

庄俞作为商务印书馆元老，工作认真严谨，也代表着商务印书馆的工作作风。在教科书编排上，庄俞是圆桌会议主要参与者之一，教科书的各项工作都得各抒己见，"由任何人提出一原则，共认为有讨论之价值者，彼此详悉辩论，恒有为一原则讨论至半日或终日方决定者"[①]。《张元济日记》中多次提到庄俞等在编辑教科书时参与各种讨论。1916年9月8日，"约梦旦、伯俞、竹庄、商锦教案事。拟参考加详，预照国语对照材料，并选日本教授案成书，以备参考。又拟年前先出四册。拟编初小教员教授用词书。尽现行诸书采

---

① 蒋维乔．编辑小学教科书之回忆[C]//蔡元培，蒋维乔，庄俞，等．1897—1987商务印书馆九十年．北京：商务印书馆，1987：57．

集"①。1916年11月29日，"与蒋、庄、高商定募集国文材料办法：一、用简明国文生字，请增减。二、拟定若干难做题目，募人撰稿。三、请人各将本地风俗物产撰稿寄示，给与报酬。顷又思得可征集各种应酬商业文件"②。庄俞对工作的严谨还表现在教科书编写人才的选拔上，他严格遵循唯才是用原则。据《悲鸿自述》："吾于是流落于沪，秋风起，继以淫雨连日，苦寒而粮垂绝。黄君警顽，令余坐于商务印书馆，日读说部杂记排闷，而忧日深。一时资罄，乃脱布褂赴典质，得四百文，略足支三日之饥。一日，得徐君书，为介绍恽君铁樵，恽君时主商务印书馆《小说月报》，因赴宝山路访之。恽留吾画，为吾游扬于其中有力者，求一月二三十金小事。嘱守一二日，以俟佳音。时届国庆，吾失业已三月。天雨，吾以排日，不持洋伞，冒雨往探消息。恽君曰：'事谐，不日可迁居于此，食于此，所费殊省。君夜间习德文，亦大佳事，吾为君庆矣。'余喜极，归至梁溪旅馆，作数书告友人获业。讵书甫发，而恽君急足至，手一纸包，亟启视，则道所谋绝望，附一常州人庄俞者致恽君一批札，谓某之画不合而用，请退还。"③徐悲鸿是庄俞的同乡，当时，他失业3个月，想推荐自己画作，谋教科书插图师之职，庄俞思虑过后予以拒绝。这为以商务印书馆编者团队为首的小学语文教科书编者树立了认真严谨的工作作风。

① 张元济.张元济日记[M].北京：商务印书馆，1981：120.
② 张元济.张元济日记[M].北京：商务印书馆，1981：142.
③ 徐悲鸿.徐悲鸿自述[M].合肥：安徽文艺出版社，2013：6.

第三节　庄适：创新求变的编者

一、生平介绍

庄适（1885—1956），字叔迁，日本早稻田大学师范部毕业生。在商务印书馆出版国文、国语类教科书的事业中，庄适一直勤勤恳恳，起到了中流砥柱的作用。他参与了《新学制国语教科书》《新体国语教科书》《普通教科书新国文》《新法国语文教科书》《实用国文教科书》《单级国文教科书》《新撰国文教科书》等教科书的编撰工作。后期考虑到教师的教学之便，还编撰过《新国文教案》。值得一提的是，庄适曾被中华书局和世界书局挖用，曾和中华书局、世界书局的编者一同编撰过小学语文教科书，如世界书局出版的《新学制小学教科书高级国语文读本》，就是庄适、魏冰心、沈圻合编而成。在编撰语文教材过程中，庄适做了很多探索，推出了很多高质量的教科书。

二、庄适编校的小学语文教科书

庄适编校的小学语文教科书，见表2-3。

表2-3　庄适编校的小学语文教科书

教科书名称	出版时间	适用范围	编校者
新国民国文课本	1912年	初等小学校用	刘传厚、庄适编辑
初等小学新国文教科书	1913年	秋季始业学生用	刘传厚、庄适编辑
初等小学单级国文教科书	1913年	初等小学第一学年到第四学年适用	高凤谦、陈宝泉、庄俞、张元济校订
单级国文教科书	1913年	初级小学用	庄适、郑朝熙编纂陈保泉等校订

续　表

教科书名称	出版时间	适用范围	编校者
普通教科书新国文	1915年	国民学校第二学年 第一学期学生用	庄适编纂
	1915年	国民学校用 秋季始业	庄适、沈颐编纂 高凤谦、张元济校订
新体国语教科书	1919年	国民学校用 春季始业	庄适等编 庄俞等校订
	1919年	国民学校用	庄适编纂 庄俞、范祥善、黎锦晖、 陈宝泉、蒋维乔校订
新法国语教科书	1920年	国民学校学生用 秋季始业	庄适编纂 范祥善等校订
	1921年	国民学校学生用 春季始业	庄适编纂 沈圻等校订
新法国文教科书	1920年	国民学校学生用 春季始业	范祥善、庄适编纂 吴研因等校
	1923年	新学制小学后期用	庄适、顾颉刚编 王岫庐、朱经农校
活叶本东三省国语补充教材	1922年	小学适用	范祥善、庄适编纂
新法国语文教科书	1923年	新学制小学后期用	方宾观、庄适、顾颉刚、 范祥善编纂 朱经农、唐钺、王岫庐校订
新学制国语教科书	1923年	小学校初级用	庄适、吴研因、沈圻编纂 朱经农、高梦旦、王岫庐、 唐钺校订
	1924年	小学校高年级用	庄适等编纂 朱经农等校订
新撰国文教科书	1925年	新学制小学校初级用	胡怀琛、庄适编纂 朱经农、王岫庐校订
南洋国语教科书	1933年	高级小学用	庄适编

参考资料：北京图书馆，人民教育出版社图书馆.民国时期总书目（1911—1949）：中小学教材[M].北京：书目文献出版社，1995：33-63.王有朋.中国近代中小学教科书总目[M].上海：上海辞书出版社，2010：95-134.

三、庄适在近代小学语文教科书编写中的贡献

留日学生在编译教科书时融入许多新的理念，在教科书编排上创造了一些新的元素。庄适也是如此。在选文编排体例上，以《新学制国语教科书》为例，庄适重视故事性强的选文，而且其中的故事大多直接取材于中国古代经典篇目。庄适更有意将故事分成几部分，独立成篇，连续编排，内容上前后

相连，如《苏武牧羊（一）》《苏武牧羊（二）》。在选文内容上，增加了许多西方流行的文体，如在《新学制国语教科书》中，庄适和吴研因尝试选入了很多戏剧文本，涉及歌剧、短剧及弹词等。书中也有详细的布景和剧情介绍，既让儿童认识了戏剧这一艺术形式，又方便他们按照角色特点开展课堂活动。在课后练习上，庄适有意追求与同期国文教科书的差异化设置。如《新法国文教科书》的思考题，每一课课后都设置了问题若干则，且注重问题设置的层次性，具有新意。特别是在语体选择上，庄适主编的教科书比官方要求早3年：1917年出版的《新法国语文教科书》采用相同内容的文言文和语体文对照呈现的方法，且大部分课文都采用了此种方法，对学生的语言学习来说，这是从文言文到语体文的很好过渡。

　　庄适编写小学语文教科书，注重吸收社会上的先进理念，使教材在体系和内容方面的革新力度很大，令人耳目一新。

第四节　吴研因：儿童本位的教材革新者

一、生平介绍

（一）师范毕业，小学教员

吴研因（1886—1975），中国近现代教育家，原名辇瀛，江苏江阴人。吴研因虽一生未从名师，但凭借后天的勤勉和对教育事业的热情，一直投身于中国教育事业，为近代小学语文教育的改革和发展作出了先行性的探索。

1906年，吴研因于上海龙门师范学校毕业。1916年，任中华书局、商务印书馆国文教材编辑部主任，兼任尚公小学校长，后任江苏省立第一师范学校教员兼附属小学主任，1918年任附小校长。

（二）推行"自然教学法"

在江苏省立第一师范学校附属小学（下文简称江苏一师附小）任教期间，吴研因借鉴俞子夷提出的设计教学法，积极推行在情境中自然而然的学习设计。为积极推动江苏一师附小的教学法改革，吴研因在专门的期刊《小学校》中设《研因补白》和《研因答疑》专栏，为教师推行"自然教学法"提供研究材料。同时，吴研因于1922年在《教育杂志》上发表《文字的自然教学法》一文，介绍"自然教学法"相关内容。文中，吴研因反对过去"由教师做主支配，学生跟着机械学"的所谓"不自然"教法，主张教师教学应以"学生自然的需要""学生已具的动作和经验""学生学习的兴趣"三者为依据。

（三）编写白话文教科书

1912年秋，吴研因初到江苏一师附小。鉴于当时小学专用国文教科书的缺失，吴研因主张自行编写教材，该想法得到了俞子夷的肯定。而后，由吴研因牵头，学校其他教师全部参与到教科书的编写工作中。具体来说，在每周伊始，各科教师在教师会议上提出自己一周应教授的内容，大家互相讨论，再根据会上提出的想法与建议，分头教学。一个阶段的教学工作结束后，各科教师根据实践情况，修改自己预设的教学内容，并反馈给吴研因，由他来整理。就这样，历时一年，江苏一师附小全套教科书基本完成，在小学语文教科书的改革发展史上留下了浓墨重彩的一笔。值得一提的是，江苏一师附小所编写的教科书，一律使用语体文。这种大胆的尝试产生了显著的效果：教科书不仅深受学生及家长的普遍喜爱，而且在小学教育界反响热烈。如1923年初版《新学制国语教科书》，选文生动有趣，朗朗上口，一经发行，风靡全国。

在尚公小学任校长时，吴研因积极推行白话文教科书。吴研因苦心孤诣，上下求索，后来更是为小学语文教科书的编写建立了白话文与文言文比例、类型方面的范例。他编写的《新法国文教科书》《新学制国语教科书》等教科书出版后，模仿版本众多，一时洛阳纸贵。

（四）致力于教育事业发展

早期，吴研因主要活跃在小学语文教学一线，而后开始担任教育委员，专心研究小学语文教育及教科书的编写。1935年，吴研因与叶圣陶、王志瑞等发起编写"小朋友文库"，旨在为小学生提供合适的课外读物。吴研因曾提出许多具有建设性的语文教育思想，其中以儿童本位思想影响最著，在他编写的小学白话文教科书中，儿童文学占据主导地位；他还强调以心理学为基础，促进语文教学序列化。这些语文教育思想，在近现代小学语文教育史上留下了不可磨灭的印迹。

二、吴研因编校的小学语文教科书

吴研因编校的小学语文教科书，见表2–4。

表 2-4　吴研因编校的小学语文教科书

教科书名称	出版时间	适用范围	编校者
新式国文教科书	1917年	初级小学用	吴研因编
新法国文教科书	1920年	国民学校用	吴研因校
新学制国语教科书	1923年	初级/高级小学用	庄适、吴研因、沈圻编纂 朱经农、王岫庐等校
民智新课程高级小学 国语教科书	1931年	高级小学	薛天汉编 吴研因校订
基本教科书国语	1931年	初级小学用	沈百英编 蔡元培、吴研因校
	1931年	小学校高年级用	戴洪恒编纂 吴敬恒、吴研因校订
新标准教科书 国语标准读本	1931年	小学初级用	吴研因编
高级小学国语教科书	1931年	高级小学用	薛天汉编 吴研因校
国语新读本	1933年	初级小学用	吴研因编著 陈丹旭、庞亦鹏绘图
国语暑期读本	1935年	暑期学校适用	徐征吉辑 吴研因校
国语新读本	1935年	高级小学用	吴研因编
初级小学国语新读本	1937年	初级小学用	吴研因编

参考资料：北京图书馆，人民教育出版社图书馆.民国时期总书目（1911—1949）：中小学教材 [M].北京：书目文献出版社，1995：33-63.王有朋.中国近代中小学教科书总目[M].上海：上海辞书出版社，2010：95-134.

三、吴研因在近代小学语文教科书编写中的贡献

（一）语体上：推行白话文教科书

吴研因认为，儿童更容易接受白话文。他先后编写的《新式国文教科书》《新学制国语教科书》和《初级小学国语新读本》等，都是白话文教科书的探索。

（二）法规上：把儿童文学写进课标

1923 年，吴研因主持修订小学语文国语课程标准，在课标"读文"部分明确规定"取材以儿童文学（包含文学化的实用教材）为主"。

（三）实践上：编写儿童本位的教科书

首先，选材以儿童文学为主。吴研因认为："文学是表现人生和批评人生的东西，必须有高远的思想，丰富的情感和想象。因为有了高远的思想，才能表现得真切，批评得确当。有了丰富的情感，才能激起读者的同情，使他欣赏。有了丰富的想象，才能活现着一个真实的境地，使读者如亲身经历一般。"他对儿童文学有着自己的想法："这样说来，儿童文学就是表现儿童生活，批评儿童生活，有思想、有情感、有想象，亦用儿童本位的文字组成的文学"；"反过来说，凡不切合儿童生活，不适合儿童想象，不能激动儿童情感的，都不是儿童文学，也就不是我们所说的读书教材了"。[①] 吴研因意识到"儿童因爱好文学，而能扩充想象，启发思想，涵养感情"[②]，所以在文体类型的选择上倾向于儿童文学；同时，他考虑到儿童的认知水平和接受能力，编选贴近儿童实际生活的课文，利用生活实例开展有效教育。如《新学制国语教科书》初小第 1 册的课文内容几乎都是儿童所熟悉的事物，如狗、猫等小动物及小树、花园、国旗等事物，并以兄妹、姐弟之间游乐的方式呈现。

其次，选材注重道德教育及对儿童良好生活习惯的培养。如《新学制国语教科书》初小第 3 册第 4 课《小蟹生气》，告诫学生不要任性；策 3 册第 27 课《司马剥胡桃》与第 4 册第 43 课《柳儿牧羊》，教育学生不要说谎，否则会自食恶果；又如第 2 册第 42 课《老鸦和燕子》，告诉小朋友们应该像小燕子那样听老师的话，说话轻柔，举止文明。

最后，课文编排形式也要吸引儿童，灵活、美观、不死板。如《新学制国语教科书》初小前 2 册的课文排列，每篇文章都不是行与行、列与列之间的严格对齐，而是互相穿插，呈现一定的规律性，还配上适量的插图。在字体设计上，每册教材之间有所不同，《新学制国语教科书》初小前 4 册都是采用楷体字，后 4 册的主要字体则是宋体，且同册教材中不同文体所用的字体不尽相同。如民歌、诗歌与谜语等一般用楷体字，书信都用行书，短剧用较小的宋体字，传说、童话与历史故事等记叙文一律用宋体字。字体的差异化设置避免了教材编排的死板，有利于文本间的区分。

---

① 吴研因. 国语新读本[M]. 上海：世界书局，1922.
② 吴研因. 国语新读本[M]. 上海：世界书局，1922.

第五节　沈百英："设计教学法"编写探索

一、生平介绍

（一）小学教员：探索"设计教学法"

沈百英（1897—1992），又名沈菊泉，笔名石英、白丁，江苏吴县（今属苏州）人。1918年于江苏省立第一师范学校毕业后，任家乡甪直镇第一小学教师。1920年，受吴研因之邀，任江苏一师附小教师，并任"设计教学法"实验班班主任。沈百英认为，设计教学法必须有目的、有计划、有实验，而且有社会价值。[①] 他比较了注入法、启发法、自学辅导法、设计教学法四种教法，认为设计教学法更完善，"指导起来，利用环境引起儿童学习。……教材务求切合于儿童的需要，使儿童发生动机，能自定目的和计划并很愿意去解决真实而有价值的问题，因此获得全活动中整个的经验"[②]。关于教材，他认为应该"完全根据儿童的需要而供给相当的教材"[③]。1926年前后，"设计教学法"在我国教育界掀起高潮，各地小学纷纷实行"设计教学法"，国语教学指导用书也纷纷写上"本书采用设计教学法"等字样。

（二）商务35年：创编儿童需要的教科书

1927年，沈百英正式调入商务印书馆。1928年，任商务印书馆编审。沈百英的编辑生涯长达35年。早在小学教学实践中，他就自编文艺教材和低幼

---

① 杜成宪.大夏教育文存·沈百英卷[M].上海：华东师范大学出版社，2018：65.
② 杜成宪.大夏教育文存·沈百英卷[M].上海：华东师范大学出版社，2018：70.
③ 杜成宪.大夏教育文存·沈百英卷[M].上海：华东师范大学出版社，2018：68.

读物，调入商务后，参加了《教育大辞书》的编写。之后，沈百英又展开了一系列编写活动：编写《民众识字课本》和《成人补习国语课本》；编写小学各类教科书，前后推出《基本教科书》和"复兴"系列教科书，其中《复兴国语教科书》的销量居众书之首；连同商务的儿童读物编辑，编写"幼童文库"和"小学生文库"，以供儿童阅读之用；编辑小学教师进修图书（如《小学各科教材教法》以及"小学行政丛书""国民教育文库""幼稚教育丛书""乡村教育丛书"等），并邀请国内知名的小学教师进行撰述，内容十分新颖，贴合实际，受到了全国各地教师的肯定与欢迎。①

沈百英认为，儿童的教材一定要根据儿童的需要而供给。他在编写《基本教科书国语》时，基于这一考虑，首先寻找适合儿童阅读的文本作为课文，并考虑"分级词汇"与课文呈现的关系，即识字与阅读内容的编排要以便于儿童吸收为立足点；其次，他聘请潘思同、张令涛和胡若佛三位画家为教科书设计插图，使教科书面貌焕然一新。如他所言："其教材虽然由教师编著，由教师供给，但是供给之目的，并非盲目的注入，是审察儿童的需要，供给于发生学习动机后用的，所以可说这种教材是儿童自己吸收的"②。

二、沈百英编校的小学语文教科书

沈百英编校的小学语文教科书，见表2-5。

表2-5 沈百英编校的小学语文教科书

教科书名称	出版时间	适用范围	编校者
儿童文学读本	1922年	初级小学用	沈百英等编
基本教科书国语	1931年	初级小学用	沈百英编辑 蔡元培、吴研因校订
新生活国语教科书	1932年	初级小学用	蒋息岑、沈百英、施颂椒编辑 张令涛绘图
复兴国语教科书	1933年	初级小学用	沈百英、沈秉廉编著 王云五、何炳松校订
复兴国语课本	1935年	小学高年级用 春季始业	宗亮寰、沈百英、丁馨音编

① 吴洪成.中国学校教材史[M].成都：西南师范大学出版社，1998：19.
② 杜成宪.大夏教育文存·沈百英卷[M].上海：华东师范大学出版社，2018：68.

续 表

教科书名称	出版时间	适用范围	编校者
复兴初小国语教科书	1937年	初级小学用	赵景源、沈百英、沈秉廉编校
复兴国语教科书	1937年	小学校初级用	沈百英编著
复兴教科书国语	1949年	南洋华侨小学校初级用	沈百英、赵景源编著王承绪、吴志尧修正

参考资料：北京图书馆，人民教育出版社图书馆.民国时期总书目（1911—1949）：中小学教材 [M].北京：书目文献出版社，1995：33-63.王有朋.中国近代中小学教科书总目 [M].上海：上海辞书出版社，2010：95-134.

三、沈百英在近代小学语文教科书编写中的贡献

沈百英是"设计教学法"的倡导者与实践者，又是多年的小学教员，因此，他编写的国语教材既可以用于吟唱又可以用于表演，选文有许多儿歌歌词和可表演的童话剧等。

（一）适合儿童需要的文体：儿童文学

在《小学国语教学讨论集》中，沈百英谈道："用儿童文学，采用国语教材，非但不违反处世修养的目的，而且合于语言文字的学习，更能引起阅读的兴趣，差不多能够综合以往各优点，而深合儿童心理"，"国语教材应该以儿童文学为主，就是别的补充读物，也应该采用文学的编法"。[1] 他编写的教材，文体以儿童文学为主，这也符合1929年、1932年课标的精神。例如，《基本教科书国语》的选文中，童话有《狐狸想吃肉》（第2册第20课）、《老鼠嫁女》（第3册第5课），故事诗有《闹钟的话》（第5册第26课）、《燕子》（第8册第10课），寓言有《揠苗助长》（第5册第2课），等等。

（二）适合儿童好动好玩的特点：课文内容游戏化

《新生活教科书国语》初小第1册前7课分别如下：

第1课 弟弟来　妹妹来　弟弟　妹妹　一同来

第2课 姐姐站　弟弟　妹妹　一同站　姐姐坐　弟弟　妹妹　一同坐　姐姐拍手　弟弟　妹妹　一同拍手

第3课 弟弟唱歌　唱罢　妹妹唱　妹妹唱歌　唱罢

---

① 沈百英，朱经农.小学国语教学讨论集[M].北京：商务印书馆，1948：17.

第 4 课 姐姐唱　姐姐唱歌　唱罢　一同拍手

第 5 课 来来来　坐坐坐　大家一同坐　一同坐　一同坐　拍手同唱歌　同唱歌　同唱歌　唱罢笑呵呵

第 6 课 弟弟跑　弟弟跳　弟弟跑不快　弟弟跳不高　姐姐跑　姐姐跳　姐姐跑得快　姐姐跳得高

第 7 课 弟弟做小鸡　姐姐做大猫　姐姐叫　弟弟跑　姐姐追弟弟　弟弟逃　哥哥做大狗　姐姐做大猫　哥哥叫　姐姐跑　哥哥追姐姐　姐姐逃

这类课文适合儿童表演。沈百英认为，儿歌的编写要注意儿童兴趣的来源，儿童的兴趣都是从活动中来的，因此儿歌的内容最好既活泼又易于表演，如此不仅有趣，而且便于儿童记忆。[①]

（三）适合儿童吟诵熟记：多用韵文和反复故事

考虑儿童认知特点，沈百英将教材内容依据儿歌调进行编写。儿歌语言浅显易懂，易于表演与吟唱，且与儿童生活紧密相关，教材自然受到儿童的喜爱。比如："小宝宝，年纪小，不会走路要妈抱，妈妈抱了，哈哈笑。小宝宝，不要抱，学走路，哈哈笑，走一步路跌一跤。"[②] 又如《新生活国语教科书》初小第 3 册第 6 课《山歌会（二）》："冬瓜冬瓜，藤上开花。一朵向上，一朵向下。朵朵花儿，都会结瓜。小冬瓜，像枕头。大冬瓜，像娃娃。拍拍娃娃睡在枕头上，一觉醒来笑哈哈。"再如带韵语的唱数游戏课文："一只老花猫，两只耳朵举得高，三角眼，四处找，五爪舞起，六鼠就逃，七曲八绕，几乎追牢，追过橱顶，跌了九跤，到底没有捉到，花猫心里十分懊恼。"[③]

沈百英还主张在编写教材时注重多用反复故事体例编写课文。

《复兴国语教科书》初小第 1 册第 29 课《外婆上街》：

> 外婆上街，上街买菜，菜上有泥，买米，米里有豆，买肉，肉上有毛，买糕，什么糕，鸡蛋糕，拿在手里往家跑。

---

① 王建军.中国近代教科书发展研究[M].广州：广东教育出版社，1996：240-243.

② 沈百英.谈谈幼稚教育[J].教育杂志，1927（02）.

③ 沈百英.谈谈幼稚教育[J].教育杂志，1927（02）.

《复兴国语教科书》初小第 1 册第 36 课《他是我的好朋友》：

马家哥哥爱读书，我也爱读书，他是我的好朋友。

高家姐姐爱游戏，我也爱游戏，他是我的好朋友。

叶家哥哥爱做工，我也爱做工，他是我的好朋友。

毛家姐姐爱种花，我也爱种花，他是我的好朋友。

《捉狼》[①]：

一只恶狼，刚走到村庄里，就被雄鸡看见了。雄鸡大叫道："喔喔喔！狼来了，快快捉。"

狼把雄鸡抛在井里。那雄鸡喝干了井水，飞出井外，又追上去大叫道："喔喔喔！狼来了，快快捉。"

狼把雄鸡丢在火炉里，那雄鸡吐出井水，熄了炉火，又追出来大叫道："喔喔喔！狼来了，快快捉。"

狼把雄鸡关在笼子里，那雄鸡用力打破笼子，飞出来大叫道："喔喔喔！狼来了，快快捉。"

狼把雄鸡捉住了，带着雄鸡躲在屋子里。那雄鸡不能脱身，又大叫道："喔喔喔！屋里有狼，快来捉！捉捉捉！用条绳子缚。"

许多农夫听见鸡叫，就赶来把狼捉住。

以上所举课文，故事反复，字词句多次重复，有助于儿童识记。但这样的编排方式有冗长拖沓之嫌，趣味性也随之减弱。

---

① 沈百英.小学国语教科书采用反复故事的研究[J].教育杂志，1931（02）：34.

第六节 陆费逵：智察千里的教科书巨擘

一、生平介绍

（一）家学深厚，自学成才

陆费逵（1886—1941），复姓陆费，名逵，字伯鸿，号少沧，原籍浙江桐乡，生于陕西汉中。陆费逵是中华书局的开创者和前期负责人。他以超凡的胆略和气魄开创了中小学教科书的新天地，在近代教育界和出版界享有盛誉，人们评价他"智察千里而外，虑用百年之远"[①]。

陆费逵的曾祖陆费墀为清朝翰林院编修，历任《四库全书》总校官、副总裁。陆费逵的母亲吴幼堂是著名的洋务运动代表李鸿章的侄女，她熟诵诗书、思想新派。陆费逵就是在这样的家庭环境中完成了自己的启蒙教育。他在《我的青年时代》一文中说道："我幼时母教五年，父教一年，师教一年半，我一生只付过十二元的学费。"[②]

19世纪八九十年代，当绝大多数读书人都沉浸在读经书、习八股的科举教育中时，陆费逵就开始在母亲的教导下学习珠算、科学，还有下棋游戏。

14岁，陆费逵开始自主钻研古文、地理，后来自习算学。陆费逵的自学时光艰苦而充实："那时随侍在南昌，有一个阅书报社开办，我隔日去一次，午前九时去，午后五时出来，带一点大饼、馒头作午餐。初时尚有阅者二三十人，后来常常只剩我一人，管理员也熟了。他便将钥匙交给我，五大间藏书，好像是我的了。……照这样做了三年，学问渐渐进步，文理渐渐通

[①] 高信成. 中国图书发行史[M]. 上海：复旦大学出版社，2005：327.

[②] 吕达，刘立德，李湘波. 陆费逵教育论著选[M]. 北京：人民教育出版社，2000：381.

顺，常识渐渐丰富。"① 陆费逵认为，"个人非有学问有修养，不能成事。社会非有教育，有风纪，不能有为"。②

（二）创办书店，振兴文化

1904 年，18 岁的陆费逵与友人合股，在武昌横街（民国时著名的文化市场）开办新学界书店，自任经理，出售革命书籍。他在《书业商会 20 周年纪念册》序文中这样写道："我们希望国家社会进步，不能不希望教育进步，我们希望教育进步。不能不希望书业进步。我们书业虽然是较小的行业，但是与国家社会的关系却比任何行业大些。"③

（三）创办中华书局，自编教科书

1906 年，陆费逵辞去新学界书店经理职务，出任汉口《楚报》主笔；同年底，因揭露粤汉铁路借款密约而被通缉，逃至上海。在上海，他投身出版界，任昌明书店上海支店、文明书局经理、襄理兼编辑。他的另一身份是文明小学的校长。此后，陆费逵开始在出版界崭露头角。

1908 年，年仅 22 岁的陆费逵进入商务印书馆国文部担任编辑，不久升任出版部部长兼《教育杂志》主编、师范讲义部主任。他在《教育杂志》上每期都撰写精辟的论文，内容涉及面广，如教育宗旨、教育制度、教科书体裁、国音国语等。他提出了教育救国论，主张国民、人才和职业三者的教育应当并重。④ 这些主张不仅新颖而且具有爱国意识，在上海引起轰动。

1911 年秋，"改朝换代"的议论在上海风传，陆费逵认定辛亥革命会取得成功，相应地，教科书需要进行大改革——加入"共和政体"方面的新内容。同年 9 月，他秘密邀请戴克敦、陈寅、沈颐等几位知己，着手编订新教材。白天照样在商务印书馆工作，晚上编教材，常至深夜。

1912 年元旦伊始，陆费逵脱离商务印书馆，与戴克敦等人在上海成立中华书局。中华书局成立以后，他从"教科书——教育——立国"这一思路出

---

① 俞筱尧，刘彦捷．陆费逵与中华书局[M]．北京：中华书局，2002：30．
② 俞筱尧，刘彦捷．陆费逵与中华书局[M]．北京：中华书局，2002：30．
③ 陆费逵．陆费逵自述[M]．合肥：安徽文艺出版社，2013：226．
④ 俞筱尧，刘彦捷．陆费逵与中华书局[M]．北京：中华书局，2002：278．

发，明确提出了"教科书革命"。他将起草的《中华书局宣言书》刊于《申报》，说明书局创办宗旨："国立根本，在乎教育，教育根本，实在教科书；教育不革命，国基终无由巩固；教科书不革命，教育目的终不能达到也。"[①] 因此，他一直把教科书的编辑与出版放在中华书局业务的首位，积极投入教科书的编写工作。

中华书局成立不久，便迅速推出《新制中华国文教科书》，宣扬"教科书革命"的宗旨，立场鲜明地提出"孙中山是当今中国的第一伟人"。这套封面为五色旗的教科书，内容新颖，跟晚清的旧教材完全不一样，极受欢迎。

在中华书局任职的 30 年中，除了教科书，陆费逵还主持出版或重印了《中华大字典》《辞海》《四部备要》等要籍，总计出书量在 2 万种以上。

二、陆费逵编校、审阅的小学语文教科书

陆费逵编校、审阅的小学语文教科书，见表 2-6。

表 2-6 陆费逵编校、审阅的小学语文教科书

教科书名称	出版时间	适用范围	编校（审阅）者
中华初等小学国文教科书	1912年	初等小学用	华鸿年、何振武编 陆费逵等阅
新制中华国文教科书	1912年	国民学校用/初等小学用 秋季始业	陆费逵、沈颐、戴克敦等编 范源濂阅
	1912年	高等小学用 秋季始业	郭成爽、汪涛、何振武等编 戴克敦、沈颐、陆费逵阅
新制国文教科书	1912年	国民学校用 秋季始业	陆费逵等编
新式国文教科书	1915年	国民学校用 春季始业	陆费逵、李步青、沈颐等编
新小学教科书国语读本	1923年	新学制初级用	黎锦晖、陆费逵编 戴克敦校
新小学教科书国文读本	1924年	新学制高年级用	褚东郊等编 陆费逵等校
新小学教科书国语文学读本	1925年	新学制初级用	李步青编 陆费逵、戴克敦校
新小学国语文学读本	1927年	新学制初级用	李步青编 陆费逵、戴克敦校

---

① 吕达，刘立德，李湘波.陆费逵教育论著选[M].北京：人民教育出版社，2000：93.

续 表

教科书名称	出版时间	适用范围	编校（审阅）者
南洋华侨国语读本	1932年	高等小学用	陆费逵编 张国基校
新小学国语读本	1932年	新学制初级用	黎锦晖、陆费逵编 戴克敦校
南洋华侨国语读本	1932年	高等小学用	陆费逵编 张国基校
小学国语课本	1934年	新课程标准适用 初级小学用 春秋始业	朱文叔、吕伯攸编 孙世庆、鞠承颖、陆费逵等校
小学国语读本	1933年	新课程标准适用 初级小学用	朱文叔等编纂 陆费逵等校阅
新课程标准 小学国语读本	1934年	南洋华侨学校高年级用	朱文叔等编 陆费逵校
新编高小国语读本	1937年	修正课程标准适用	吕伯攸编 陆费逵校

参考资料：北京图书馆，人民教育出版社图书馆.民国时期总书目（1911—1949）：中小学教材[M].北京：书目文献出版社，1995：33-63.王有朋.中国近代中小学教科书总目[M].上海：上海辞书出版社，2010：95-134.

三、陆费逵在近代小学语文教科书编写中的贡献

（一）时局困顿，坚守30年

中华书局成立之初推出的《新制中华国文教科书》因符合民主、共和思想，几乎独占了全国教科书市场。但由于书业竞争激烈，中华书局曾发生过"民六"危机。1917年，中华书局因同业中伤，商业存户纷纷提款索债，以致有人挪用公款，而陆费逵代人受过被控扣押。直至1919年才真相大白。在这3年中，他隐忍负重。出狱之后，曾有教育部、外交部以及新闻报馆等机构的最高主持人恳请陆费逵担任要职，但他不为所动，留在中华书局，一心办好书局。他广揽人才，组织机构，设立全国及海外分局等。1931年，日本发动侵华战争，中华书局在东北三省的分局相继停业，损失惨重。1937年全面抗战开始，陆费逵主持下的中华书局在香港、上海、武汉、成都等地设立办事处，组织力量在上海、香港印刷中小学教科书，运往广州、武汉等地，为当时大后方的教育事业竭尽全力。无论受到什么样的挫折，他都不曾离开中华

书局，坚守 30 年，担任中华书局总经理，为我国近代小学教科书出版事业做出了巨大的贡献。

（二）重视人才，服务作者

陆费逵重视人才，他说："社会之盛衰，国家之存亡，国民人格之高下，端于我著作者是赖，我著作者之责任顾不重欤。"[①] 他聘请舒新城任编译所所长，自己的月薪为 220 元，舒新城的月薪是 300 元，足见他对人才的重视。同时，他关心编者生活，嘘寒问暖，关怀备至。据钱歌川先生回忆，"在伯鸿先生领导下，无形中形成了一种传统，我们无论走到何处，只要有中华书局的地方就一定可获得照顾，'中华'不缺现金，随时都可付出大笔稿费，对同人的照顾无微不至，同人编写的稿件都尽量收购，以增收入，希望大家能过更舒服的生活"[②]。

---

① 俞筱尧，刘彦捷. 陆费逵与中华书局[M]. 中华书局，2002：28.
② 俞筱尧，刘彦捷. 陆费逵与中华书局[M]. 中华书局，2002：11.

第七节 黎锦晖：且歌舞且编书

一、生平介绍

（一）出身望族，擅长音乐

黎锦晖（1891—1967），字均荃，出身于湖南湘潭望族，父亲为晚清秀才。黎家共八子，可谓满门俊彦，除排行老二的黎锦晖外，依次为：锦熙，语言学家；锦耀，矿业专家；锦纾，教育专家；锦炯，铁路桥梁专家；锦明，作家；锦光，音乐家；锦扬，作家。

1910年前，黎锦晖在家乡读小学、中学，曾广泛接触民间音乐，学习民族乐器。1912年于长沙高等师范毕业后，在北京和长沙任职员、编辑、音乐教员等。他重视民族音乐的教育，曾尝试用传统曲调配上文言歌词以培养学生对民族音乐的兴趣与爱好。青年时代的黎锦晖醉心于新音乐运动，主张新音乐运动与新文学运动携手共进。基于这种认识，他创作了大量儿童歌剧、歌舞及歌曲。这些作品，不仅在国内风行，而且传播到南洋各地。据黎锦晖的同事回忆："有一次，编辑所需写一节大鼓唱词，均不惬意。伯鸿先生建议，不妨请锦晖一试。他一挥即就，才惊四座。"[1]

（二）编写国语教科书及儿童刊物

1918—1927年，黎锦晖展开了比较集中的编辑活动。如1912年任《大中华民国日报》编辑和主笔，1914年在宏文图书编译社（由其兄黎锦熙主持）任编辑，1919年任《平民周报》主编，等等。1919年，在教育部还在讨论是

---

[1] 俞筱尧，刘彦捷.陆费逵与中华书局[M].北京：中华书局，2002：7.

否用语体文时，中华书局总经理陆费逵未雨绸缪，到北京拜访黎锦熙，恰逢黎锦晖完成语体文教科书的编写。经过多方努力修改，中华书局将其定名为《新教材教科书国语读本》，在获得教育部的审定通过后，于第二年春季开学前适时推出。1920 年 1 月，教育部明令小学一、二年级教科书用语体文。这套教材，配合了教育部通令改国文为国语的教育改革大潮，可谓与时俱进，销路亦相当不俗。因教科书出版的关系，陆费逵与黎锦晖有了多次交往，他深感人才难得。1921 年春，黎锦晖接受陆费逵的邀请，南下上海，成为中华书局的一名教科书编辑。同年 5 月，中华书局在其编辑所下，添设了一个新的部门——国语部（后改称国语文学部），黎锦晖从教科书部编辑升任新部门的部长。国语部的设立，从某种程度上标志着中华书局以积极的姿态，融入新文化运动的滚滚时代大潮中，并以出版的方式，成为推动社会文化变革的一支重要力量。①1922 年，黎锦晖发起创办《小朋友》周刊并任主编。《小朋友》是在新文化运动中"儿童本位"教育理念影响下诞生的第一批国语儿童文学刊物。

可以说，编辑国语教科书以及儿童书刊是黎锦晖人生中所占分量不多的一个部分，却在中国近代小学语文教科书出版史上书写了浓墨重彩的一笔。

二、黎锦晖编校的小学语文教科书

黎锦晖编校的小学语文教科书，见表 2-7。

表 2-7　黎锦晖编校的小学语文教科书

教科书名称	出版时间	适用范围	编校者
新小学国语读本	1913年	高年级用	黎锦晖编 戴克敦校
	1932年	新学制初级用	黎锦晖、陆费逵编 戴克敦校
新教材教科书国语读本	1920年	国民学校用	黎锦晖、陆衣言编
新教材国语读本说明书	1920年	国民学校用	黎锦晖、陆衣言编辑 黎锦熙阅订
新教育教科书国语读本	1921年	国民学校用	黎锦晖、陆衣言编

①　吴永贵.音乐家黎锦晖在中华书局做编辑的日子[J].出版史料，2008（04）：88-92.

续 表

教科书名称	出版时间	适用范围	编校者
新小学教科书国语读本	1923年	新学制初级用	黎锦晖、陆费逵编 戴克敦校
实用国语文	1923年	（国语专修学校 审定）	黎锦晖编辑
新小学教科书初级国音读本	1926年	初级小学用	黎锦晖著
新中华国语读本	1930年	初级小学用/高级 小学用	王祖廉、黎锦晖编

参考资料：北京图书馆，人民教育出版社图书馆．民国时期总书目（1911—1949）：中小学教材 [M]．北京：书目文献出版社，1995：33-63．王有朋．中国近代中小学教科书总目 [M]．上海：上海辞书出版社，2010：95-134．范远波．民国小学语文教材研究 [D]．上海：华东师范大学，2007．

三、黎锦晖在近代小学语文教科书编写中的贡献

黎锦晖的大哥黎锦熙，是近代社会两大运动之一"国语统一"运动的领袖，并著有《国语运动史纲》（该书详细介绍了切音字母、罗马字母等国语国音演变及国语的新教学法）。作为弟弟的黎锦晖，深受影响，早年追随兄长做编辑，后接受中华书局邀请编写小学国语教科书。黎锦晖编写的两套小学国语教科书，分别是《新教育教科书国语读本》《新小学教科书国语读本》。这些教科书上标注了拼音，有力地推动了"国语统一"运动。在这些国语教材中，黎锦晖有机地融入了谜语、童话、故事、笑话等国语文学新元素，推出后销路很好。

黎锦晖不但编写国语教科书，还积极实践国语教科书的教学。1920 年 11月，教育部"国语读音统一会"在上海举办国语专修学校。黎锦晖经常参与国语专修学校举办的国语培训，为了推广他新编的国语课本和实施国语教学，他决定在国语专修学校设立附属小学并任校长。1922—1927 年，黎锦晖一边编写小学国语教科书，一边在国语专修学校附属小学积极推行国语教学。他特地往北京延聘孔德学校熟悉启发式教育方法的王淑周来担任附小主任，"各年级都兼用注音字母制成的新文字课本，勉励儿童在校互相只讲普通话，不久，'语言统一，言文一致'的功效大为显著"[1]。

---

[1] 俞筱尧，刘彦捷. 陆费逵与中华书局[M]. 北京：中华书局，2002：33.

第八节　魏冰心：小学教学经验丰富的编者

一、生平介绍

（一）早期的南社成员，十年教龄的小学老师

魏冰心，江苏常熟人，在青年时期就充分显示出进步思想，曾参加南社纪念会，"以笔为矛"，活跃在政治界和文化界。他又是一位小学教育家，有十年的小学教师经历，这为他日后的儿童教育工作打下了坚实的基础。

（二）编写教科书，是《世界书局国语课本》的主编

受五四新文化影响，魏冰心积极吸收整合中外教育理论，并因在报刊上发表儿童教育相关文章而引起关注。19 世纪 20 年代，他进入世界书局，编写国语教科书，很快成为世界书局的"台柱子"。

魏冰心编写的新主义教科书有中小学各级的《"三民主义"课本》《"三民主义"课本教学法》等，把"三民主义"传播到学生中。他主编的教科书都遵循儿童的认知规律，选文、编排、装帧都特别适合儿童。魏冰心是一位高产的编辑，作为世界书局编写语文教材的主力，他编写了多套语文教科书及语文读本。比较有影响的包括 8 册《新学制小学教科书初级国语读本》、《新学制小学教科书高级国语文读本》以及与吕伯攸合编的《新主义国语读本》。特别值得一提的是，他和薛天汉等学人合编的《世界书局国语读本》，是中国现代语文教育的翘楚之作。魏冰心和庄适合编的《启蒙二百课》，精选近代时期诸家教材之特出者，涵括国文、启蒙、修身、常识、自然诸领域，以丰润的智慧教给孩子人生第一课；选材循序渐进，文浅意深，贴近孩子学习心理。

　　20世纪三四十年代，中国人民处于水深火热之中，抗日救亡是时代主题，但是教材中的抗日思想比较匮乏。1944年，魏冰心顺应时势，为孩子们编写了《抗战名人故事》。该书根据真实的事件改编，包括近百个小故事，可供儿童课文阅读之用。中华人民共和国成立之后，这本书中的很多优秀篇目被编选进语文新教材中。

二、魏冰心编校的小学语文教科书

　　魏冰心编校的小学语文教科书，见表2-8。

表2-8　魏冰心编校的小学语文教科书

教科书名称	出版时间	适用范围	编校者
新学制小学教科书 初级国语读本	1924年	初级小学用	魏冰心、范祥善、朱翊新编
新学制小学教科书 高级国语文读本	1925年	国民学校用/初等小学用 秋季始业	魏冰心编辑 朱翊新等校订
高级语文读本教学法	1925年	新学制高级小学用	魏冰心等编 范祥善校订
新主义教科书 前期小学国文读本	1927年	初级小学用	朱剑芒、陈霭麓编 魏冰心、范祥善校订
新主义教科书 前期小学国文读本	1928年	初级小学用	魏冰心等编 范祥善校订
高级小学国语读本教学法	1928年	高级小学用	魏冰心等编 范祥善校订
新主义教科书 后期小学国语课本	1928年	高级小学用	魏冰心编
新主义国语读本	1930年	前期小学用	魏冰心等编辑 范祥善校订
新主义国语读本	1930年	小学高年级用	魏冰心、吕伯攸编 范祥善校订
国语读本	1932年	初级小学用	魏冰心、苏兆骧编 薛天汉、范祥善校订
小学国语读本	1935年	小校中高年级暑期读物	魏冰心编
高级小学国语新读本教学法	1935年	高级小学用	魏冰心等编
初小国语读本	1937年	初级小学用	魏冰心编 薛天汉、范祥善校订
新主义国语读本	1939年	小学高年级用	魏冰心、吕伯攸编 范祥善校订

续　表

教科书名称	出版时间	适用范围	编校者
初级小学副课本新国语	1943年	初级小学用	魏冰心等编 朱翊新修订 薛天汉、范祥善校阅

参考资料：北京图书馆，人民教育出版社图书馆．民国时期总书目（1911—1949）：中小学教材 [M]．北京：书目文献出版社，1995：33-63．王有朋．中国近代中小学教科书总目 [M]．上海：上海辞书出版社，2010：95-134.

三、魏冰心在近代小学语文教科书编写中的贡献

魏冰心有十年的小学教师经历，这在近代教科书编者队伍中也属于少见。这段经历为他编写小学语文教科书打下了坚实的实践基础。综观魏冰心编写的十余套小学语文教科书，最大的特点是内容与形式都特别切合儿童兴趣、符合儿童认知规律，如《世界书局国语课本》，多是儿歌、故事、童话等文体，适合儿童阅读，影响很大，因此成为世界书局的经典之作。儿歌"摇啊摇，摇到外婆桥，外婆对我笑，叫我好宝宝"及童话故事《老鼠嫁女儿》等都成为经典课文。1929 年，党化主义、"三民主义"强化，为便于通过教材审核，教科书冠以"新主义"之名，改称《新主义教科书前期小学国语课本》《新主义国语读本》等，但课文内容还是非常丰富的，仍以儿歌、童话故事等文体为主。就连有关党化主义、"三民主义"的内容，魏冰心也坚持切合儿童兴趣和符合儿童认知规律的立场。例如《新主义国语读本》高小第 1 册第 9 课的诗歌《美哉中华》："同心协力，万众一家。风俗醇厚，人物俊雅……"第 4 册第 1 课的歌谣《华族祖国歌》："华族祖国今何方？长城万里山为墙，鲜卑月氏悉来王，拓地益北汉武皇……"

第九节　叶圣陶：扎根语文教科书的大作家

一、生平介绍

叶圣陶（1894—1988），江苏苏州人。原名叶绍钧，现代作家、教育家、编辑家。1899 年，进入当地的私塾就读；1907 年，进入当地的草桥中学（即后来的苏州公立第一中学堂）就读。毕业后任小学教员、出版社编辑，编写儿童作品。中华人民共和国成立后，任教育部副部长、人民教育出版社社长。他的小学语文教科书编写经历分为以下阶段。

（一）小学十年：多方位实践

据《叶圣陶年谱长编》（第 1 卷）记载："1907 年，苏州公立第一中学堂创办，校址在王废基北之草桥，通称为'草桥中学'，学制为五年。叶圣陶（时十三岁）因为学业优异，跳缓升入第一中学堂，同学有王伯祥、吴宾若、汪应千、章君畴等。翌年，顾颉刚亦入第一中学堂。该校第一任监督（校长）蔡云笙，第二任监督龚杰，第三任监督蒋韶九，都是维新派。教员大都是上海复旦大学毕业生，年轻有为。国文教师胡石予是南社诗人，国文教师孙伯南是叶圣陶的表兄。叶圣陶受胡石予、孙伯南的影响最大，作诗词、刻印章、习篆隶均从是年始。"[①] 叶圣陶在草桥中学受到良好的教育，1912 年夏天毕业后在苏州干将坊言子庙小学任教，1914 年被排挤出来。1917 年，叶圣陶接受甪直镇县立第五高等小学校长吴宾若的邀请，来到甪直开始了一段美好的小学教员时光。他和同事们积极探索杜威的"做中学"等教学理念，自编课本，

---

① 商金林.叶圣陶年谱长编（第1卷）[M].北京：人民教育出版社，2004：22.

创办农场、书店，搭建戏台、礼堂、音乐堂，组织学生远足，真正践行杜威的"学校即生活，教育即生活"理念。顾颉刚曾说："他（叶圣陶）在这几年里，胸中充满希望，常常很快乐地告诉我他们学校里的改革情形。他们学校里，立农场，开商店，造戏台，设备博览馆，有几课不用书本，用语体文教授……几年内一步步的做去，到如今都成功了。这固是圣陶的一堂同事都有革新的倾向，所以进步如此快，但圣陶是想象最敏捷的，他常常拿新的意见来提倡讨论，使全校感受他的影响。"[①] 小学十年教研期间，叶圣陶一直投身于文学创作，早在1919年，就在北京大学《新潮》发表白话小说；叶圣陶还是文学研究会发起人之一。1922年，出版第一部小说集《隔膜》；1923年，出版了我国第一部童话集《稻草人》；1928年，发表长篇小说《倪焕之》。

（二）商务七年：转向编辑工作

1923年，叶圣陶进入商务印书馆国文部当编辑。在此期间，他与顾颉刚、胡适合作编写了《新学制初中国语教科书》（第2—6册）。同年5月，他主持修订了《新学制初级中学国语课程纲要（草案）》。这一纲要吸纳了许多先进理念，重视儿童文学作品的选编。纲要目的之一"引起学生研究中国文学的兴趣"和教科书编写宗旨——"以具有真见解、真感情、真艺术、不违反现代精神，而又适合于学生的领受能力为标准"，充分体现了叶圣陶"文学为人生"的主张。

（三）进入开明：编辑成为挚爱

1931年，叶圣陶辞去商务印书馆编辑职务，任开明书店编辑、编译所副主任、《中学生》杂志主编等职。开明书店聚集了许多与叶圣陶志同道合的同志，比如后来成为亲家的夏丏尊。两人合作编写《文心》，"以后，我主编《中学生》杂志。这种杂志的一个特点是注重语文研究，我就与亲家翁丏尊合作一部《文心》，按期刊载。这部书用小说题材叙述学习国文知识和技能，算是很新鲜的；至今还被许多中学采用，作为学生的课外读物。《文心》完成之后，我的写作几乎完全趋向国文教学方面，小说和散文都很少作了。直到最

① 商金林.叶圣陶年谱长编（第1卷）[M].北京：人民教育出版社，2004：209.

近，因为职务的关系，和朱佩弦兄合作了一部《精读指导举隅》，一部《略读指导举隅》，还是属于这方面的"①。1932年，编写小学初级学生用书《开明国语课本》（全8册，丰子恺绘图）。1934年，编写小学高级学生用书《开明国语课本》（全4册，丰子恺绘图）；同年，还与陈望道等合编《开明国文讲义》。1935年，与夏丏尊合编《国文百八课》。1937年，与夏丏尊合编《初中国文教本》。1938年初，叶圣陶从上海辗转抵达重庆，先后担任重庆巴蜀学校、重庆国立中央戏剧学校和内迁北碚的复旦大学教员；同年10月，应邀赴内迁到四川乐山的武汉大学中文系任教，大胆改革国文教材。1939年5月，《中学生》杂志复刊，叶圣陶任社长兼主编。1940年8月，辞武汉大学职务。之后，应邀担任四川省教育科学馆专门委员，并在光华大学、齐鲁大学和华西大学等校兼课。1942年8月，叶圣陶辞教育科学馆之职，到成都主持开明书店编译所办事处编辑事务，编写了一系列中小学教材和学生课外读物，完成了若干语文教学论著，创办并主编《国文杂志》，直到抗战胜利。在抗战时期，叶圣陶编写的教材主要有《中学精读文选》《国文精读文选》《抗建国文教材》《普益国语课本》《国语教本》。他还与朱自清合写了《精读指导举隅》《略读指导举隅》《国文教学》三本书。中华人民共和国成立后，叶圣陶出任人民教育出版社社长、教育部副部长，负责全国中小学教材编写工作。

叶圣陶的一生有多重身份——儿童文学家、作家、教科书编辑、大学教员、小学教员、教育官员，但他最喜爱的还是编辑工作。

二、叶圣陶编写的小学语文教科书

叶圣陶编写的小学语文教科书，见表2-9。

表2-9 叶圣陶编写的小学语文教科书

教科书名称	出版时间	适用范围	编校者
开明国语课本	1932年	初级小学用	叶圣陶编纂 丰子恺绘图
普益国语课本	1942年	初级小学用	叶圣陶编纂 丰子恺绘图

---

① 叶至善，叶至美，叶至诚.叶圣陶集（第2卷）[M].南京：江苏教育出版社，1987：226.

教科书名称	出版时间	适用范围	编校者
少年国语读本	1947年	小学高年级用	叶圣陶著
儿童国语读本	1948年	小学中年级用	叶圣陶著
幼童国语读本	1949年	小学低年级用	叶圣陶编著 丰子恺绘图

　　参考资料：北京图书馆，人民教育出版社图书馆．民国时期总书目（1911—1949）中小学教材 [M]．北京：书目文献出版社，1995：33-63．王有朋．中国近代中小学教科书总目 [M]．上海：上海辞书出版社，2010：95-134．

三、叶圣陶在近代小学语文教科书编写中的贡献

　　在长达 60 多年的教育生涯中，叶圣陶共编写（包括主编、独编、合编等）语文教材 129 册，其中著名者如《开明国语课本》，从文字到插图都受到好评，时隔一百年仍受到今人追捧。这套教材中的 400 多篇课文，有一半是叶圣陶亲自创作的。当时，小学语文教科书被称为"娃娃书"，叶圣陶已是出版了童话集和多篇小说的大作家，但他俯身为儿童创作。整整一个夏天，他两耳不闻窗外事，埋头编写，可见他对小学语文教科书的重视。他认为"编教材跟个人写作完全不同。个人写作只要'持之有故，言之成理'，不违背基本原则，都可以拿出来'争鸣'，编教材可不能这样。课本是各科教学的重要凭借、重要工具，教和学双方都如此。教师教的时候，要把课本上用文字表达的思想和知识传授给学生，要求学生不仅能懂能讲，而且通过课本受到教育，能终身受用"[①]。

　　叶圣陶认为，文学应反映现实生活。叶圣陶持"生活本位"的教育观，因此，他在抨击旧教育的同时，尤为强调现代公民的语言文字运用能力。"旧式教育可以养成记诵很广博的'活书橱'，可以养成学舌很巧妙的'人形鹦鹉'，可以养成或大或小的官吏以及靠教读为生的'儒学生员'；可是不能养成善于运用国文这一种工具来应付生活的普通公民。"[②] "尽量运用语言文字并不是生活上一种奢侈的要求，实在是现代公民所必须具有的一种生活的能力。如果

---

① 初景利．图书馆数字参考咨询的理论与实践研究[D]．北京：中国科学院研究生院（文献情报中心），2003：708．

② 叶圣陶．认识国文教学[C]//叶圣陶．叶圣陶教育文集．北京：人民教育出版社，1994：92．

没有这种能力，就是现代公民生活上的缺陷；吃亏的不只是个人，同时也影响到社会。"① 因此，他编写的小学语文教科书重视现实性材料，比如《开明国语课本》在内容上以儿童生活为中心，在文体上尽量容纳儿童日常生活中需要应用的各种文体。

---

① 叶圣陶. 略谈学习国文[C]//叶圣陶. 叶圣陶教育文集. 北京：人民教育出版社，1994：88.

第十节 "教学论"审视：中国近代小学语文教科书编者

从教学论的角度审视，首先，编者要熟悉小学生学习国文、国语和教师教学的状况，充分了解教学对象；其次，编者要兼备宽广的学养，因为小学阶段是基础教育，小学教科书应为小学生的语文素养和全面发展打下基础，编者的学识应宽广而全面；最后，任何学科的教科书编者都需具备严谨认真的治学态度，这是做好各项工作的前提。

一、编者态度：治学严谨

商务印书馆素有严谨之风，各编辑都秉持严谨的治学态度，编写时字斟句酌，就连习字帖的编写原则也要经过详细讨论。张元济是清代翰林出身，负责习字帖的范字书写。他按照国文教科书的进度，同步书写生字，被大家否决——"儿童习字之难不在于字之繁简而在笔画之转折"[①]。最后确定的方式是，先练习 35 种基本笔画，再逐渐增加笔画。

开明书店因编辑严谨，在教科书市场赢得一席之地。其编者大多是有实际教学经验的中小学教师，所以能够从中小学的实际出发，对教科书有所创新。如《开明新编高级国文读本》等虽迟至抗战结束后出版，"但因编辑态度严谨，出版后依然受到各学校欢迎"[②]。

---

① 汪家熔. 商务印书馆的经营管理[C]//汪家熔. 商务印书馆史及其他：汪家熔出版史研究文集. 北京：中国书籍出版社，1998：50.
② 王知伊. 开明书店纪事[M]//宋原放，陈江. 中国出版史料·现代部分（第1卷上）. 济南：山东教育出版社，2001：314.

二、编者学养：多才多艺

在近代社会更替之际，诸多学者既有旧学底蕴，又受西式教育的影响，因此他们具备了许多才能，在教科书编写时也呈现多元之态。如黎锦晖，在家乡读小学、中学，曾广泛接触民间音乐，学习民族乐器。他创作了大量儿童歌剧、歌舞及歌曲，这些作品不仅在国内风靡一时，而且波及南洋各地。叶圣陶既是小说家，又是儿童文学家，能创能编。庄适曾留学日本，得风气之先，思想开放，创新求变。

三、编者经历：从教小学

陆费逵任上海文明书局职员兼文明小学校长，之后开始在出版界崭露头角。黎锦晖曾做过中小学教员和短期的众议院秘书厅秘书，也曾在不同的机构编过一些书刊。吴研因毕业于上海龙门师范学校，早年从事小学教员工作，曾任江阴县立单级小学和上海尚公小学校长。魏冰心有十年小学工作经历，这为他日后编辑富有童趣的小学语文教科书打下了坚实的实践基础。叶圣陶1912年任苏州言子庙小学教员，开始教育生涯；1915年春到上海尚公小学任教，并开始为商务印书馆编写小学国语课本。沈百英1918年于江苏省立师范本科毕业后，便从事小学教育教学工作。1920年任江苏省立一师附小教师，1922年起历任尚公小学教务主任、校长。1927年，任商务印书馆编审，任职期间编写数百部教科书和其他教学类著作、儿童用书。

第三章

中国近代小学语文教科书出版社研究

第一节 概 述

一、中国近代中小学教科书审查制度

（一）1898—1936 年：以审定制为主

受政治、经济、文化和教育变革等因素的影响，我国近代时期中小学教科书编审制度经历了由审定制到国定制的发展过程。

1898 年，晚清政府开始倡行编审中小学教科书，此后直到 1938 年，中小学教科书编审制度主要采用审定制。其间，1904 年清政府颁布了张之洞主持制定的《奏定学堂章程》。当时，鉴于在短期内难以编出国定教科书而新式学堂又急需大量教科书，作为权宜之计，《奏定学堂章程》规定，在"官编教科书未经出版以前"，对中小学教科书管理主要采用审定制。这标志着晚清中小学教科书审定制度正式确定。

1912 年 1 月 1 日，中华民国成立；1 月 9 日，南京临时政府教育部正式成立，蔡元培出任教育总长。作为立国之本的教育，为适应民主共和政体亟须革故鼎新，教科书及其制度的革新成为民初教育改革的重要组成部分。1912 年 1 月 19 日，临时政府教育部颁发了由蒋维乔、陆费逵等人起草的《普通教育暂行办法通令》《普通教育暂行课程之标准》，为民初教科书及其制度的革新指明了方向。《普通教育暂行办法通令》规定：从前各学堂均改称为学校，清学部颁行之教科书，一律禁用；各种教科书务必合乎共和民国宗旨；"凡民间通行之教科书，其中如有尊崇满清朝廷及旧时官制军制等课并避讳抬头字样，应由各该书局自行修改，呈送样本于本部及本省民政司、教育总会存查，如学校教员遇有教科书中不合共和宗旨者，可随时删改，亦可指出呈请民政司或教育会通知该书局改正"。①《普通教育暂行课程之标准》是我国最高教育行政管理机构有史以来第一次正式颁布的课程标准，使中小学教科书编者、审查者均有所依据。至此，课程标准主导教科书发展的现代教科书制度得以起步。同年2月19日，教育部批准了上海书业商会《关于请将旧存各教科图书改正应用》的呈文，并指令各书局为应开学急需，已经修改之教科书，如重印不及，则准许先印校勘记，随书附送或备各处索取，以免延误开学。

南北议和后，以袁世凯为临时大总统的北京政府成立。1912年4月，北京政府教育部成立，仍以蔡元培为教育总长，蔡元培荐范源濂任教育部次长；同年5月，教育部于承政厅下设编纂、审查二处，主要职责是撰述教育方面必要之书、编辑本国教育法令、编译外国教育法令、审查教科书及用品。与此同时，教育部再次通电全国：凡教科书中不合共和宗旨者，逐一改正之。1912年5月9日，教育部颁布《审定教科书暂行章程》，并通饬各书局将出版各种教科书送部审查。②《审定教科书暂行章程》规定：

一、审定教科图书，在本部各学校令未颁发时，得依据本部普通教育暂行办法通令编纂。

二、图书发行人，应于图书出版前，将印本或稿本呈请教育部审定。如用印本呈请审定，由审查人将应修正者签示于该图书上，呈请应即照改。抽出重印，其修改无多者，可暂用校勘表，如用稿本呈请审定时，除签示修改照前项办理外，须并将拟用印刷之纸张行款册幅及封面样式等，并呈查阅，审查人审为可用，发还印刷，印成呈验，核与前式无误，即作为已审定之图书。

三、凡呈请审查之图书，须每种同时呈出三部。

四、图书不载明定价者不予审查。

五、各学校聘用之外国教员，如有自编师范或中学教科书不背本规则第一条者，亦得呈请审查。

六、已经审定之图书，由教育部以公报宣布，其书名册数定价及何

① 陈学徇.中国近代教育史教学参考资料（中册）[M].北京：人民教育出版社，1987：166-167.
② 教育部.教育部通饬各书局教科图书审查[J].教育杂志（记事），1912（04）：23.

项学校学科所用，并发行之年月日，与载明该图书上之著译人及发行人之姓名商号。

七、凡图书已经审定后其内容修改处于第二条所签示外者，即失其审定效力，前项所谓修改者，包括该图书之改易名称、增减文字，或变更页数、行数、字体，图书及纸质印刷与所呈样本不符，或增减其注释、附录等事。

八、依第六条所已公布之事项，有变更时，应再由出版人呈请教育部登公报宣布，否则审定作为无效。

九、依第二条所修正及第七条所修改之图书，须于六个月内重呈审定，逾期作为无效。

十、凡已经审定认为合用之图书，每册书面准载明某年月日经教育部审定字样。于小学校教科用图书，更宜标明教师用学生用字样。依第七、第八、第九条等作为无效者，不得乱用前项准载字样。①

承政厅下审查处的设置与《审定教科书暂行章程》的颁布，表明北京政府教育部将实行中小学教科书审定制度。

1913年9月，"二次革命"失败；10月，袁世凯就任正式大总统，为了复辟帝制，大力推行封建复古教育。袁世凯政府教育部加强了对中小学教科书的控制，试图改变民初单一的教科书审定制，而实施审定制与国定制并行的所谓模范制，最终达到以国定制取代审定制的目的。所以在此后的几年内，袁世凯政府教育部一方面加强对教科书的审定，另一方面紧锣密鼓地筹划国定教科书的编制。1916年9月，帝制失败，袁世凯政府教育部实施中小学教科书国定制的计划也随之宣告结束。范源濂重掌教育部后，相继废止、修正了袁世凯颁行的各种教育法规，教科书审定仍按前法进行。从1925年国民政府成立到1937年全面抗战开始，国民政府中小学教科书仍旧采用审定制。

（二）1937—1949年：以国定制为主

1937年7月7日，日本发动了全面侵华战争，战事一起，教科书供应数

---

① 教育部.教育部审定教科图书暂行章程[J].教育杂志（法令），1912（04）：1-2.

量减少，以致普遍发生书荒，情势十分严峻。因残酷战争所造成的书荒，为国民党试图通过控制中小学教科书的编制与发行来更有力地推行其党化教育、实施思想统治提供了一次绝好机会。

1938 年 1 月，教育部改组，陈立夫出任教育部部长。不久，教育部改组充实教科用书编辑委员会，考选中小学教科书编审人员，修正中小学各科课程标准，扩充国立编译馆。一方面，严格审查原有各书局出版的中小学教科书以推进教科书的改编工作；另一方面，积极谋划中小学国定教科书的新编工作。

1942 年 5 月 26 日，蒋介石下手令给陈立夫："现在各小学所用教科书是否由部自编，抑由各书局编订后经教育部审定发行，以后凡小学教科书应一律限期由部自编，并禁止各书局自由编订。"[①]国定教科书最初交由正中书局统一发行，但随着陆续编订的国定本教科书越来越多，正中书局无力承担全国所有国定教科书发行供应之责，教育部只好于 1943 年 4 月将部编教科书的发行权交给正中书局、商务印书馆、中华书局、世界书局、大东书局、开明书店、文通书局等七家书局联合组成的"国定中小学教科书七家联合供应处"，由该处统筹负责印行供应。

教科书是一定时期的教育方针和教育宗旨的具体反映，其不仅是语文教育的主要凭借和学生获取系统性的语文知识的重要来源，也是中国文化的载体，是中华民族对文化选择的具体体现。近代社会，百业待兴，教科书被赋予了特殊的时代意义，教科书的编审制度则经历了由审定到国定的变化历程。

二、近代教科书出版社概况

根据《民国时期总书目（1911—1949）：中小学教材卷》相关资料，在民国时期的 38 年间，共有近 100 家出版机构从事各类中小学教科书的出版。其中的原因，正如开明书店创办人章锡琛所说："商务、中华、世界所以能成为出版界的翘楚，唯一的基本条件是印数最多的教科书"，"其他各小出版社如果没有教科书或其他销数较大的出版物，往往都倏起倏灭，不能维持十年二十

---

① 中国第二历史档案馆. 中国近代史档案资料汇编（第5辑）[M]. 南京：江苏古籍出版社，1997：458.

年之久，更谈不上什么发展"。① 可见是否出版教科书，对书局来说至关重要。不仅已有的大书局长期把教科书作为出版业务的重中之重，就是那些新兴的书局，也常常试图涉足教科书出版。时局的变化和学制课程的变更，往往给那些后来者提供了同台竞技的新机会。1912 年中华书局教科书出版的成功，是抓住了新旧政体交替的时代机遇，随后的世界书局、大东书局、开明书店、正中书局等则是在学制课程变革、教科书审定标准发生变更的过程中，通过一定的出版手段而赢得了教科书市场的一席之地。② 除了商务、中华、世界、文明、大东这五家教科书出版社之外，以下对其他涉足教科书出版业务的出版机构作简单介绍。

（一）正中书局

正中书局 1931 年由陈立夫创立于南京，是国民党官办出版机构。20 世纪 30 年代才成立的正中书局，之所以迅速跻身于教科书出版大户行列，主要依靠其作为国民党官办出版机构在政治、经济方面的优势。据 1937 年《国立编译馆工作计划成绩报告》，当年 1—9 月，正中书局便有 192 种教科书呈送审查，这说明正中书局在教科出版界已占据一席之地。成立之初，正中书局主要出版中学教科书及课外读物，随着书局实力的壮大，陆续推出学术专著、大众读物、儿童读物以及字典等。全面抗战初期，正中书局出版了大量战时读物。抗战结束后，正中书局明确自身定位，主要出版教科书、自然科学类著作、"三民主义"相关图书，以及国民党党政要人的著作。

（二）北新书局

北新书局成立于 1925 年，最初设在北京翠花胡同，发起人有孙伏园、李小峰等，主要经售新潮社出版物。鲁迅对北新书局给予了极大的支持，将多部著作交给其出版。1926 年，北新书局因发行由《语丝》杂志而被进占北京的张作霖关闭。不久，迁至上海继续经营。

1929 年 10 月，北新书局对外发布扩充招股启事时，已把教科书出版列

---

① 章锡深. 漫谈商务印书馆[C]//中国人民政治协商会议全国委员会文史资料研究委员会. 文史资料选辑（第43辑）. 北京：文史资料出版社，1964：61.

② 王余光，吴永贵. 中国出版通史·民国卷[M]. 北京：中国书籍出版社，2008：12.

入未来计划。1930 年，正式涉足教科书领域。在之后的出版岁月中，北新书局的业务范围涉及国语、算术、历史、地理、美术、音乐、英语、化学、物理等多个教科书门类。其中比较有影响力的如 1930 年赵景深编的《初级中学混合国语教科书》。在编写上，该教科书突破传统的文选型国语教科书的编辑方法，以系统的文法、作文法和修辞为语文基础知识，将文选和语言基础知识有机地"混合"起来。这种新颖的方法受到学校师生的欢迎，并成为后来一些同类教科书效法的对象。另外，由赵景深、姜亮夫编选的《北新活页文选》，是一套比较成功的中小学语文教学补充材料。

（三）儿童书局

儿童书局是张一渠于 1930 年初创办的。正如其名，这是一家专门出版儿童读物的出版社，"以其服务于儿童读者的独特理念很快在出版机构林立的上海扎根成长。幼教宗师张雪门、儿童教育专家陈鹤琴、平民教育家陶行知、儿童文学大家陈伯吹等都曾鼎力支持儿童书局的发展。儿童书局出版了许多儿童读物、中小学教科书、教学参考书等"①。据《民国时期总书目（1911—1949）：中小学教材》统计，儿童书局曾出版过由陈鹤琴、盛振声主编的《儿童国语教科书》，徐晋主编的《新儿童教科书高级国语》，颇具影响力。此外还有1934 年初版并适用于新课程标准的《分部互用儿童国语教科书》，该套教科书依据地理位置和风土人情不同，分别推出北部版本（陈鹤琴、陈剑恒主编）、南部版本（陈鹤琴、梁世杰主编）和中部版本（陈鹤琴主编），适用于不同省份，并配有相应的教学参考书。陶行知肯定了这种分别将地方教材融合于统一的语文教学中的编写方式，认为是很有意义的尝试。

（四）民智书局

民智书局成立于 1921 年，地址位于上海河南中路，由辛亥革命志士、国民党元老林焕廷（林业明）创办，后由刘庐隐、杨幼炯主持编务。民智书局是民国时期上海十分有影响力的一家官办出版社，主要出版革命党人书刊。1924 年，成立广州永汉北路分局。在民国时期的民营书局中，以商务印书馆

---

① 朱利民. 儿童书局的经验与启示[J]. 中国出版，2016（09）：58-61.

和中华书局等为代表的五大出版社占据了教科书市场，别的书局要想进军教科书市场，可谓举步维艰。20世纪30年代初，民智书局开始涉足教科书出版领域。1931年，先行推出一套小学教材，后推出中学教材，到1935年8月学生暑期开学前，民智书局在报上公开宣称"小学中学大学各科用书全部出齐"①。

　　民智书局出版的小学语文教科书以吴研因主编的《新标准教科书国语标准读本》为代表，教学参考书有《国语标准读本教钥》。除中小学教科书外，民智书局还出版了法律、国学、文艺、社会科学丛书和儿童读物等，以及一批具有学术价值的图书，如《德国宪法》《孙大总统广州蒙难记》《孙中山先生由上海过日本之言论》《国际汇兑浅说》《国际汇兑与贸易》《美学概论》《革命与宗教》《玄庐文存》等。

---

① 舒新城.中国近代教育史资料[M].北京：人民教育出版社，1981：275.

第二节　商务印书馆与小学语文教科书

一、商务印书馆概述

（一）不满欺凌，创办印书馆

鸦片战争之后的中国社会，满目疮痍，半殖民地半封建的社会形态已经呈现。甲午战争后的第三年，百日维新的前一年，即1897年，商务印书馆创立。创办人为夏瑞芳和鲍咸恩、鲍咸昌兄弟及高凤池等，夏瑞芳和鲍氏兄弟都是基督教长老会清心学堂的学生。清心学堂采用半工半读的方式，半工分为园艺、印刷两种。由此，夏瑞芳和鲍氏兄弟与印刷工作结缘，为以后独自出来创办印书馆打下了基础。夏瑞芳和鲍氏兄弟在英国人的捷报馆工作，经常受到欺负，于是他们想另谋出路，与当时的美华印书馆经理高凤池一商量，决定合资办印刷厂。商务印书馆的名称由来，据胡愈之记载，"之所以叫'商务'，因为主要印商业用品如名片、广告、簿记、账册等；其所以叫'印书馆'，是因为当时中国没有'印刷厂'的名称，当时中国人都叫'印书馆'"。实际上，印书馆的名称更多受西方传教士取名影响，当时西方传教士在中国开办的印刷业都称为书馆，如墨海书馆（1843—1863）。夏瑞芳等在传教士开办的清心学堂学习，难免受影响。创立之时，商务印书馆只是单纯地靠着与教会、同乡和洋行的关系，接一些行家小生意，主要是印刷商业簿册和报表。

夏瑞芳做事认真又有冒险精神，他逐渐把业务单一的印刷厂，转向获利丰厚、带有风险性质的出版业。但夏瑞芳并不盲目行事，他虚心向委托他们印书的人请教印何种书合适。时值维新运动蓬勃发展之际，许多要求变法图强的资产阶级知识分子，积极向西方世界学习，寻求救国强兵的真理。在当时的重要商埠上海，青年人竞相学习英语。商务印书馆抓住了这个时机，在19世纪末率先出版由谢洪赍编写的英语学习用书——《华英初阶》。该书将当时英国为印度的小学生编写的英文教科书加上中文注解，并与英文对照起来排列，非常便于学习，出版后畅销一时。商务印书馆顺势推出《华英进阶》，发行量超过《华英初阶》。由此，商务印书馆正式开始出版事业。从内容及使用来看，《华英初阶》《华英进阶》实际上具有教科书的性质，为商务印书馆出版新式教科书吹响了前奏。①

（二）扶助教育为己任，自编教科书

1899年，南洋公学译书院（张元济任总校兼代办院事）与商务印书馆有业务往来。张元济和夏瑞芳"常有接洽，见夏鲍诸君办事异常认真"，同时，"夏先生想扩充本馆，预备设立编译所，想聘请张先生主持编译事务"，两人一拍即合。②1901年，商务印书馆改为有限公司，张元济入股，并与夏瑞芳约定"吾辈当以辅助教育为己任"。清末新政，新教育兴起，学堂大兴，需要大量自编教科书，夏瑞芳认为国民教育"宜先小学，而教科书为尤亟。乃于印刷所外，兼设编译所"③。1902年下半年，筹建编译所，决定自编教科书。

首先，在出版经营方针上，出版教育类书籍。庄俞在《三十五年来之商务印书馆》中谈道："中国之教育在过去三十五年中，自萌芽而至于积极发展与改进，本馆负荷出版界重任。对此伟大建设之工程，始终为忠实努力之公仆，一方面适应环境与潮流，供给教育材料——教科书，并复印本国及译印各国有用书籍，一方面更尽其余力，直接举办教育事业以为倡导，并辅助教育之不及。"④1919年，张元济婉拒孙中山《孙文学说》书稿出版事宜，理由是"本馆出书系有关教育"⑤。其次，建立高质量的编者队伍。张元济任编译所所长时，邀请一流人才进入编译所，编写教科书。编译所人才结构主要有四类：第一类以张元济、高梦旦、杜亚泉为代表。他们把教育出版看作民族复兴

① 张蓉.商务印书馆与清末新式教科书的发展[J].河北师范大学学报（教育科学版），2001（02）：66-71
② 蔡元培，蒋维乔，庄俞，等.1897—1987商务印书馆九十年[C].北京：商务印书馆，1987：60.
③ 张元济.涵芬楼烬余书录[M].上海：商务印书馆，1951：4.
④ 庄俞.三十五年来之商务印书馆[C]//高崧.1897—1992商务印书馆九十五年.北京：商务印书馆，1992：724.
⑤ 汪家熔.商务印书馆史及其他：汪家熔出版史研究文集[M].北京：中国书籍出版社，1998：45.

的重要途径，高官厚禄都不能撼动他们。"如张元济后来清廷曾多次召他，都予拒绝；林绍年任广西巡抚时要高梦旦去，叫高的大哥高凤歧劝说，未能拉动。"① 第二类是留学生。据周越然统计，1903—1930 年商务聘用东西方留学归国者 75 人，其中法国毕业者 2 人，美国毕业者 18 人，日本毕业者 49 人，国名不详者 3 人。② 第三类是一般性"谋事"的人，流动性大。第四类是五四时期觉醒的年轻人，他们学历不高，但很能干，也得到张元济的肯定，最有名的例子是沈雁冰、胡愈之等。张元济认为，新人思想先进，跟得上教科书编写的新形势。最后，重视教科书选题管理。在选题意见征集上，开创了会议制。"略似圆桌会议，由任何人提出一原则，共认为有讨论之价值者，彼此详悉辩论，恒有为一原则讨论至半日或终日方决定者。"③ 在选题原则上，作为民营出版机构的商务印书馆，并不唯利是图。如"1917 年 8 月 14 日，林琴南译稿《学生风月鉴》不妥，拟不印。《风流孽冤》，拟请改名"④。在选题宣传上，商务印书馆借助旗下刊物展开教科书的宣传工作。如《教育杂志》1912 年 4 月刊登了《编辑共和国小学教科书的缘起》一文，具体阐述了这套教科书编写的若干要点，借以宣传商务印书馆的出版理念，并对《共和国教科书新国文》进行了重点推介。

商务印书馆超前的出版意识，使其教科书出版与时俱进，对近代教育的发展大有裨益。商务印书馆出版的国文（国语）教科书，以其创新性和以学生为本的精神立足，以名人名家参与编写而树其质量精品，而与时俱进的努力又使它能够站在时代的前列，不断汲取各学科最新研究成果，彰显进步的价值观取向，传播崭新的国民意识，这使它在近代教科书出版市场长盛不衰。商务教科书所确立的出版原则、出版理念，包括教科书的内容编选原则与理念，对今天的教科书编写与出版都有借鉴意义。而在屡遭劫难的近代中国，商务印书馆以民营出版人的艰辛奋斗，努力为国民提供精神滋养，这样的精神也将对后人产生长期的影响。

① 汪家熔. 商务印书馆史及其他：汪家熔出版史研究文集[M]. 北京：中国书籍出版社，1998：91.
② 周越然. 书与回忆[M]. 沈阳：辽宁教育出版社，1996：258.
③ 汪家熔. 商务印书馆史及其他：汪家熔出版史研究文集[M]. 北京：中国书籍出版社，1998：49.
④ 汪家熔. 商务印书馆史及其他：汪家熔出版史研究文集[M]. 北京：中国书籍出版社，1998：56.

二、商务印书馆出版的小学语文教科书

从商务印书馆成立的 1897 年到 1949 年中华人民共和国成立，全国出版的教科书总数是 4055 种，商务印书馆出版的教科书总数是 952 种，占全国出版总数的 23.48%。而出版的教科书及与中小学教育有关的书籍占其出版总量 15137 种的 22.29%，接近 1/4 的比重。商务印书馆发展的前 50 多年，出版的教育书籍包括幼稚园、小学、中学、大学、师范、职业学校以及补习学校用书、民众师资班用书，几乎应有尽有。[①] 教科书及与教育有关的书籍是商务印书馆出版的重头戏。商务印书馆 1897—1949 年出版的小学教科书系列见表 3–1，小学语文教科书见表 3–2。

表 3–1　商务印书馆 1897—1949 年出版的小学教科书系列

教科书系列	初版时间
最新教科书	1904年
女子教科书	1904年
简明教科书	1910年
共和国教科书	1912年
实用教科书	1916年
新法教科书	1920年
新学制教科书	1923年
新撰教科书	1924年
新时代教科书	1928年
基本教科书	1931年
复兴教科书	1933年

参考资料：商务印书馆.商务印书馆历年出版小学教科书概况（照录 1935 年 12 月原件）[M]// 商务印书馆.商务印书馆图书目录.北京：商务印书馆，1981：116–128.

表 3–2　商务印书馆 1897—1949 年出版的小学语文教科书

书　名	适用范围	编校者	总册数	初版时间
最新国文教科书	初等小学用	蒋维乔、庄俞编 张元济、高凤谦校	10册	1904年
	高等小学用	高凤谦、张元济、蒋维乔编	8册	
最新国语教科书	初等小学用	黄展云、林万里、王永炘编	4册	1906年
国语教科书	初等小学用	黄展云、林万里、王永炘编	3册	1907年
	高等小学补习科学生用	许国英编 商务印书馆编译所校		1914年

---

① 李家驹.商务印书馆与近代知识文化的传播[M].北京：商务印书馆，2005：216.

续 表

书　名	适用范围	编校者	总册数	初版时间
女子国文教科书	初等小学用	戴克敦、庄俞、蒋维乔、沈颐编 张元济、高凤谦校	8册	1907年
	高等小学用		4册	
简明国文教科书	初等小学用	庄俞、戴克敦、蒋维乔、沈颐编 高凤谦、张元济校	8册	1907年
	高等小学用	庄俞、蒋维乔、沈颐、戴克敦编	8册	
共和国教科书 新国文	初等小学用	庄俞、沈颐、秦同培编 高凤谦、张元济、樊炳清校	春秋季 各8册	1912年
	高等小学用	樊炳清、庄俞编	春秋季 各6册	
女子新国文	高等小学用	庄俞等编撰 高凤谦、张元济校	6册	1912年
单级国文教科书	初等小学用	庄适、郑朝熙编 陈宝泉等校	12册	1913年
实用国文教科书	国民学校用	王凤岐编	8册	1915年
	高等小学用	杨游编	6册	
普通教科书 新国文	国民学校用 秋季始业	庄适、沈颐编 高凤谦、张元济校	8册	1915年
浅深递进国文 读本	高等小学用	林纾编	6册	1916年
复式学级国文 教科书	国民学校用	俞子夷等编 庄俞等校	12册	1919年
新体国语教科书	初级小学用	庄适编 庄俞、范祥善等校	8册	1919年
新法国文教科书	初级小学用	范祥善编	8册	1920年
	高级小学用	庄适编	6册	
新法国语文 教科书	后期小学用	庄适、顾颉刚编 王岫庐、朱经农校	4册	
新法国语教科书	初级小学用	庄适、方宾观、计志中编 黎锦熙、王璞、庄俞校	春季 8册	1920年
	高级小学用	刘大绅编	6册	
	后期小学用	沈圻编 庄俞校	4册	
新学制国语 教科书	初级小学用	庄适、吴研因、沈圻等编 朱经农等校	8册	1923年
	高级小学用	吴研因编	4册	
新撰国文教科书	初级小学用	庄适编 王岫庐、朱经农校	8册	1925年
		沈圻编 朱经农校	春秋季 各8册	
	高级小学用	缪天绶编 朱经农校	4册	

书　名	适用范围	编校者	总册数	初版时间
新时代国语教科书	初级小学用	胡贞惠编	8册	1927年
	高级小学用	蔡元培、王云五校	4册	
基本教科书国语	初级小学用	沈百英编	8册	1931年
	高级小学用	戴洪恒编	4册	
南洋国语教科书	高级小学用	庄适编	4册	1933年
复兴国语教科书	秋季始业 初级小学用	沈百英、沈秉廉等编	8册	1933年
	秋季始业 高级小学用	丁毅音、赵欲仁等编	4册	
复兴国语课本	春季始业 初级小学用	王云五、陈伯吹、庄俞等编校	8册	1934年
	春季始业 高级小学用	沈百英、丁毅音、宗亮寰等编校	4册	
短期小学课本	供一年制短期 小学国语教学之用	国立编译馆编撰	4册	1935年
国语读本	初级小学	国立编译馆编撰	2册	1936年
实验国语教科书	小学高年级	国立编译馆主编撰	4册	1936年

参考资料：商务印书馆.商务印书馆历年出版小学教科书概况（照录1935年12月原件）[M]//商务印书馆.商务印书馆图书目录.北京：商务印书馆，1981：116-128.北京图书馆，人民教育出版社图书馆.民国时期总书目（1911—1949）：中小学教材[M].北京：书目文献出版社，1995：33-63.王有朋.中国近代中小学教科书总目[M].上海：上海辞书出版社，2010：95-134.

三、商务印书馆出版的小学语文教科书代表作介绍

（一）《最新国文教科书》：现代意义上的第一套教科书

1904年，清政府颁布《奏定学堂章程》，通令全国普办学堂，因此急需相配套的新式教科书。商务印书馆审时度势，将业务重心转向出版教科书。同年，《最新国文教科书》首次出版，一经出版便势不可当，"未及数月，行销十余万册"[①]，多次再版。如表3-3统计所示，《最新国文教科书》初小10册至1914年总计再版量为323版，至1925年订正本再版量达479版，全版全册再版量总计845版，足见该套教科书在当时具有不容小觑的影响力。因"该套教科书毫无成例可援，全属创作"，故而在内容和形式等方面皆具有筚路蓝缕之

---

① 王建军.中国近代教科书发展研究[M].广州：广东教育出版社，1996：111.

功，在一定程度上促进了我国近代自编教科书进入一个新的时代，石鸥称它为我国第一套真正现代意义上的语文教科书，开创了我国现代语文教科书之先河。①

表3-3 《最新国文教科书》再版量统计

版　本	册　数	时　间	再版量
初本（初小）	第1册	1908年1月	42版
	第2册	1910年2月	51版
	第3册	1913年9月	57版
	第4册	1913年9月	43版
	第5册	1910年2月	32版
	第6册	1910年7月	29版
	第7册	1907年11月	18版
	第8册	1909年10月	17版
	第9册	1908年5月	11版
	第10册	1914年7月	23版
	总计		323版
初本（高小）	第1册	1910年2月	6版
	第2册	1908年7月	4版
	第3册	1909年2月	5版
	第4册	1911年5月	9版
	第5册	1909年1月	5版
	第6册	1909年1月	5版
	第7册	1909年1月	5版
	第8册	1908年10月	4版
	总计		43版
订正本（初小）	第1册	1925年5月	94版
	第2册	1922年4月	78版
	第3册	1917年1月	60版
	第4册	1921年7月	53版
	第5册	1921年7月	46版
	第6册	1921年8月	37版
	第7册	1922年1月	34版
	第8册	1915年9月	29版
	第9册	1925年4月	25版
	第10册	1914年7月	23版
	总计		479版
全版全册总计			845版

参考资料：王有朋.中国近代中小学教科书总目[M].上海：上海辞书出版社，2010：95-134.

---

① 石鸥，吴小鸥.中国现代语文教科书之开端：商务印书馆《最新国文教科书》述评[J].湖南教育（语文教师），2008（04）：4-7.

1. 内容丰富新颖，极具现代精神

虽然当时社会上已有许多自编教科书，但在内容上不具备现代意义，"施诸实用都未尽合，或程度过高难于领会，或零举字义不能贯串，或貌袭西法不合华文性质，或演为俗语不能彼此通用"[①]。因此，各编者呕心沥血，力求使教材切合现代社会和儿童之需要。在"编辑大意"中，编者规定了授课时数、生字和内容要求。例如，关于生字，指出"凡生僻之字及儿童不常见闻者概不采入，每课生字以十字为限且于本课上方标明便于提示先教"，如初小用第1册开篇第1课就是"天地日月　山水土木"，所选文字笔画较少，易于儿童认识。之后笔画随课增多，生字也由少到多。编者考虑儿童的认知规律，把握现代教科书由浅入深的原则，这些皆具开创性意义。

教材所选内容抨击封建糟粕，宣传现代科学，引领学生形成全球视野。该套教科书从呼吁女子免受封建戕害入手抨击封建糟粕，例如：初小第3册第57课《女子宜求学》、初小第5册第59课《女子宜读书》，批判只有男子可求学的封建思想，鼓励女子求学；初小第5册第56课《鬼神》，批判一村妇迷信鬼神、自欺欺人；初小第10册第54课《缠足》，抨击旧社会缠足对女性的戕害。不仅如此，教材还引入许多现代科学的思想，从根源上解放思想，例如：初小第2册第25课《烟》，揭露吸烟的坏处，告诫儿童香烟有毒；初小第7册第54课《传染病》，向学生介绍了传染病传播的条件和危害；初小第7册第49课《电报》、第50课《电话》，初小第8册第8课《水汽循环之理》、第13课《显微镜》，初小第10册第28课《望远镜》，向学生介绍了现代科学的一些仪器和原理，不仅丰富了学生的知识，还能培养学生科学探究的精神。除此之外，教材中选编了许多拓展学生全球视野的文章。例如：初小第3册第34课《地球》配有地球仪的插图，直观呈现地球的形状；初小第6册第1课《地球大势》介绍了五大洲和五大洋；初小第6册第2课《我国疆域》介绍了我国在全球的位置，叙述了邻国情况；初小第9册第17课《地图》、第5课《日本》、第6课《朝鲜》、第58课《英吉利》、第59课《印度》，初小第10册第38课《美利坚》，介绍了不同国家的情况，旨在让学生了解世界、开阔视野。

---

① 周振鹤.晚清营业书目[M].上海：上海书店出版社，2005：223.

2.形式规范，初步具有现代教科书之范式

现代意义的教科书要求根据学制，依学年学期而编写，并且要有与之相配套的教授书供教师参考。《最新国文教科书》（初小）的"编辑例言"指出："本书为初等小学堂之用，由浅入深分编十册，本编为第一册，列一百二十课，日授一课，合第一年上半年一学期之程度。"《最新国文教科书》按照清政府颁布的《奏定学堂章程》，按照学年学期、课程门类，分册、分课编写，首创教科书以"课"为单位的编写体例，首次配套开发教材辅导书——《最新国文教科书教授法》。同时，商务印书馆出版的这一套教科书中开始绘制插图，有时还附有两三幅彩色插图。如第5册第10课《花》，介绍各种花以及开放的时间，课文之前就插入了一幅彩色插图（见图3-1），图文并茂，雅俗共赏，是该套教科书的一大创新。

这套开创我国现代教科书之先河的教科书，无论是内容还是形式，皆具有深远的历史价值。

图3-1 《最新国文教科书》初小第5册第10课《花》插图

（二）《女子国文教科书》：专为女子编写的新式教科书

"光绪年间，风气初开，小学校中尚属男女儿童分校教授，故本馆特另编女子教科书数种，以应时代需要。"[1] 商务印书馆紧跟时代潮流，根据女学堂需求，加入了女子教科书编写出版之列，于1904年相应出版了初等小学用《女子国文教科书》8册和高等小学用《女子国文教科书》4册。如表3-4统计所

---

[1] 宋军令.近代商务印书馆教科书出版研究[D].成都：四川大学，2004.

示，至 1927 年 6 月，其初小第 1 册再版量为 133 版，8 册总计再版量为 552版，此书的影响力可见一斑。

表 3-4　《女子国文教科书》再版量统计

册　数	时　间	再版量
第1册	1927年6月	133版
第2册	1926年10月	107版
第3册	1926年1月	79版
第4册	1924年7月	65版
第5册	1926年11月	61版
第6册	1924年5月	51版
第7册	1924年2月	28版
第8册	1924年9月	28版
全册总计		552版

参考资料：王有朋．中国近代中小学教科书总目 [M]．上海：上海辞书出版社，2010：95-134.

有学者认为："我国早期的《女子国文教科书》虽然出版和发行起步晚，在编写等方面还存在许多不足，但毕竟适应了时代发展的基本需要。新思想、新观念在女子中的传播，现代文明生活在女子中的逐渐普及，均得益于女子教科书的发展和传播。"[1] 那么，专为女子编写的女子国文教科书有何特点呢？

1. 叙述主角：清一色的女性

当时的教科书的选文叙述主角多为男性或动植物，《女子国文教科书》叙述主角基本是女性。如：第 1 册第 4 课《农家妇送午饭》、第 40 课《东西邻有二女》，第 2 册第 20 课《一女子立池畔》、第 20 课《母携女来看花》、第 25 课《母教女做手工》，第 3 册第 26 课《吴女早起》、第 37 课《贾女蓬首垢面》，显示了对女性的尊重，视女性为独立的个体。

2. 选文形象：晚清新旧思想交汇的女性形象

在传统社会，"女子无才便是德"；清末，男女平等思想有了萌芽。教材是社会思想的产物，《女子国文教科书》也反映了这些意识。选文内容主要呈现两类形象。一是传统的贤妻良母形象，比如：第 1 册第 40 课"农家妇送午饭提小筐村前行"；第 3 册第 26 课"吴女早起　门初辟　闻花香甚浓"；第 1 册

① 石鸥，陈静.清末民初我国早期女子国文教科书[J].湖南教育（语文教师），2008（08）：8-10.

第42课"乡间二女　同来池畔　水中淘米　石上捣衣"、第20课"母教女做手工　剪绒为花　编线为袋";第3册第38课"嫂洗衣　小姑寻其故";第4册第20课"天气渐寒　陈女启箱　拣绒绳　织围巾两条";第35课"母立廊下染布一匹　女在其旁"等，这些选文呈现了一个个洗衣染布、织围巾、早起劳作、田间送饭、教女手工等传统的相夫教子的女性形象。二是学习新知、接受启蒙的新女性形象。例如:第2册第1课"秋风起　天渐凉　暑假满　进学堂　课堂开　同学来　读国文";第4册第23课"周女好妆饰　不习女工　母谓女曰　人生于世　当有职业　今裁缝纺织汝皆不能　是无用之人也　妆饰虽美　徒为他人轻视耳",第44课"邓女长于算术　而短于国文　余女反是暇时互以所长相授　如是者数月　二女皆有进步　师乃勉诸生曰　同学以相助获益　邓余二王可法也",第48课"甄逸有女　年尚稚　喜书　见字辄识诸兄谓之曰　女子当习女工汝读书　将焉用耶　女曰　古之贤女　未有不学世间学问甚多　吾不读书　何由知之"。爱学习、爱钻研，互帮互助，女性也可谋职业，俨然新女性形象。

3. 插图人物:各种形态的女性

《女子国文教科书》插图人物以女性为主，偶尔穿插一些小孩。每一册的首页都是以女性形象开始，各册课文插图中，展示了各种形态的女性:有坐在书桌上画画的，有在河里洗衣的，有坐在家里教女做工的，有晚餐之后陪女纳凉讲故事的，有田间采菱的，等等。这些插图生动地展示了清末女性开始具有平等意识而又囿于传统角色的时代特征。

这套专为女性编写的教科书，以女性的叙事视角，辅以女性人物插图及女性故事，塑造了"宁静灵淑"的女性形象。著名儿童文学家冰心曾感慨"世界上若没有女人，这世界至少要失去十分之五的'真'、十分之六的'善'、十分之七的'美'"，极力讴歌女性、赞美母爱，认为女性是世界上"真善美"的象征。

(三)《共和国教科书新国文》:新旧兼备的国文教科书

民国初期，南京临时政府颁布文件，要求教科书编撰合乎新政体。与此同时，一些传统观念仍旧根深蒂固，新旧文化冲突激烈。基于这一复杂背景，商务印书馆的编者团队保持稳妥谨慎的态度，编写了一套中国百年历史上版次最多的教科书——《共和国教科书新国文》。这套教科书"注重自由、平等之精神，守法合群之德义，以养成共和国民之人格的同时，又注重表彰中华固有之国粹特色，以启发国民之爱国心"[1]。石鸥曾评价其为"最能体现出民初国文教科书兼旧迎新特征"[2] 的教科书，而该突出特点在《共和国教科书新国文》的选文中得以体现。《共和国教科书新国文》影响巨大，其再版量惊人，如表3-5统计所示，初小春季始业第1册至1926年就已再版2546次，其余各册也均有再版上千次的情况，各版本全册总计再版量达26543版，创近代小学语文教科书再版量之新高。

表 3-5　《共和国教科书新国文》再版量统计

版　本	册　数	时　间	再版量
初本 （春季始业，初小）	第1册	1926年	2546版
	第2册	1922年	1898版
	第3册	1926年	2116版
	第4册	1926年	1897版
	第5册	1914年6月	271版
	第6册	1914年8月	255版
	第7册	1926年	1071版
	第8册	1927年	946版
	总计		11000版
初本：乙种 （秋季始业，初小）	第1册	1913年4月	96版
	第2册	1926年9月	193版
	第3册	1922年3月	149版
	第4册	1925年3月	161版
	第5册	1921年7月	108版
	第6册	1914年3月	59版
	第7册	1926年9月	105版
	第8册	1921年9月	73版
	总计		944版

[1]　商务印书馆. 编辑共和国小学教科书缘起[J]. 教育杂志，1912（01）：115-120.
[2]　石鸥，石玉. 新旧兼备的国文教科书：商务印书馆之《共和国新国文》[J]. 湖南教育（语文教师），2008（12）：9-11.

续　表

版　本	册　数	时　间	再版量
初本 （春季始业，高小）	第1册	1927年1月	2686版
	第2册	1922年5月	1858版
	第3册	1926年11月	2206版
	第4册	1927年9月	1897版
	第5册	1927年9月	1641版
	第6册	1926年11月	1365版
	第7册	1922年10月	886版
	第8册	1927年1月	946版
	总计		13485版
初本：甲种 （春季始业，高小）	第1册	1922年3月	257版
	第2册	1913年12月	99版
	第3册	1916年	95版
	第4册	1913年3月	53版
	第5册	1921年	136版
	第6册	1916年	81版
	总计		721版
初本：乙种 （秋季始业，高小）	第1册	1926年9月	90版
	第2册	1922年4月	79版
	第3册	1922年4月	65版
	第4册	1922年7月	60版
	第5册	1924年12月	51版
	第6册	1922年3月	48版
	总计		393版
全版全册总计			26543版

参考资料：王有朋. 中国近代中小学教科书总目 [M]. 上海：上海辞书出版社，2010：95−134.

《教育杂志》1912年4月刊登的《编辑共和国小学教科书的缘起》一文，具体阐述了这套教科书编写的14个要点。结合这些编辑要点，可发现《共和国教科书新国文》增选了大量适应民主共和政体、反映新时代的内容。一是"注重国体、政法及一切法政常识，以普及参政之能力"。教科书选编了大量与共和国政体相关的文章，旨在帮助儿童成为合格的共和国国民，提升参政之能力。如：初小第4册《大总统》《敬国旗》、第7册《国庆日及纪念日》《清季外交之失败》；高小第1册《国体与政体》《民国成立始末》《共和政体》、第2册《人民之权利义务》、第4册《共和国之模范》《共和国政治之精神》，等等。二是注重独立自主、博爱、爱国、民主自由等精神，旨在宣扬新的文化理念。体现独立自主思想，如初小第5册《自治》，高小第4册《地方自治》、第5册《独立自尊》等；体现博爱思想，重在"推及待外人、爱生物等事"，如初小第4册《母羊求救》，高小第3册《合群之利》《博爱》等；体现爱国思想，如高小第3册《妇女爱国》、第6册《学生之爱国》等；体现民主、自由等思想，如初小第7册《平等》《自由》，高小第2册《议员》等。三是重视实利主义教育。教科书包含了大量有关农业、工业、商业等的实业文章，并附书信、收条、账簿、票据等各种文件，目的是让儿童了解实业知识，培养他们独立自营之能力，以适应将来的社会生活。如初小第5册《收据》（附收条）、第8册《邮政》《租税》，高小第2册《开矿》《农业》《麦》《稻》等。其中还出现了许多新兴事物和科学新知识，如初小第8册《水汽循环之理》、高小第3册《气球及飞艇飞车》等介绍了科学知识，有助于学生掌握相关知识，而第6册《铁路之关系》《博览会及商品陈列所》《鱼雷水雷》等都是介绍实业的相关内容。四是引进介绍国外的内容，带领学生认识世界。共和国教科书编写团队中有一部分留学归国人员，他们在编写的过程中自然增加了不少国外的文章，旨在扩大儿童的知识面。如高小第1册《华盛顿》《美国二缝工》《铁达尼邮船遇险记》、第2册《巴拿马运河》、第4册《鲁滨孙》等文章，皆开阔了儿童的视野。

这套教科书"注重表彰中华固有之国粹特色"，还选入了大量弘扬传统文化的文章。一是注重传统的道德教育。传统教育中尊老爱幼的内容在该套教科书有所体现，如初小第4册第5课《敬老》："雪初止，路中泥滑。有老人，扶杖独行，失足仆地。童子趋而扶之。既起，取巾代拭衣履。问其所居，送之归家。"类似的文章还有很多，如初小的选文《孝亲》《爱弟》《亲恩》等。《共和国教科书新国文》"编辑大意"指出，"本书注重立身、居家、处世以及重人道、爱生物等"，故而该套教科书中还编有很多帮助儿童培养良好品质的文章。如初小第4册第7课《路遇先生》教育儿童尊师重道，初小第4册第15课《诚实童子》教育儿童诚实守信，高小第2册第2课《惜时》教育儿童珍惜时间。二是注重介绍传统的历史人物或者历史传说。如初小的选文《匡衡》《禹》《孔子》《孟子》《孟母》《秦始皇》等，高小的选文《张骞》《商鞅》《木兰诗》等。三是注重传承传统艺术。该套教科书还注重介绍传统文化精粹，主要包括音乐、美术、建筑、音乐、体育、传统科技、传统手工艺等方面。如初小第4册第9课《画竹》："窗外修竹几竿，红日初上，竹影满窗。一女坐窗前，取素纸，铺案上。濡笔和墨，画竹一枝。黏于壁间，母见之，称其能。"通过描写一女孩子画竹的事情，激发儿童绘画的兴趣。体育类的文章也有很多，如初小的《跳绳》《捉迷藏》等，都能激发儿童的学习兴趣。还有一些关于传统科技和传统手工艺的文章，如初小的选文《纸》《墨类》《纸鸢》《指南针》《历法》《珠算笔算》等。四是注重介绍中国地理知识。该套教科书内容涉猎广泛，主要包括行政区域、名胜古迹、河流、地貌等多方面的内容。如初小的选文《万里长城》《武汉》《长江》《黄河》《南京》《北京》《泰山》《西湖》，高小的选文《衡山》等。

（四）《实用国文教科书》：紧跟实用主义之风的教科书

随着20世纪初教育改革的不断深入，普通教育和实业教育一直是教育界的热点，但在当时，普通教育发展的速度远远快于实业教育。基于该现实状况，时任江苏教育司司长的黄炎培于1913年在《教育杂志》上发表了《学校教育采用实用主义之商榷》一文，针对普通教育和实用教育发展中存在的问题作了相关的考察，他还从理论的角度证明了学校教育要与社会生活和社会需要产生联系的必要性。该文发表后，在民国初年的教育界产生了热烈的反响。1912年初，蔡元培发表了《对于教育方针之意见》一文，也将实利主义教育列入了教育方针，强调教育要发挥提高国家经济能力和人民生活水平的作用。受该实用主义教育思潮和实利主义教育倾向的影响，当时的教科书在编写时注重与个人生活和社会需要相联系，在选文方面注重融入实用知识，在文体方面也注重加入实用性文体。商务印书馆紧跟形势，于1915年出版了《实用国文教科书》，全套共6册，供高等小学使用。如表3-6统计所示，至1922年9月，十年间其第1册已再版32次，6册总计再版103次，足以说明该套教科书在当时受到了教育界的极大认可。

表 3–6 《实用国文教科书》再版量统计

册　数	时　间	再版量
第1册	1922年9月	32版
第2册	1915年2月	13版
第3册	1916年4月	24版
第4册	1916年4月	15版
第5册	1915年12月	11版
第6册	1915年12月	8版
总计		103版

参考资料：王有朋.中国近代中小学教科书总目 [M]. 上海：上海辞书出版社，2010：124.

该套教科书在内容编撰上强调体现实利教育，课文包含了农业、工业、商业等方面的实用内容，如第 2 册《菊圃记》《论商业》、第 3 册《分业》《开矿》《天然界之利用》、第 4 册《国货》《市》《公司》、第 5 册《权度》《货币及银行》《通商》、第 6 册《租税》等。这些篇目的内容紧密结合社会现状，具有极强的现实意义，目的都是让儿童了解实业知识，培养儿童独立自营的能力，以此更好地适应将来的社会生活。除了选文的实用性之外，该套教科书还有一大特色：每册教科书之后均会附有 3~5 课实用文，内容涉及广告、书信、启事、合同、房契、订货单、股票、支票、海关税单、捐单、银行存款单、毕业赠言等日常实用知识（见图 3–2、图 3–3）。将各种实用内容编入教科书，有助于儿童更直观地学习实用技能，了解一些实用文的基本格式和写作要求，从而更好地适应将来的职业生活。

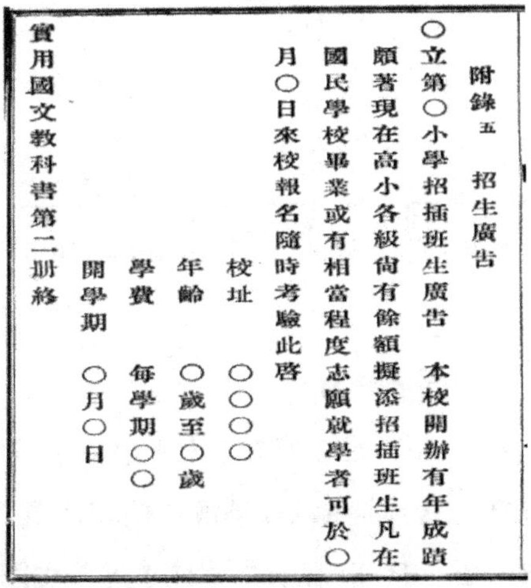
附錄五　招生廣告
○立第○小學招插班生廣告
本校開辦有年成蹟頗著現在高小各級尚有餘額擬添招插班生凡在國民學校畢業或有相當程度志願就學者可於○月○日來校報名隨時考驗此啓
校址　○○○○
年齡　○歲至○○歲
學費　每學期○○
開學期　○月○日
實用國文教科書第二册終

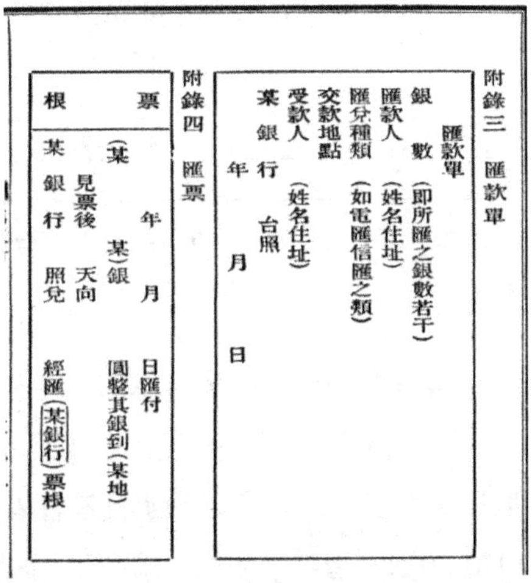
附錄三　匯款單
匯款單
銀　數（即所匯之銀數若干）
匯款人（姓名住址）
匯兌種類（如電匯信匯之類）
交款地點
受款人（姓名住址）
某銀行　台照
年　月　日
附錄四　匯票
票
（某　年　月　日匯付
某）銀　圓整其銀到（某地）
見票後　天向
某銀行　照兌　經匯（某銀行）票根
根

图 3–2 《实用国文教科书》高小第 2 册，附录五“招生广告”　图 3–3 《实用国文教科书》高小第 5 册，附录三“汇款单”

（五）《新体国语教科书》：开国语教科书之先声

1916年，蔡元培、黎锦熙等人在北京发起成立"国语研究会"，他们认为，言文一致有助于提高民智。同年，作为《新体国语教科书》校订者之一的黎锦熙就在《中华教育界》上发表《国民学校改设国语科意见书》，建议将小学"国文科"改为"国语科"。1919年4月17日，国语统一筹备委员会召开成立大会，黎锦熙作为委员会的一员，为推动《新体国语教科书》的出版可谓不遗余力。1919年出版的《新体国语教科书》，是我国第一套系统的白话文教科书。在国语浪潮的推动下，教育部于1920年正式向全国通令：1920年秋后，国民学校一、二年级先改国文为语体文。同年4月，教育部又规定：截至1922年，凡用文言文编的教科书一律废止，采用语体文。如表3-7统计所示，短短一年多的时间，各册教科书再版已达数十次；截至1921年12月，总计再版量已达254版，可见这套白话文教科书影响力之大。《新体国语教科书》赶在国语运动前发行，可谓开国语教科书之先声。

表3-7 《新体国语教科书》再版量统计

册　数	时　间	适用范围	再版量
第1册	1920年7月	国民学校春季始业	63版
第2册	1920年7月	国民学校春季始业	53版
	1920年2月	国民学校用	13版
第3册	1921年12月后	国民学校春季始业	40版
	1920年2月	国民学校用	8版
第4册	1920年7月	国民学校春季始业	27版
	1920年2月	国民学校用	8版
第5册	1920年7月	国民学校春季始业	27版
第6册	1920年10月	国民学校春季始业	15版
总计			254版

参考资料：王有朋.中国近代中小学教科书总目[M].上海：上海辞书出版社，2010：107-108.

1.言文一致的内容与练习，培养儿童说国语的能力

《新体国语教科书》第1、2册的课文中，每篇课文都在右列标注出所要学习的生字词，生字词旁都标有注音和插图，便于学生认读理解。例如，第2册第30课"眉毛　眼睛　鼻子　耳朵　嘴　各　样"，在右列标注了这些生字

词的读音和插图，在左列则将这些生字词连词成句：

　　　　你有眉毛，眼睛，鼻子，耳朵，嘴，我也有眉毛，眼睛，鼻子，耳朵，嘴；可是各人的脸，从来都不一样的。

　　识字造句和看图说话的编排方式符合低龄儿童的认知心理。随着儿童年龄的增长，每册的生字词逐渐增多，句子逐渐加长。从前2册的单句增加至第7册200字左右的长课文，这十分符合儿童认知和表达能力的发展规律。除此之外，《新体国语教科书》每册都设有课后练习，其中第1、2册教材侧重国音练习和国语练习，例如第2册就有对"笔架""国旗""马车"的国音练习。教材还有意识地培养儿童自己查字典学国语的意识和能力。例如，第4册第1课《国语教科书》强调说国语的便利性，第5册第1课《统一国音》强调统一国语要先统一国音，第2课《国音字典》和第3课《查字典的方法》旨在让儿童学会自己查字典以掌握读国音的方法。第3、4册教材的课后练习则侧重训练儿童学会运用简单的生活和学习用语。如第3册练习八：

　　　　刚才还好好的怎么跌倒了？这个字怎样讲的？我有些儿不明白。你有话尽管讲，怎么吞吞吐吐得不说出来？这件事弄糟了，怎么好呢？这事很有点棘手，你看怎么样办的？

　　第4册练习七和练习八列举了"不言而喻""不置可否"等成语，引导儿童说典雅的语言。第5—8册的课后练习，形式新颖，通过把前面各课的内容巧妙连成一句话的形式来训练儿童的语言能力。如第5册练习六：

　　　　先生问甲乙丙三个学生道：这本教科书里，有许多的地名，人名，你们都记得么？

　　　　甲生答道：地名是印度，山西，云南，福建；人名是黄世贞，仓颉，蒙恬，蔡伦，瓦特。

　　　　先生又问道：有什么书名？

　　　　乙答道：国音字典是书名；国语教科书也是书名。

　　　　先生又问道：有成语么？

　　　　丙生答道：鹬蚌相争，渔翁得利，那两句就是成语。

　　　　先生道：好啊！你们有这样的记性，我喜欢极了。

课后练习将《国音字典》《甲乙谈话》《鹬蚌相争渔翁得利》《放假的谈话》《温习注音字母》等课文、练习课以及融合在各篇章里的地名、人名巧妙串联起来，不仅能帮助儿童温习学过的内容，还能有效提高儿童说国语的能力。

2. 生活情境下的对话教学，培养儿童说国语的习惯

这套教科书的选文贴近儿童生活，并以对话的方式呈现，为儿童创造了说国语的生活情境。例如：第2册第18课"弟弟问姊姊道：种田人有旁的称呼么？姊姊道：有的，叫做农夫"，第36课"妹妹向母亲要荔枝，母亲道：你要的是栗子呢，还是荔枝呢？"学生能够在这样的对话中区分平翘舌音。又如，第7册第23课《父子谈话（一）》：

> 儿子看见麦穗上有了黑点，就指给父亲看道：这是什么？
>
> 呀！这是黑穗病，很会传染，你赶紧把他拔去，用火烧掉……

这种生活情境下的对话教学，能够让儿童产生亲切感，儿童在真实情境下遇到类似情况时也能用国语进行表达。

《新体国语教科书》作为开国语教科书先声的教材，侧重培养儿童说国语的能力，注重国音、国语练习，强调生活情境和对话练习，在对话中传达必要的知识与常识，对近代国语教材的编写具有借鉴意义。

（六）《新学制国语教科书》：儿童本位的国语教科书

1919年，杜威访华，其倡导的实用主义思想在中国迅速传播。商务印书馆当时编写的语文教科书普遍以儿童为本位，关注儿童的身心发展特点和实际生活需要，重在满足儿童的需求。1923年，由吴研因等编写的《新学制国语教科书》由商务印书馆正式出版，得到了教育部的首肯和嘉奖，影响力巨大。如表3-8所示，出版当年，8册教科书就已再版298次，全册再版量总计4138版。吴研因是我国近代著名的语文教育大家，他在推进小学阶段白话文教学和倡导小学语文教科书编写"儿童文学化"等方面做出过开创性的探索，这些丰富的实践经历为其编写教科书奠定了基础。以吴研因为代表的教科书编写团队身体力行，投身于小学语文教科书改革的浪潮，共同在语文教育史上留下了不可磨灭的印记。

表 3-8 《新学制国语教科书》再版量统计

册　数	时　间	学　段	再版量
第1册	1923年7月	初小	20版
	1925年2月		345版
	1928年2月订正本		710版
	1932年11月后		30版
	1924年4月	高小	30版
	1930年3月		160版
	总计		1295版
第2册	1923年7月	初小	40版
	1923年12月		115版
	1925年2月		250版
	1928年7月		595版
	1932年11月后		21版
	1924年4月	高小	30版
	1924年12月		35版
	总计		1086版
第3册	1923年6月	初小	30版
	1924年4月		175版
	1924年12月		220版
	1925年2月		235版
	1926年5月		330版
	1932年11月后		20版
	1924年3月	高小	15版
	总计		1025版
第4册	1923年1月	初小	20版
	1925年3月		175版
	1932年11月后		16版
	总计		211版
第5册	1923年7月	初小	22版
	1925年4月		152版
	1932年11月后		14版
	总计		188版
第6册	1924年10月	初小	115版
	1932年11月后		14版
	总计		129版
第7册	1923年9月	初小	11版
	1924年3月		16版
	1925年2月		21版
	1932年11月后		14版
	总计		62版

续 表

册 数	时 间	学 段	再版量
第8册	1923年10月	初小	10版
	1923年12月		30版
	1924年10月		90版
	1932年11月后		12版
	总计		142版
	全册总计		4138版

参考资料：北京图书馆，人民教育出版社图书馆.民国时期总书目（1911—1949）：中小学教材 [M].北京：书目文献出版社，1995：41-42.

1. 教材语言童趣化，力求迎合儿童兴趣

《新学制国语教科书》采用了大量的对话式白话文，可谓"开小学使用白话文教科书之先河"[①]。对话式的白话文使得教材内容贴近生活，教材语言口语化，儿童读起来更感轻松、更觉有趣。以初小第2册第19课《胡须和牙齿》中爱芳、爱珍和爹爹的对话为例：

爱芳问爹爹："外公嘴上怎么有胡须？"

爹爹说："老了自然有胡须了"

爱芳说："咦！很小的小猫，怎么也有胡须呢？"

爱珍问爹爹："外婆嘴里怎么没有牙齿？"

爹爹说："老了自然没有牙齿了。"

爱珍说："咦！很小的弟弟，怎么也没有牙齿呢？"

在这篇课文中，爱芳和爱珍对爹爹的提问展现了儿童好问的特点，颇有"十万个为什么"的趣味，而爱芳和爱珍对爹爹"老了自然有（没有）……"的反问，也是从儿童的视角发出的疑问，尽显童言童语的趣味性和思辨性。这种对话式的白话文不仅体现在童言童语上，也体现在"鸟言兽语"中。吴研因在教材中多采用"物话"的形式，即以拟人化的手法来编写教材，"初小1—8册共有386篇课文，其中104篇课文是用物话的形式编写而成，占全套教科书的27%"[②]。于是，教材中出现了大量会说话的动物，动物成为叙事的主人公。"鸟言兽语"代替了传统的教学内容，不仅使教材的语言变得丰富有趣，

[①] 李汉潮.吴研因小学语文教材观探究[J].语文建设，2017（36）：51-54.

[②] 张莉.吴研因小学语文教育思想研究[D].上海：上海师范大学，2014.

也符合儿童"万物皆有灵"的心理和审美取向。以初小第2册第2课《小鸟没有耳朵》和第9课《谁把铜铃挂在猫颈上？》为例：

小鸟没有耳朵

小鸟在草地上顽耍，牛，羊在后面吃草。

牛说：那鸟没有耳朵，一定听不见声音。

羊说：我去叫一声看。

羊跑过去，咩！一叫小鸟就飞掉了。

牛说：咦！那鸟没有耳朵，怎么会听见声音呢？

谁把铜铃挂在猫颈上？

老鼠怕猫。

小老鼠说：我们把铜铃挂在猫颈上。猫一动，铜铃就响。我们听见响声，知道猫来，就可以赶快逃走了

大老鼠说：很好很好！谁去把铜铃挂在猫的颈上呢？

在这两篇课文中，牛、羊、老鼠都会说话，儿童学习这样的动物对话，仿佛处于动物王国之中，既能感受到乐趣，又能了解动物的天性，比如牛、羊爱吃草，小鸟受惊会飞，老鼠和猫是天敌……这种"鸟言兽语"的表达方式也使得教材中的内容呈现文学化的特点。

2. 内容侧重儿童文学，编排契合儿童心理

1923年吴研因起草的《新学制课程标准纲要小学国语课程纲要》中指出，国语教材编写的总原则是"从儿童生活上着想，根据儿童之生活需要编订教材，形式则注重儿童化，内容则适合儿童经验"。要使教材内容贴合儿童的经验，儿童文学无疑是最好的选择。以《新学制国语教科书》的选文为例，据统计，初小8册教材中，文学类篇目360篇，占8册教材课文总数的90%；初小第1册开篇就围绕猫、狗、老鼠等小动物展开。《新学制国语教科书》选文也注意贴近儿童的实际生活，注重从儿童的视角对儿童进行道德教育，引导儿童培养良好的生活习惯。如第2册第20课《刷牙齿》：

我左手拿着水杯。我右手拿着牙刷。我弯着身体。我把牙刷放在嘴

里。我动手刷牙齿。我把牙刷拿出来。我喝一口水。我把水漱口。我把头低下去。我把水吐出来。

选文用真实的生活事例对儿童进行教育，拉近儿童与文本之间的距离，使儿童在学习的过程中潜移默化地接受了课文所传递的"要养成讲卫生的生活习惯"的信息。

同时，教材形式也以儿童为本位，即强调教材的编排体系要适应儿童的心理。教科书编者在文字、插图的组织安排上别出心裁，有效避免了课文呈现方式的单调性和枯燥性。在《新学制国语教科书》中，前4册的字体主要是宋体，后4册除儿歌、诗词及书信采用楷体以外，其他均为宋体，不同文体的字体大小也不尽相同。各册教科书还绘制了丰富多彩的插图，它们与文字交叉呈现，且多为相互衔接的动作图，有助于儿童对教科书内容获得直观的认知。

（七）《复兴国语教科书》: 民族复兴的先锋

1932年1月28日，日本侵略者在上海发动了淞沪战争，并蓄意破坏我国文化教育事业，炸毁商务印书馆。同年8月，商务印书馆以"为国难而牺牲，为文化而奋斗"的口号复业，随即编辑出版了"复兴"系列教科书，这套书成为20世纪中国教科书史上编辑与校订人数最多、出版种类最多、经历课程标准最多的教科书，并使用至中华人民共和国成立初期。[①]其中，《复兴国语教科书》是商务印书馆复业后发行的第一套教科书，凝聚了沈百英、沈秉廉等编者的智慧与心血，饱含着无数仁人志士对民族复兴、国家重振的期盼，同时也为商务印书馆的复兴做出了巨大贡献。《复兴国语教科书》深受儿童的喜爱，影响深远，著名学者汪曾祺回忆张敬斋先生所讲的国文"大明湖上的对联"，正是《复兴国语教科书》中的内容。该套教科书一经出版，就被全国各地中小学所采用，从表3-9中可以看出，第1册截至1935年4月已再版585次，全册总计再版量达2666版之多，可见其市场占有率之高。该套教科书的复兴之姿也坚定了编者团队"扶教育为己任"的信念。

---

① 吴小鸥，姚艳. 民族脊梁: 1933年"复兴教科书"的启蒙坚持[J]. 华东师范大学学报（教育科学版），2015（04）: 113-118.

表 3-9　《复兴国语教科书》再版量统计

册　数	时　间	再版量
第1册	1935年4月	585版
	1939年10月	136版
	总计	721版
第2册	1933年7月	20版
	1935年4月	493版
	1939年10月	124版
	总计	637版
第3册	1933年6月	20版
	1939年12月	123版
	总计	143版
第4册	1933年12月	235版
	1939年10月	108版
	总计	343版
第5册	1935年3月	365版
第6册	1933年11月	130版
第7册	1954年5月	195版
第8册	1933年9月	80版
	1937年7月初审本	50版
	总计	130版
1—8册合集	1949年10月	2版
	全册总计	2666版

参考资料：北京图书馆，人民教育出版社图书馆．民国时期总书目（1911—1949）：中小学教材[M]．北京：书目文献出版社，1995：46.

1. 书写民族苦难，激发民族耻辱感

商务印书馆与国家共同罹难，这场令人悲恸的文明悲剧并没有挫伤知识分子的锐气。沈百英等编者以复兴教育为己任，依据1932年教育部颁布的《小学课程标准（国语）》，编写了极具时代特色和民族特色的《复兴国语教科书》。编者对侵略者深恶痛绝，也为国人的麻木态度深感悲哀，因此在教材编写时十分注重对民族苦难的书写，揭露帝国主义侵略中国的历史和清政府向帝国主义低头的屈辱事件，以此来激发国人的民族耻辱感。例如，初小第8册第21课《鸦片痛史》讲述了林则徐禁烟和鸦片战争的故事，文末特意强调要铭记鸦片战争的耻辱；第22课《国耻》揭露了清政府向日本侵略者低头的耻辱事件（签订不平等条约、割地赔款、战胜法国却拱手送越南等），同时也揭露了帝国主义的侵略事实（英法联军火烧圆明园、济南惨案、九一八事变等）；第23课《痛心的二十一条（一）》、第24课《痛心的二十一条（二）》以剧本的形式向学生讲述耻辱的二十一条；第26课《一个士兵的信》以一个士兵的口吻

来叙述日本侵略者的残暴行径。

2. 树立民族危机感，呼吁国人团结救国

随着帝国主义侵略步伐的加快，日本侵略者的行径愈发残暴，教科书编者深感爱国主义教育的重要性，因此，在教科书编写时不断向儿童传递救国意识。例如，初小第5册第13、14课《救国的方法》以书信的形式展现了正明和起行二人对民族灭亡的深切担忧，他们在信中提出了"抵制洋货、提倡国货""整顿军备""全国人人尽力""发扬骆驼精神"等救国的方法。为增强民族凝聚力，编者在内容上注重选取古今中外仁人志士的爱国故事。例如，初小第3册第20课《文天祥》、第6册第18课《勾践的复国》、第7册第7课《岳飞》和第8册第37课《蔺相如的故事》以及高小第2册第14课《苏武牧羊》，都是讲述古人爱国的故事，他们忍辱负重、决不投降，他们精忠报国、以国家利益为先。初小第8册第2、3课《四个爱国的小学生》叙述了4个儿童为救国而省钱捐款的故事，呼吁儿童从小爱国，尽自己所能为国家做出一点贡献。高小第2册第24、27课《柏林之围》和高小第4册第24、25课《最后一课》都是写法国遭受德国侵略的故事，儿童在阅读这些故事时自然能够受到爱国氛围的感染。

第三节　中华书局与小学语文教科书

一、中华书局概述

（一）民国成立，应时而生

取名"中华"，乃因书局创立于中华民国临时政府成立之时，预示着跟新政府、新时势紧密相连。取名"书局"，乃因陆费逵是商务印书馆出来的，自然不宜再称为"印书馆"了，而书局是当时中国人对出版机构普遍的称谓。据不完全统计，在1912年中华书局成立前，上海98家出版印刷机构中，以书局命名的多达41家。可见，用书局命名的出版机构不仅数量多而且时间较早，带有一定的普遍性。[①]

1911年，我国资产阶级民主革命蓬勃发展，清朝的统治势如累卵。陆费逵预感到革命即将胜利，于是年秋季与陈寅、戴克敦等人筹备，秘密着手编辑了一套新的教科书，为民国成立后的新教育事业做准备。1912年元旦，中华民国建立，随着国体的变更，要求教育改革的呼声越来越强烈。为了迅速恢复教育秩序，国民政府教育部颁布了《普通教育暂行办法》和《普通教育暂行课程标准》。此时，商务印书馆发行的教科书上还印有大清龙旗，亟须重编，而清政府学部颁行的教科书，已被新政府禁用。陆费逵创立中华书局，并将《中华书局宣言书》刊于《申报》，宣布发起"教科书革命"："国立根本，在乎教育，教育根本，实在教科书；教育不革命，国基终无由巩固；教科书不革命，教育目的终不能达到也"；"民国成立，即在目前非有适宜之教科书，

---

① 谢俊美.陆费逵与中华书局的创办[N].联合时报，2020-08-28（005）.

则革命最后之胜利仍不可得"。文章列出了中华书局教科书的四大宗旨:一是"养成中华共和国国民",二是"并采人道主义、政治主义、军国民主义",三是"注重实际教育",四是"融和国粹欧化"。① 中华书局此时推出的秘密编写的中华教科书系列,课本内容剔除了封建伦理之说教,受到各地中小学校的欢迎,以至于出现了"日间订出,未晚即罄,架上恒无隔宿之书,各省函电交促,未有以应"② 的局面。初出茅庐的中华书局名声大振,"教科书革命"初战告捷。

(二)锐意创新,蓬勃发展

教科书的编写与出版自始至终都是中华书局的主要业务。中华书局继发行新编的中华教科书之后,又陆续出版了小学课本 44 种,中学、师范课本 72 种,几乎包揽了当时全国新式学校教学用书。在选题策划上,中华书局做到了与时俱进。1912 年中华民国成立,推出中华教科书,宣扬共和精神。当时,女子教育蔚然成风,中华书局推出《中华女子国文教科书》(高小)。1913 年,陆费逵受教育部委托主持"读音统一会",他预感"言文一致、国语统一"是大趋势,于 1915 年推出《新式国文教科书》,每册最后附有 4 篇白话文课文。

对于教科书的编写,中华书局力避"闭门造车",面向社会广泛征集教材和收集编写意见,先在《中华教育界》刊登了《中华书局大征文》《中华书局征集高等小学国语读本材料》等征文启事,以不断扩充教科书编写资料的来源。比如《中华书局大征文》共有 12 个主题,其中关于国文教材的征文内容就有"小学国文教授分读本、文法、习字、作文,述其方法及教材要目"③。

中华书局设事务所、编辑所、印刷所和发行所。编辑所在全盛时期约有 170 人,编辑皆饱学之士,包括梁启超、范源濂、戴克敦、张相、舒新城、田汉、张闻天等。印刷所的人才有陈寅、唐驼、王瑾士、沈骏声等,可谓精英荟萃。④ 陆费逵曾两次赴日本考察印刷业务,引进德国等工业国家的先进设备,

---

① 中华书局.中华书局宣言书[J].中华教育界,1912(01).

② 周其厚.中华书局的"教科书革命"[J].文史知识,2012(01):5-10.

③ 中华书局.中华书局大征文[J].中华教育界,1914(23).

④ 蒋维乔.创办初期之商务印书馆与中华书局[M].北京:商务印书馆,1987:198.

聘请外籍专家指导工作。

中华书局开办第一年，就先后设立了分局 9 处，代办分局 10 余处；随后几年，增至 40 余处。1927 年，设立新加坡分局，发行网的范围甚至覆盖南洋一带。到中华人民共和国成立前，中华书局在全国共有分局 50 余处，建立了以数个大型出版机构为中心，辐射全国的发行网。同时，中华书局还选派优秀的技术工人出国学习印刷技术。有人认为，20 世纪 30 年代中华书局印刷厂的技术、设备和印刷品质量，不仅在国内位居前列，在亚洲也是相当先进的。

二、中华书局出版的小学语文教科书

在陆费逵主持下，中华书局出版了多套中小学和师范学校、职业学校、华侨学校教科书、教学参考用书以及大量知识读物。据不完全统计，1912—1949 年，中华书局共出版各类教科书 400 余种，少年儿童读物 800 多种。[①]

中华书局 1912—1949 年出版的小学教科书系列见表 3-10，小学语文教科书见表 3-11。

表 3-10　中华书局 1912—1949 年出版的小学教科书系列

教科书系列	初版时间
中华教科书	1912年
新制教科书	1913年
新编中小学教科书	1915年
中华女子教科书	1915年
新式教科书	1916年
新教材教科书	1920年
新教育教科书	1920年
新小学初高级教科书	1923年
新中华教科书	1927年
新课程标准适用教科书	1933年
新课程标准适用师范学校教科书	1934年
修正课程标准适用教科书	1936年

参考资料：周其厚 . 中华书局与近代文化 [M]. 北京：中华书局，2007：132-135.

---

① 俞筱尧，刘彦捷. 陆费逵与中华书局[M]. 北京：中华书局，2002：87-88.

表 3-11　中华书局 1912—1949 年出版的小学语文教科书

书　名	适用范围	编校者	总册数	初版时间
中华初等小学国文教科书	初等小学用	华鸿年、何振武编 侯鸿鉴、陆费逵、戴克敦、姚汉章阅	8册	1912年
	国民学校用 春季始业 （简编本）	戴克敦等编	8册	1913年
中华高等小学国文教科书	高等小学用	汪渤、何振武编	8册	1912年
新制中华国文教科书	国民学校用 初等小学用 秋季始业	陆费逵、沈颐、戴克敦、华鸿年编 范源濂阅	12册	1912年
	初等小学用	屠元礼编 沈颐阅	12册	1913年
	高等小学用 秋季始业	郭成爽、汪涛、何振武、缪徵麟编 戴克敦、沈颐、陆费逵阅	9册	1912年
新制国文教科书	国民学校用 秋季始业	陆费逵等编	12册	1912年
南洋华侨国语教科书	初等预备班用	陈抚辰编 金衡甫、张瑞安校	2册	1912年
民国华侨初等小学国语教科书	南洋华侨初等小学用	周肇华、李文渠编 柏海翔校	10册	1913年
新编中华国文教科书	国民学校用 初等小学用 春季始业	戴克敦、范源濂、沈颐等编	8册	1913年
	高等小学用 春季始业	沈颐、杨喆编 范源濂阅	6册	1913年
新制单级国文教科书	国民学校用 初等小学用	刘传厚、范源濂、沈颐编	12册	1914年
中华女子国文教科书	国民学校用 女子初等小学校用	沈颐编 范源濂阅	8册	1914年
	高等小学用	沈颐、范源濂、杨喆编	6册	1914年
新式国文教科书	国民学校用 春季始业	陆费逵、李步青、沈颐等编 沈恩孚、范源濂、刘宝慈阅	8册	1915年
	国民学校用 秋季始业	吴研蕡、刘传厚编 沈颐、戴克敦校	8册	1917年
	高等小学用 春季始业	吕思勉编 崔景元、刘械、范源濂等阅	6册	1916年
新教材教科书国语读本	国民学校用	黎均荃、陆衣言编	8册	1920年
新教育国语课本	国民学校用	胡舜华、戴克敦、杨敬勤等编阅	8册	1921年

续　表

书　名	适用范围	编校者	总册数	初版时间
新教育教科书国文读本	高等小学用	朱麟等编 易作霖等校	6册	1921年
新小学教科书国语读本	新学制初级用	黎锦晖、陆费逵编 戴克敦校	8册	1923年
新小学教科书国文读本	新学制高年级用	褚东郊等编 陆费逵等校	4册	1924年
新小学教科书国语文学读本	新学制初级用	李步青编 陆费逵、戴克敦校	8册	1925年
新中华教科书国语读本	高等小学用	朱文叔编	4册	1927年
新小学国语读本	新学制初级用	黎锦晖、陆费逵编 戴克敦校	8册	1932年
南洋华侨国语读本	高等小学用	陆费逵编 张国基校	4册	1932年
小学国语课本	新课程标准适用 初级小学用 春秋始业	朱文叔、吕伯攸编 孙世庆、鞠承颖、陆费逵等校	8册	1934年
小学国语读本	新课程标准 小学校初级用	朱文叔等编纂 陆费逵等校阅	8册	1933年
	新课程标准 高年级用	朱文叔、吕伯攸编 孙世庆等校	4册	1933年
	新课程标准 春季始业 初级用	朱文叔、吕伯攸编 孙世庆等校	8册	1934年
新课程标准小学国语读本	南洋华侨学校 高年级用	朱文叔等编 陆费逵校	4册	1934年
新编高小国语读本	修正课程标准适用	吕伯攸编 陆费逵校	4册	1937年

参考资料：王有朋. 中国近代中小学教科书总目 [M]. 上海：上海辞书出版社，2010：95-163. 北京图书馆，人民教育出版社图书馆. 民国时期总书目（1911—1949）：中小学教材 [M]. 北京：书目文献出版社，1995：33-63.

三、中华书局出版的小学语文教科书代表作介绍

（一）《中华国文教科书》（初小、高小）：应时而上的教科书

1912 年 1 月 19 日，教育部发文要求"凡各种教科书，务合乎共和国民宗旨。清学部颁行之教科书，一律禁用"，各大书局面对变革措手不及，唯有中华书局把握住了时代机遇，在教科书出版领域脱颖而出。作为中华书局成立

后推出的第一部国文教科书,《中华初等小学国文教科书》充分考虑了共和政体的需要,其"编辑大意"指出:"本书以养成共和国完全国民为宗旨。以独立、自尊、自由平等为经,以生活上必须知识为纬。"[①] 该套教科书出版之时正逢春季开学,出现供不应求的场面。其中《中华初等小学国文教科书》第2册于1912年10月就已再版51次,几乎独占了整个春季教科书的市场。其后数年中不断再版,截至1918年4月,8册再版量总计591版。《中华高等小学国文教科书》也在短短数月内多次再版,8册总计78版,详见表3-12。

表3-12 《中华国文教科书》(初小、高小)再版量统计

教科书名称	册　数	时　间	再版量
《中华初等小学国文教科书》	第1册	1913年3月	76版
	第2册	1912年10月	51版
		1918年4月	83版
	第3册	1914年3月	83版
	第4册	1913年5月	87版
	第5册	1915年1月	67版
	第6册	1915年1月	55版
	第7册	1913年6月	49版
	第8册	1913年5月	40版
	总计		591版
《中华高等小学国文教科书》	第1册	1912年5月	9版
	第2册	1912年10月	11版
	第3册	1913年2月	15版
	第4册	1912年10月	10版
	第5册	1912年12月	11版
	第6册	1912年12月	7版
	第7册	1912年7月	4版
	第8册	1912年11月	11版
	总计		78版

参考资料:王有朋.中国近代中小学教科书总目[M].上海:上海辞书出版社,2010:95-163.

1. 应时而上,培养共和国民

《中华国文教科书》以"培养共和国完全国民"为宗旨,摒弃封建社会的

---

① 北京图书馆,人民教育出版社图书馆.民国时期总书目(1911—1949):中小学教材[M].北京:书目文献出版社,1985:5.

传统说教，宣扬自由平等之风，在教材中加入了许多关于共和政体和资产阶级自由平等思想的内容。例如：高小第 4 册第 12 课《缠足之害》（"世间残酷伤身之事，害及于全国而毒流于子孙者，其中国妇女之缠足乎"），揭露了封建社会戕害女性的社会陋习，同时也正面宣扬了解放女性、男女平等的思想；高小第 4 册第 13 课《秦良玉》、第 14 课《沈云英》，高小第 7 册第 2 课《木兰诗》，展现了巾帼不让须眉的风采；初小第 2 册第 25 课课文"我国旗，分五色，红黄蓝白黑，我等爱中华"和高小第 5 册第 1 课《共和政治》"因地制宜不尚虚非欲效法兰西美利坚之治也"，旨在培养具有共和精神的新时代国民；高小第 4 册第 1 课《说自由》，初小第 5 册第 2 课《自立》、第 17 课《自由之真义》、第 20 课《平等之真义》、第 47 课《自由》，向学生传递了资产阶级自由平等的思想，带来了一股清新之风。除此之外，传统的美德亦是共和国民必备品格，因此教科书也重视国民道德教育。如，高小第 5 册第 2 课《廉耻》、第 25 课《勤训》、第 26《俭训》和高小第 2 册第 1 课《孝子》、第 6 课《乌蒙烈女》、第 32 课《仁侠之母女》等，都是服务于国民道德教育的。

2. 重视实业，强调金融知识的学习

受实业救国思潮的影响，《中华国文教科书》也选入了不少实利教育的篇目，尤其是关于资本主义货币经济方面的文章，十分契合共和政体的需要。例如：高小第 2 册第 30 课《铁路》和第 5 册第 29 课《用机器殖财养民说》、第 31 课《公司》等，主张学习西方先进实业以富国强兵；高小第 4 册第 9 课《圆法》、第 10 课《纸币》、第 11 课《资本》、第 30 课《国债（一）》、第 31 课《国债（二）》和高小第 3 册第 2 课《贸易》，向学生介绍了资本流通方面的知识；高小第 7 册《美国之犹太人》讲述了犹太人如何借助贷款生财的故事，在一定程度上改变了学生关于"物物交换""货物交换"的思维定式，使学生在经济上学有所成。

《中华国文教科书》把握住了时代的机遇，领先于商务印书馆《共和国教科书新国文》而抢占了教科书市场高地，其共和之风吹遍了全国，被誉为"教科书革命之先导"。

（二）《中华女子国文教科书》：培养共和女国民的教科书

自 1907 年《奏定女子小学堂章程》与《奏定女子师范章程》颁布后，女子教育不断发展。受金天翮"女国民论"思想的影响，辛亥革命后，女子教育思潮进入了女国民教育阶段。中华书局为满足女校的要求，于 1914 年出版了《中华女子国文教科书》，该套教材的编者沈颐与范源濂对女子教育有着丰富的经验，其中沈颐就曾参与编写商务印书馆的《女子国文教科书》和《共和国教科书》，对该套教材中共和女国民的思想有着重要影响；范源濂也曾亲自组织推动女子赴日本留学的工作，十分重视女子教育。他们在高小教材的"编辑大意"中指出，该书"详言女子生计艺能及家政概要，国民知识为女子不可或缺者择要列入"，可见编者对女国民思想的贯彻。如表 3-13 统计所示，该套教科书自 1914 年出版后，多次再版，一直到 1923 年仍在使用，10 年内总计再版量达 177 版。可以说，《中华女子国文教科书》在女子教育史上是一套较为成熟的女子教科书。

表 3-13 《中华女子国文教科书》再版量统计

册　数	时　间	学　段	再版量
第1册	1921年11月	初小	19版
	1922年8月	高小	15版
第2册	1923年4月	初小	19版
	1920年6月	高小	12版
第3册	1923年4月	初小	19版
	1922年8月	高小	13版
第4册	1919年3月	初小	7版
	1919年12月	高小	8版
第5册	1921年8月	初小	12版
	1920年1月	高小	7版
第6册	1921年8月	初小	12版
	1919年12月	高小	6版
第7册	1921年12月	初小	14版
第8册	1921年12月		14版
全册总计			177版

参考资料：王有朋. 中国近代中小学教科书总目 [M]. 上海：上海辞书出版社，2010：95-163.

1. 构建家国理念，鼓励女子参与民主政治

受时代的影响，该套教材难免有贤妻良母思想的传递，但其不是将女性禁锢于小家庭，而是鼓励女子走出家庭，走向社会，树立家国理念。在选文上，编者选取了许多介绍国家的文章。例如，高小第 2 册第 1 课《国旗》，第 3 册第 9 课《民族之演进》，第 4 册第 27 课和 28 课《我国地图（一）》《我国地图（二）》，第 5 册第 38 课《国势》，增强女子对国家发展、版图的认识，让女子形成国家的观念。除此之外，教材还选入了关于共和政治的相关文章。例如，高小第 2 册第 4 课《政体》，第 4 册第 40 课《共和国民之精神》，第 5 册第 1 课《中华民国成立记》、第 2 课《释中华民国》等介绍国家政体、宣扬共和精神，鼓励女子参与民主政治建设，投身国家建设。除此之外，教材还特意选取了西方强国的故事，传播"只有爱国才能使国家富强"的观念，并宣扬西方女子爱国的事迹，鼓励女子为了国富民强贡献自己的力量。例如，高小第 2 册第 31 课《英民之特性》中就指出"民良国未有不富强者，民不良国未有不贫弱者"，鼓励女子学习英民，勤劳奋斗，为国家做贡献；高小第 5 册第 28 课《立那》和第 6 册第 17 课《斯考夺》分别介绍了澳大利亚和美国的女性保家卫国的故事，指出虽然女子在身体素质上有别于男子，但同样肩负着保家卫国的责任。

2. 传播文化新知，鼓励女子投身社会工作

自立求知是现代女性的特征之一，也是共和女国民最基本的价值追求。因此，编者尤为重视对文化知识的传播，其中包括科技发明类的知识、社会技能类知识及金融知识。这些知识有助于女子打开新世界的大门，且与女子生活息息相关，养成融入社会的生活技能。科技发明和社会技能类的选文众多，例如，高小第 2 册第 9 课《磁》、第 21 课《汽》、第 37 课《热》、第 38 课《色》，第 3 册第 6 课《女工》、第 8 课《印刷术之进步》，第 5 册第 17 课《飞行机》、第 24 课《纺织》、第 25 课《利用天然力》、第 34 课和 35 课《机器（一）》《机器（二）》，第 6 册第 22 课《纺纱机之发明》、第 29 课《人工孵鸡》，这些选文不仅能够开阔女性视野，还能让女性感受到科学的魅力，从而在生活中用科学方法解决问题。

作为新时代的共和女国民，现代金融知识必不可少，编者特意选入不少与经济相关的文章，鼓励女子研学金融知识，走进市场金融业，为我国经济发展做出贡献。例如，高小第3册第38课《斯密亚丹》介绍了交易、工商业和租佣金等方面的经济常识，第3册第39课《通商》、第40课《国货》，第4册第11课《保险》，第5册第12课《资本》、第13课和14课《公司(一)》《公司（二）》、第36课《国债》，第6册第18课《币制》、第19课《纸币》、第25课《股份》等选文，都丰富了女子经济方面的知识，为女子了解社会经济、投身国家经济建设打下了良好的基础。

从这些选文中可以看出，这套教材不仅注重从理论层面培养共和女国民，还重视实用知识的传播，鼓励女子从事社会工作，从实践层面培养共和女国民。

《中华女子国文教科书》中仍有传统女子教育的影子，但值得注意的是，该教材所传递的贤妻良母形象与以往有所不同，她们践行的是科学育儿、健康教养，这在当时具有进步意义。

（三）《新式高等小学国文教科书》: 具有史家精神的国文教科书

《新式高等小学国文教科书》（1—6册）由吕思勉、范源濂等编写，1916年初版后又多次再版。如表3-14统计所示，截至1923年5月，第1册已再版70次，全6册截至1924年总再版量达341版，可见其影响力之大。吕思勉是"现代中国四大史学家"之一，在编写该国文教科书时，恰逢五四文白之争愈演愈烈，吕思勉提倡文白并行，认为文言需循序渐进，不可骤废。因此，该套教材的高小阶段选入了大量深浅适中的古文，吕思勉还凭借其史家的专业眼光，选取了大量历史类题材的文章，在全书166篇选文中，历史类题材共有78篇，约占47%。这种文言与历史相糅合的方式，使得该套教科书兼具国文特色和历史特色。

表3-14 《新式高等小学国文教科书》再版量统计

册 数	时 间	再版量
第1册	1923年5月	70版
第2册	1924年5月	62版
第3册	1923年5月	57版

册　数	时　间	再版量
第4册	1923年5月	54版
第5册	1924年5月	49版
第6册	1923年5月	49版
全册总计		341版

参考资料：王有朋．中国近代中小学教科书总目 [M]．上海：上海辞书出版社，2010：95-163．

1. 广阔的史学视野，突破了学科界限

吕思勉以广阔的史学视野，选入了多种类型的历史题材文章，将历史与国文相融合，突破了学科界限，使该套教材不仅具有历史的纵深感，还具备时代的深刻性。其"编辑大意"对历史类题材有如下的规定："（1）名人之传记或轶事，其意味不专属于道德范围者。（2）壮快勇武之史谈，与军国民教育有关者。（3）欧美近世之人物及事实，与政治经济进化等有关者。"因此，历史类题材范围广泛，包含历史名人题材、军国民教育题材、国外历史题材。关于历史名人的选文有第 1 册第 30 课《晏子使楚》，第 2 册第 1 课《孟母》、第 7 课《渑池之会》，第 4 册第 3 课《鲍氏子》，第 6 册第 17 课《唐且使秦》等。这些名人可追溯至春秋战国时期，且都有值得学习的品质与才能，晏子、蔺相如、唐且（今多用唐雎）有勇有谋且胸怀天下，孟母教子有方，鲍氏子年幼聪慧，学生可以以史为鉴提升自我。展现军国民教育的选文有第 2 册第 28 课《赤壁之战》，第 3 册第 25 课《郭子义单骑见回纥》、第 26 课《赵王买马》，第 4 册第 4 课《出塞》等。这些课文从战略战术以及作战精神上对学生进行军国民教育。古代历史选文大多有据可考，且在文中标明了出处，即使是自编选文，也是根据史实进行创作，足见编者求真务实的史学精神。关于国外历史题材的选文有第 4 册第 15 课《哥伦布》，第 5 册第 2 课《达尔文》、第 16 课《苏伊士运河》、第 17 课《巴拿马运河》、第 18 课《埃及》，第 5 册第 4 课《罗马武士》、第 5 课《塞木拔来之战》等。编者将欧美历史人物、战争以及疆域等内容引入教材，有助于学生开阔视野，做到知己知彼。

2. 经世致用的史家风格，强调实用教育

吕思勉是一位极具责任担当的历史学家，他忧国忧民，以经世致用的史学精神选择实用方面的文章。他既认识到发展现代工业需要国民具备实用知识，又坚守中华优秀传统文化，强调传统农业、手工业技艺的传承。例如，第 2 册第 13 课《矿产》、第 14 课《磁石》、第 30 课《贸易》，第 3 册第 8 课《印刷术》、第 12 课《望远镜记》、第 4 册第 6 课《借贷与保证》、第 7 课《国债》、第 18 课《汽船汽车》、第 19 课《飞艇飞机》、第 20 课《空气之自述》、第 22 课《天然力》，第 5 册第 7 课《国货》、第 8 课《工业》、第 14 课《币制》、第 15 课《纸币》，第 6 册第 5 课《天文台》、第 6 课《太平洋汽船》、第 7 课《交通》等，涉及多方面的实用知识。又如，第 1 册第 5 课《纸鸢》、第 6 课《钓鱼》，第 2 册第 16 课《农业》、第 17 课《蚕桑》、第 33 课《樵夫陶匠》，第 3 册第 19 课《种植》等，介绍了传统技艺，有传承保护国粹之意。

正是因为编者广博的学识，《新式国文教科书》被称赞为"百科全书式"的国文教科书，书中包含历史、地理、自然、道德、社会和日用等知识。其广泛的题材，丰富了学生的知识储备，拓宽了学生的眼界，有助于学生打破学科界限，实现知识的迁移。

（四）《小学国语读本》: 严格遵照国语课程标准相关规定的教科书

1927 年，南京国民政府成立，教育部根据"三民主义"确立了新的教育宗旨，各级各类课程标准也随之完善。1932 年 10 月，国民政府教育部颁布了《小学课程标准》，其中"国语"部分内容翔实，为国语教科书的编写提供了更加明确的依据。中华书局顺势而为，于 1933 年 3 月出版了新课程标准适用教科书——《小学国语读本》，主要包括小学初级 8 册和小学高级 4 册。如表 3-15 统计所示，高小第 1 册在一年时间内就已再版 51 次，两个学段再版量总计 272 版，可见遵照新课程标准的教科书在市场上具有一定的影响力。该套教科书严格依据《小学课程标准》中有关国语部分的规定进行编写，其"编辑大意"中强调"本书遵照中华民国二十一年十月国民政府教育部颁布的《小学课程标准》编辑"，这在选文的内容和文体上均有体现。

表3-15　《小学国语读本》再版量统计

适用范围	册　数	时　间	再版量
新课程标准 春季始业 初小用	第1册	1935年8月	15版
	第2册	1935年8月	12版
	第3册	1934年11月	6版
	第4册	1934年4月	8版
	第5册	1935年11月	初版
	第6册	1935年4月	3版
	第7册	1935年8月	5版
	第8册	1935年8月	6版
	总计		55版
新课程标准 高年级用	第1册	1934年3月	51版
	第2册	1936年5月	86版
	第3册	1934年6月	44版
	第4册	1934年1月	36版
	总计		217版

参考资料：王有朋．中国近代中小学教科书总目 [M]．上海：上海辞书出版社，2010：95-163.

从选文内容上来看，教科书严格遵照课程标准的相关规定。第一，为"尽量使教材富有牺牲及互助的精神"，在选文中加入了规定的党义内容，主要涉及"关于孙中山先生、国民革命、奋发民族精神、启发民权思想及养成民生观念的故事和诗歌"。具体来看，关于孙中山的选文有：初小第3册《孙中山先生的铜像》、第5册《不畏强暴不欺弱小》、第8册《孙中山先生的廉洁》，高小第1册《读书要明白它的意思》、第3册《孙中山先生逝世纪念日演说辞》《在孙中山先生遗像之前》、第4册《孙中山先生的革命战术》《谒孙中山先生陵墓》等。关于国民革命的选文有：初小第6册《淞沪的血战》，高小第1册《温生才烈士》《林冠慈烈士》。关于奋发民族精神的选文有：初小第8册《五日后》、高小第2册的诗歌《我们的时代》。《我们的时代》具有鲜明的时代特征，主要观点是：帝国主义侮辱我国民和侨胞，我们要集合起来一致对外抗敌。关于养成民生观念的选文有：初小第6册《飞机》、第5册《我的银行生活》、第8册《割稻》《合作社访问记》等。第二，"切于儿童生活"，选文内容与儿童的家庭生活、学校生活和社会生活相联系，注重培养儿童在实际生活中的能力，帮助儿童适应生活。该套教科书编选了许多实用文，如初小第

4 册《写信》、第 8 册《一个电报》,高小第 1 册《社会服务团宣言》《八达岭游记》、第 2 册《南极探险家的报告》、第 4 册《学生自治会成立大会演说辞》等。

1932 年课标对教科书中各类内容在各学年所占百分比也作出了详细的说明,内容要求涉及公民、自然、历史、文艺、党义、卫生、地理等七个方面。以该套教科书高小第 1 册为例,整册共 34 课,其中关于自然景物描写的有《暮色》《夏日的田园》《到青岛去》,关于历史的有《爱国商人》《越王复仇》,关于文艺的有《牧神》,关于卫生健康的有《大体育家孙唐》《为什么要检查身体》《人体内的机器》,关于地理的有《八达岭游记》《游新疆归来》。可以发现,《小学国语读本》选编内容丰富,并且严格遵循课标规定。

从选文文体上来看,1932 年课标在国语部分增加了附件,其中附件一是"各种文体的说明",提到的文体有普通文、实用文、诗歌、剧本,附件二是"读书教材分量支配",规定了第一至第六学年教科书中关于各种文体和各种内容所占的百分比情况。《小学国语读本》的文体涵盖了课标所规定的四大类:在一、二学年,侧重普通文和诗歌;随着儿童身心的发展和语文学习能力的提升,在三、四学年和五、六学年逐渐加入了实用文和剧本,但普通文仍占主导地位。这些都说明教科书在教材的支配上严格遵照课标中关于"读书教材分量支配"的规定,使得教科书各体兼备、形式多样。

第四节　世界书局与小学语文教科书

一、世界书局概述

（一）创立之初，出版通俗小说

世界书局于 1917 年成立，创办人是沈知方。沈知方原是商务印书馆早期高级职员，辛亥革命时又与陆费逵合作创办中华书局，直到 1917 年脱离中华书局另立世界书局。创业之初，世界书局势单力薄，赚钱立足是其第一要旨。早期出版的图书种类繁多，既有学生用书、青年用书、商人用书、家庭用书，又有各类读本、作文入门书、古书精华、尺牍和工具书等。通俗长篇小说是世界书局在初创期推出的拳头产品，如张恨水的社会言情小说、平江不肖生的武侠小说、程小青的侦探小说等。

（二）改变方针，进军小学教科书市场

迎合市场需求，出版通俗小说，诚然为世界书局在早期赢得了丰厚的利润，但难以带来社会效益。基于这样的认识，世界书局开始改变出版方针，逐步向教科书市场进军。世界书局特别邀请徐蔚南主编了一套介绍各科知识的"ABC 丛书"，前后推出 150 种，于 1928 年陆续出版。"ABC 丛书"专注于各学科学术知识的普及，而且比商务印书馆"万有文库"早一年推出。其出版不但为世界书局赢得商业利润，也改变了读者心中"世界书局只出鸳鸯蝴蝶派小说"的印象。

世界书局重视提高教科书编者团队的质量，高薪聘请编辑人才，先后挖走了商务印书馆的张云石、范祥善、骆师曾、杜就田等，以及中华书局的王

剑星、董文。在人才选用方面，世界书局重拳出击：力邀商务印书馆编辑所所长范祥善等人策划中小学教科书，打入教科书出版市场，商务印书馆编译所的谢六逸、杨贤江、郑振铎等专家也曾为世界书局编写过教科书；聘请南社成员朱翊新担任编译所教科书部主任；邀请著名教育家吴研因、儿童文学作家吕伯攸、语文教科书编辑专家庄适和朱剑芒等，组建编辑发行团队。由此，世界书局的实力迅速壮大。值得注意的是，在教科书出版策略上，世界书局没有像商务印书馆、中华书局那样，小学、中学教科书同时编印，而是先编小学教科书，而后才扩展到中学教科书，可谓量力而行。

经过两年多的准备，1924 年，世界书局推出了第一套小学教科书——《新学制教科书》。为了易于通过审查，提高发行推销上的号召力，这套教科书邀请曾任北京大学校长的胡仁源为审订人，并获得当时北京教育界知名人士马邻翼、黎锦熙等人的支持。

世界书局在推出"新学制教科书"之后，于 1925 年开始编写"新主义教科书"，突出"三民主义"的中心内容，以迎合革命。1927 年北伐军抵达上海后，世界书局马上公开发行"新主义教科书"，时任监察院院长的于右任担任该书的审订人。

20 世纪 30 年代，世界书局又推出"新课程标准教科书"。这套教科书的特点是灵活多变，分别编写出乡村用、中小城市用、大都市用和春季始业用、秋季始业用等多套不同版本，以适应不同地区、不同时令的需要。仅国语一科就有四种版本同时发行：朱翊新编的，称世界第一种国语，多发行于中小城市；吴研因编的，称世界第三种国语，多发行于大中城市和海外；另有朱翊新、杨镇华编的，春季始业用，多发行于农村。[①] 这种多版本的教科书考虑更周全，针对性也更强。

较商务印书馆和中华书局两家出版社，世界书局在教科书出版市场起步较晚，但是以《新学制小学教科书初级国语读本》为起点，世界书局在出版小学语文教科书这条路上可谓高歌猛进。至 1930 年，打破了商务印书馆和中华书局对教科书市场的垄断局面，加入教科书市场的竞争中。据当时的一份对上海

---

① 朱联保.关于世界书局的回忆[J].出版史料，1987（02）：52.

市立小学各年级用书的调查统计，世界书局的教科书在上海市立小学中达到三分之一的占有率。①

二、世界书局出版的小学语文教科书

1924 年，世界书局第一套小学教科书"新制教科书"中的《新学制小学教科书初级国语读本》一经出版，就得到了市场的肯定和师生的好评。世界书局1917—1949 年出版的小学语文教科书，见表 3-16。

表 3-16　世界书局 1917—1949 年出版的小学语文教科书

书　名	适用范围	编校者	总册数	初版时间
新时代教科书国文读本	高级小学用	秦同培编	4册	1922年
新时代教科书国文补习读本	高级小学用	秦同培编		1922年
新学制教科书国文读本	高级小学用	严玉成编	4册	1922年
新学制小学教科书初级国文读本	春秋季始业通用	杨喆、范祥善编	8册	1924年
	初级小学用	魏冰心、范祥善、朱翊新编	8册	1924年
新学制小学教科书初级国语读本	初级小学用	魏冰心、范祥善编辑 沈方知等参订	8册	1924年
新学制小学教科书高级国语文读本	高级小学用	魏冰心编辑 朱翊新等校订	4册	1925年
	高级小学用	秦同培、陈和祥编 杨喆，张肇熊校订	4册	1925年
新主义教科书前期小学国文读本	初级小学用	朱剑芒、陈鼐麓编 魏冰心、范祥善校订	8册	1927年
	初级小学用	魏冰心等编 范祥善校订	8册	1928年
新主义教科书前期小学国语读本	前期小学用	魏冰心等编 范祥善校订	8册	1928年
新主义教科书后期小学国语课本	高级小学用	魏冰心编	4册	1928年
新主义国语读本	前期小学用	魏冰心等编辑 范祥善校订	8册	1930年
	小学高年级用	魏冰心、吕伯攸编 范祥善校订	4册	1930年

① 王愁. 近代商人出版家的成败：以沈知方和世界书局为中心的研究[D]. 上海：复旦大学，2007：23.

续 表

书 名	适用范围	编校者	总册数	初版时间
国语读本	初级小学用	魏冰心、苏兆骧编 薛天汉、范祥善校订	8册	1932年
	高级小学用	朱翊新编 范祥善校订	4册	1933年
	初级小学用	朱翊新、杨镇华编辑	2册 （1、3册）	1935年
国语新读本	初级小学用	吴研因编著 陈丹旭、庞亦鹏绘图	8册	1933年
	高级小学用	吴研因	4册	1935年
小学国语读本	小学中高年级用	魏冰心编	2册	1935年
新课程标准世界教科书 高小国语读本	高级小学用	朱翊新等编辑 范祥善校订	4册	1937年
初级小学国语新读本	初级小学用	吴研因编	8册	1937年
初小国语读本	初级小学用	魏冰心编 薛天汉、范祥善校订	8册	1937年
初级小学副课本新国语	初级小学用	魏冰心等编 朱翊新修订 薛天汉、范祥善校阅	4册	1943年
高级小学副课本新国语	高级小学用	朱翊新编著	4册	1945年

参考资料：北京图书馆，人民教育出版社图书馆.民国时期总书目（1911—1949）：中小学教材 [M].北京：书目文献出版社，1995：33-63.王有朋.中国近代中小学教科书总目 [M].上海：上海辞书出版社，2010：95-163.

三、世界书局出版的小学语文教科书代表作介绍

（一）《新主义国语读本》：党化教科书中的善本

1927年后，革命氛围空前高涨，国民政府则大力开展党化教育以巩固政治。各出版社为迎合时代潮流，在教科书中加入许多国民革命和"三民主义"的内容。尤其是在1929年"三民主义"教育宗旨颁布后，大量关于孙中山的内容和革命性的材料被编入教科书。1930—1931年，世界书局为迎合政治需要，出版了《新主义国语读本》，包括供前期小学四学年之用的8册和供后期小学两学年之用的4册。截至1932年6月，初小第1册再版量就已达362版，初小8册总计再版量达1288版；截至1930年4月，仅几个月的时间，高小4册总计再版量就达155版。这套与时代风云交相辉映的教科书迎合了国民政府的独特需求，广受当时教育界的欢迎，可以说是党化教科书中的善本。

表 3-17　《新主义国语读本》再版量统计

适用范围	册　数	时　间	再版量
前期小学用	第1册	1932年6月	362版
	第2册	1930年4月	125版
	第3册	1932年6月	362版
	第4册	1931年4月	165版
	第5册	1929年12月	81版
	第6册	1929年8月	47版
	第7册	1930年11月	74版
	第8册	1931年4月	72版
	总计		1288版
小学高年级用	第1册	1930年3月	26版
	第2册	1930年3月	30版
	第3册	1930年3月	36版
	第4册	1930年4月	23版
	总计		115版

参考资料：北京图书馆，人民教育出版社图书馆．民国时期总书目（1911—1949）：中小学教材 [M]．北京：书目文献出版社，1995：33-63.

1. 教科书名称迎合"三民主义"的教育宗旨

1927 年，国民革命军北伐成功，国民政府在南京成立，成立伊始就力图通过教育来贯彻国民党"三民主义"的治国方略。1929 年 3 月，第三次全国代表大会的召开，确定了"三民主义"之国民教育为中华民国今后之教育宗旨。同年 4 月 26 日，南京国民政府在《中华民国教育宗旨及其实施方针》中明确指出："中华民国之教育，根据"三民主义"，以充实人民生活，扶植社会生存，发展国民生计，延续民族生命为目的；务期民族独立，民权普遍，民生发展，以促世界大同。"[①] 在该背景下，《新主义国语读本》之名称迎合了时代潮流。值得注意的是，当时教育部对教科书的审查尤为严格。1929 年 1 月 22日，教育部颁布了《教科书审查规程》，其中规定："学校所用之教科图书，未得国民政府行政院审定或已失审定效力者，不得发行或采定。"为易于通过审查，编者魏冰心和吕伯攸不仅以新主义命名教科书，在内容编写上也极其重视革命性材料，并在封面上方注明"经国民政府大学院审定"。

---

① 王兴杰．第一次中国教育年鉴（甲编）[M]．上海：开明书店，1934：8.

2. 革命性的选文内容契合党化教育之风

《新主义国语读本》（高小）的"编辑纲要"指出："本书教材，注重含有革命性的故事、史谈、游记、小说、诗歌等并阐发中国国民党的党义，以期适合于党化教育之用。"因此，编者选入了大量以革命为主题的文章，高小4册选文中仅有几篇与革命无关。尽管该教材主题单一，但其体裁丰富，避免了枯燥性。其中，传记类的选文有第1册第2、3课《国父孙中山先生（一、二）》、第3—6课《中山先生伦敦被难记（一至三）》、第34课《两个女烈士》，第2册第8课《黑奴的救星林肯》、第9课《我叫林肯》，第3册第15、16课《扶助希腊独立的拜伦（一、二）》等；史谈类的选文有第2册第3—5课《青天白日满地红旗的光荣史（一至三）》等；游记类的选文有第1册第7、8课《谒中山陵记（一、二）》，第2册第24课《谒黄花岗烈士记》，第4册第8课《登长城》等；小说类的选文有第1册第30—34课《最后一课（一至四）》等。此外还有朗朗上口的诗歌与歌谣。诗歌如第1册第9课《美哉中华》："美哉中华：同心协力，万众一家。风俗醇厚，人物俊雅……"歌谣如第4册第1课《华族祖国歌》："华族祖国今何方？长城万里山为墙，鲜卑月氏悉来王，拓地益北汉武皇……"高小教材出版后，初小教材承继革命之风，有大量选文涉及中国革命的内容，且以儿童容易接受的方式于潜移默化中传递。譬如，采取寓言的方式来传递革命主题，第3册第3课《猴子请狼保护》、第4课《猴子自强》和18课《凶猛的狼》等选文以儿童能够读懂的方式传递自强理念，揭露帝国主义的侵略本性；第3册第21课《谁愿意关在你的笼子里》、第31课《关在竹笼里》、第32课《打破竹笼》、第17课《世上强暴我不怕》、第34课《我不怕强暴》等选文，鼓励学生不畏强权，勇于反抗。同时，初小教材里也有与革命主题直接相关的选文，例如，第7册第1、2课《中国国民志气洪（一、二）》、第3课《国旗的话》、第13课《帝国主义压迫下的台湾》、第14课《台湾大革命》、第15课《热血歌》，第8册第1课《"三民主义"歌》等。从以上选文来看，该套教材的革命性主题尤为凸显，十分契合当时的党化教育之风。

（二）《世界书局国语读本》：选文变化大，作文有新意

《世界书局国语读本》与《商务印书馆国语教科书》、开明书店《开明国语课本》并称三大经典国语课本。《世界书局国语读本》（初小）1934 年由魏冰心和苏兆骧合编，这套教材也是根据 1932 年课标编写的，全套共 8 册。朱翊新、吕伯攸合编高小国语读本 4 册。如表 3-18 统计所示，截至 1935 年 8 月，初小第 1 册已达 152 版，初小 7 册总计 518 版。

表 3-18　《世界书局国语读本》再版量统计

适用范围	册　数	时　间	再版量
初级小学用	第1册	1935年8月	152版
	第2册	1935年6月	22版
	第3册	1934年3月	74版
	第4册	—	
	第5册	1937年6月	151版
	第6册	1933年7月	19版
	第7册	1935年6月	68版
	第8册	1934年1月	32版
	总计		518版
高级小学用	第1册	1933年8月	9版
	第2册	1933年11月	16版
	第3册	1933年6月	14版
	第4册	1933年7月	3版
	总计		42版

参考资料：北京图书馆，人民教育出版社图书馆.民国时期总书目（1911—1949）：中小学教材 [M].北京：书目文献出版社，1995：33-63.

1. 选文应年级、时局不同而不同

初小的选文向小学生展示了富有童趣的生活世界，文体以儿童文学为主，符合 1932 年课标规定的"低年级应多用童话诗歌和故事"。以上海科学技术文献出版社 2010 年 12 月出版的《世界书局国语读本》上下册为例，上册第 81 课《狼想吃肉》、第 82 课《老鼠嫁女儿》、第 83 课《还是做老鼠》、第 84 课《老鼠搬鸡蛋》、第 85 课《猴子提帽子》、第 86 课《猴子捞月亮》等都是童话。初小下册多了一些弘扬传统美德、鼓励学生勇敢无畏以适应时代变化的内容。如下册第 6 课《司马光不再说谎话》、第 7 课《司马光急智救朋友》、第 13 课《小孩吃小梨》（孔融让梨）等倡导小学生学习我国传统美德；第 48 课

《不怕强暴的女孩》、第 49 课《荀灌讨救兵》、第 53 课《救人的童子军》、第 79 课《油炸侩的传说》（卖国贼秦侩的传说），这些课文润物细无声地教导孩子面对强权侵略时要不畏强暴、奋起反抗。高小 4 册由朱翊新编写，他是进步革命学术团体南社的一员。1937 年中国社会政局动荡、硝烟四起，高小选文也逐步从儿童生活世界转到了烽火岁月的现实，极力调整教材中的想象性材料，更多关注现实性材料，注重对儿童进行爱国主义教育，唤醒其民族自信心。高小第 2 册第 1 课《可爱的中华》介绍了中华地大物博、矿产丰富等特点，以激发学生的民族自豪感；第 2 课《三枚银币的愤慨》主题是防止白银外流，提倡购买国货；第 13 课《国庆日的来历》叙述了武昌起义和"双十节"。

2. 作文编排有新意

教科书一般都是由选文和课后练习组成，且课后练习指向课标要求的四个方面，而《世界书局国语读本》（高小）的编排强化了作文部分，在同类国语课本当中具有创造性。每篇课文后都设置了改作练习，即改写与创作，或者设置辍句即连句练习。另外，还补充了关于作文方面的课文，自成体系。这些课文中有两个人物，一个是小学生春明，一个是国语老师王先生。课文创设了一个作文学习情境：小学生春明就很多作文问题请教王先生，王先生给予指导。这种情境创设，有亲切感，使孩子们克服了作文学习的畏难情绪，跟同龄人一块学习。高小第 1 册补充课文有《王先生的文法分析图》《单句和复句》《从句子的作用讲到形式》，介绍了句子、词语的构成；第 2 册补充课文主要涉及提要、摘要等写法；第 3 册补充课文有《怎样做文章（一）》（立意），第 4 册补充课文《怎样做文章（二）》（取材）、《怎样做文章（三）》（布局）、《怎样做文章（四）》（修辞）。可以看出，整体的作文编排由易到难，作文知识循序渐进，学生在情境中学习，非常有创意。

第五节　大东书局与小学语文教科书

一、大东书局概述

（一）早期以期刊为阵地发行通俗小说

1916 年，大东书局在上海创办，早期由吕子泉、王幼堂、沈骏声和王均卿 4 人合资经营。经理沈骏声，总店店长王幼堂。沈骏声是世界书局创办人沈知方的侄子。1924 年，大东书局改为股份公司，成立董事会，设监察人。大东书局早期出版方针受世界书局影响，也是走通俗小说路线。其旗下有《紫罗兰》（周瘦鹃主编）、《游戏世界》（周瘦鹃、赵苕狂编）、《星期》（包天笑主编）等期刊，专注社会言情小说，销路不错。后来，大东书局将把这些小说结集出版，招揽读者。

（二）20 世纪 30 年代进军教育出版领域

大东书局 1931 年开始涉足教科书出版领域，先行出版高中教材，1933 年又推出"新生活教科书"。到 1933 年 8 月学生暑期开学，大东书局在《申报》上公开宣称"小学中学大学各科用书全部出齐"，表明自己在教科书出版领域的实力。大东书局还出版有《儿童故事》《新博物》《新手工》等儿童读物，并登报征集学生文艺作品，请专家评点，形成学生教科书、学生作品一体化的风格，仿效世界书局，将业务范围从言情小说出版转向教育出版。全面抗战时期，大东书局成为国定本教科书"七联处"组织成员之一。1937 年淞沪会战爆发，大东书局内迁重庆。1945 年抗日战争胜利以后，由杜月笙任董事长，国民党人陶百川掌握局务。1949 年，大东书局被军管，官股部分被没收。1956 年，大东书局职工转入上海科学技术出版社、新华书店、大东印刷厂等。

大东书局出版了一批具有学术价值、史料价值和文献价值的图书，如郭沫若的《甲骨文字研究》、于右任的《右任诗存》等。此外，也出版了《四库全书总目》《中国医学大成总目提要》等国学书籍和《世界名家短篇小说全集》等文艺书籍。

二、大东书局出版的小学语文教科书

大东书局 1931—1949 年出版的小学语文教科书，见表 3-19。

表 3-19　大东书局 1931—1949 年出版的小学语文教科书

书　名	适用范围	编校者	册　数	初版时间
初级小学尺牍新范本	初级小学用	王一鸣	上、下册	1933 年
新生活教科书国语	初级小学用	蒋息岑、沈百英等编张令涛绘图	8 册	1933 年
	高级小学用	蒋息岑、朱荄阳、余之介编辑	4 册	1933 年
新生活高级国语	高级小学用	蒋息岑、余之介等编	4 册	1933 年
抗战国语选	初中、高级小学用	韩一青编		1941 年
国民学校副课本国语	小学低中年级用	许书坤等编朱翊新修订	8 册	1948 年
小学暑期课本国语	小学暑期升五年级用	魏冰心编	4 册	1948 年

参考资料：王有朋. 中国近代中小学教科书总目 [M]. 上海：上海辞书出版社，2010：95-134. 北京图书馆，人民教育出版社图书馆. 民国时期总书目（1911—1949）：中小学教材 [M]. 北京：书目文献出版社，1995：33-63.

三、大东书局出版的小学语文教科书代表作:《新生活教科书国语》

《新生活教科书国语》初版于 1933 年，适用于六年制小学国语科，包括初小 8 册（蒋息岑、沈百英等编辑，张令涛绘图）和高小 4 册（蒋息岑、朱荄阳、余之介编辑，张令涛绘图）。如表 3-20 统计所示，第 3 册截至 1933 年

6月就已再版180次，第4册截至1933年8月再版165次，短短几个月，其再版量可谓惊人。2013年，天津古籍出版社推出了百年老课本系列，《新生活教科书国语》是其中一套，广受欢迎。因为目前可查阅到的电子版、纸质版均为初小8册，故以此为例分析该套初小教材的特点。

表3-20　《新生活教科书国语》再版量统计

适用范围	册　数	时　间	再版量
初级小学	第1册	1933年6月	230版
	第2册	1933年6月	80版
	第3册	1933年6月	180版
	第4册	1933年8月	165版
	第5册	1933年6月	125版
	第6册	1933年6月	25版
	第7册	1933年6月	20版
	第8册	1933年6月	25版
	总计		850版

参考资料：王有朋.中国近代中小学教科书总目[M].上海：上海辞书出版社，2010：95-134.北京图书馆，人民教育出版社图书馆.民国时期总书目（1911—1949）：中小学教材[M].北京：书目文献出版社，1995：33-63.

首先，教科书名称回应了当时的新生活运动。新生活运动是1934年由蒋介石在南昌发起的改造国民生活习惯的全国性运动。当时国内外政局动荡，欧洲已战云密布，日本对我国制造了九一八事变、一·二八事变等，国内共产党领导的工农运动蓬勃发展。鉴于此，蒋介石发动了一场新生活运动，新生活的六个标准，就是整齐、清洁、简单、朴素、迅速、确实，是要先从生活习惯方面求革命，再推至救国救民的运动。由此可见，国民党政府想通过这场自上而下的政治运动，培养有组织、有纪律的国民，以军事化的管理来应对时局的变化。《新生活教科书国语》以"新生活"命名，契合了时代的需要，也便于教科书的审查通过。

其次，教科书内容以儿童为本位。该套教科书的"编辑大意"指出，根据儿童生活选材，从家庭生活到社会生活，依次编辑，多以儿童文学描写儿童生活。初小8册的选文基本都是儿童文学，且形式丰富，多以唱歌、游戏、故事等方式引出快乐的学校生活。如第2册第1课《上学》：

小鸟叫，公鸡啼，哥哥弟弟同早起。同早起，上学校，同学相见迷迷（咪咪）笑。迷迷笑，笑迷迷，上学故事讲一个。讲完故事做游戏。游戏罢同上课。工作完了有（又）读书，读书完了有（又）唱歌。唱歌唱歌声音和，上学上学真快乐。

沈百英是"设计教学法"的实验者，他认为各科教材应联络编排，使学生在各种活动中主动吸收知识。针对儿童喜欢吟唱的特点，他将课文知识编成儿歌。如初小第 3 册第 14 课《摇到外婆桥》：

摇摇摇，向前摇。摇过大竹园，摇过小木桥，摇到外婆家，外婆看见对我笑。给我茶一杯，糕一包，叫我先喝茶，再吃糕。舅母买条鱼，放在锅里烧，头不熟，尾巴焦。拿了头，再烧烧，烧得滋味好，吃了迷迷笑。

小学生喜欢听故事，1932 年课标也要求在故事中认识句子，在句子中认识生字，《新生活教科书国语》有各种各样的故事形式，童话故事、生活故事、传说故事、名人故事等，故事太长就分课编排。如初小第 3 册第 10—12 课《故事会（一至三）》。除了故事、儿歌、童谣，选文中还有很多游戏化的猜谜活动。如初小第 3 册第 21 课《三个谜》、第 22 课练习《猜猜看》。这么富有童趣又可表演的教科书，难怪在今天依然受到学生追捧。

第六节　开明书店与小学语文教科书

一、开明书店概述

（一）知识分子合办的后起之秀

开明书店是新文化运动的产物。创办人章锡琛原是商务印书馆《妇女杂志》主编，因声援"五卅惨案"被商务印书馆干涉，章锡琛辞职抗议，后被商务印书馆正式辞退。同事为其鸣不平，鼓励他自己创办刊物，定名为《新女性》。后又有郑振铎、周作人、吴觉农等合力相助，再加上章锡琛的兄弟投入资金，于1926年8月成立开明书店。1928年，开明书店改组为股份有限公司。此后，业务发展迅速，规模也日益壮大，在当时的书业界，其规模居第五位，仅次于商务印书馆、中华书局、世界书局和大东书局。

（二）专注中小学教育的进步书店

首先，配合中小学各科出版教辅资料。《开明活页文选》是在开明书店成立之初，由章锡琛策划编写的。出版后，学校选购作为讲义或课本，销路极好。开明书店主办的《中学生》杂志，以指导文化学习为主，是中学生较理想的课外辅导读物，曾经影响了一代人。其次，出版教科书。在开明书店开办的20多年时间内，共出版图书约1500种，全面抗战前出书较多，平均每月出版10种。开明书店出版的图书中，教科书约有150种，占全部出书量的9%左右 [1]，占比虽然不高，但利润可观。根据1949年的统计，开明书店教科书销售收入占全部销售收入的62%。这对于开明书店的生存发展意义重大。

---

[1]　王知伊. 开明书店纪事[M]. 太原：书海出版社，1991：94.

教科书出版的成功跟开明书店有一支人数不多但熟悉中小学教育的精干的编辑队伍有关。"开明的主持人和编译著作人，不少是上虞白马湖春晖中学、江苏立达学园及江苏、浙江两省省立中学、师范的教师，有着丰富的教学实践经验，了解青少年的心理。"① 开明书店拥有夏丏尊、叶圣陶、顾均正、唐锡光、丰子恺、钱经宇、周建人、孙伏园、谢六逸、赵景深、刘权琴、刘薰宇、方光焘、夏衍、王伯祥、周予同、宋云彬、傅彬然、贾祖璋、朱光潜、唐锡光、周振甫等学者与作家担任编辑工作，形成一支知名的编辑队伍。开明书店的出版物注重质量，编写的教材切合实际，内容质量、编校质量较高，装帧设计讲究，得到了读书界的赞誉。朴实、严谨的开明人，创出了"严肃认真出好书"的开明风。②

二、开明书店出版的小学语文教科书

开明书店成立于 1926 年，属于近代出版界的后起之秀，其发展壮大得益于叶圣陶、夏丏尊、丰子恺等高水准的编辑，他们是开明书店最宝贵的资源。开明书店自成立到合并的 20 多年内，出版教科书约 150 种，并且品质优良，得到社会的认可。

书目文献出版社 1995 年出版的《民国时期总书目（1911—1949）：中小学教材》对开明书店出版的教科书进行了统计，笔者从中选录出 117 种教科书，这占开明书店图书出版总量的 9% 左右。其中，小学教材 25 种，占 21%；中学教材 91 种，占 78%；师范教材 1 种，占 1%。可以看出，开明书店的教科书主要是中学课本，且销量超过小学课本。与商务印书馆和中华书局相比，开明书店出版的教科书种类较少，但极具特色、质量优异，因而最终赢得一部分市场。如"开明三大教本"（《开明活页文选》《开明英文读本》《开明算学教本》）以及刊物《中学生》和青年读物《开明青年丛书》《开明少年丛书》等，在学生中享有良好的声誉。

25 种小学教材中，语文教材有 9 种，包括《开明国语课本》《儿童国语读

---

① 朱联保. 近现代上海出版业印象记[M]. 上海：学林出版社，1993：76.
② 王知伊. 开明书店纪事[M]. 太原：书海出版社，1991：95.

本》《幼童国语读本》《少年国语读本》及部分读本指导书。这些教科书多由叶圣陶主编、丰子恺绘制插图，读本指导书配合教科书出版，供小学教师教学参考。语文课本中，《开明活页文选》是开明书店的得意之作。《开明活页文选》选录历代名篇，每篇由宋云彬、张同光等人详予注释，分段标点，折叠成帖，编上号码，单篇出售。当时的学校都踊跃选购，装订成册，作为讲义或替代课本使用。至1936年，开明书店共出版文选1600篇，另出《开明活页文选注释》单行本10册，之后又将出版的活页文选包装成分级和分类两种合装册，分级合装册适用于初高中各年级。《开明活页文选》不仅使开明书店获利丰厚，更为开明书店在读者中树立了声誉，并成为其编辑出版各种中小学课本的先声。开明书店1926—1949年出版的小学语文教科书见表3-21。

表3-21 开明书店1926—1949年出版的小学语文教科书

书　名	适用范围	编绘者	总册数	初版时间
开明国语课本	初级小学用	叶圣陶编	8册	1932年
	高级小学用	叶圣陶编纂 丰子恺绘图	4册	1934年
国语新课本	初级小学用	李文浩、王杏生编	4册	1947年
少年国语读本	小学高年级	叶圣陶编	4册	1947年
儿童国语读本	小学中年级	叶圣陶编	4册	1948年
幼童国语读本	小学低年级	叶圣陶编	4册	1949年

参考资料：王有朋.中国近代中小学教科书总目[M].上海：上海辞书出版社，2010：95-134.北京图书馆，人民教育出版社图书馆.民国时期总书目（1911—1949）：中小学教材[M].北京：书目文献出版社，1995：33-63.

三、开明书店出版的小学语文教科书代表作：《开明国语课本》

《开明国语课本》由叶圣陶、丰子恺主编，叶圣陶负责课文的编排，丰子恺负责书写和插图，1932年6月至1933年6月出版。如表3-22所示，截至1937年，初小8册总计再版量达157版，高小4册总计再版量达62版。叶圣陶是著名的作家、儿童文学家，又有小学教师经历，所以他熟悉儿童、熟知教育。丰子恺是著名的书画家，当时教育部审定后的批语是"插图以墨色深浅分别绘出，在我国小学教科书中创一新例，是为特色"[①]。两位大家亲自为小学

---

① 商金林.叶圣陶年谱长编（第1卷）[M].北京：人民教育出版社，2004：475.

生编课本，共创近代社会的教科书经典。

表3-22 《开明国语课本》再版量统计

适用范围	册 数	时 间	再版量
初小用	第1册	1933年7月	14版
	第2册	1933年7月	13版
	第3册	1933年8月	16版
	第4册	1933年8月	14版
	第5册	1933年8月	14版
	第6册	1936年12月	40版
	第7册	1933年8月	14版
	第8册	1937年1月	32版
	总计		157版
高小用	第1册	1937年7月	27版
	第2册	1936年2月	12版
	第3册	1935年9月	12版
	第4册	1936年11月	11版
	总计		62版

参考资料：王有朋．中国近代中小学教科书总目 [M]．上海：上海辞书出版社，2010：95-134．北京图书馆，人民教育出版社图书馆．民国时期总书目（1911—1949）：中小学教材 [M]．北京：书目文献出版社，1995：33-63．

（一）叶圣陶的创作和编排

1.儿童视角、生活本位的编排

叶圣陶是文学研究会的成员，文学研究会提倡"文学为人生"；他又有过小学教师经历，在苏州角直实践杜威的"做中学"理论，在学校创办农场、开设书店。这些主张和实践在《开明国语课本》中结出硕果。以选文为例，《开明国语课本》初小第1册第1课就展示了小学生第一次上课的场景："先生早先生，早！小朋友，早！"口语化的表达、生活化的场景，完全是从儿童视角出发看待上学、学习这件事。选文内容创设生活情境，又显示了师生的平等关系，同时渗透了中华民族尊敬长辈的传统礼仪。这样的开学第一课，有趣、熟悉又有温情。以单元编排为例，《开明国语课本》各单元之间以生活时序排列。当时的入学季是秋季，因此每个年级的课文按照秋冬春夏的顺序编排，有利于学生实时观察生活，将学习与生活相连。比如：到了秋天，学习课文《国庆歌》《国庆日演说》《秋天的早上》；到了冬天，就堆起了雪人，感受课文《新年》中的热闹场面；春天，轻抚"初春的风"，感受"春天来了"；夏天放风筝时节，学习课文《不用翅膀上天飞》等。以课后练习为例，冬天的时候就读读这样的句子吧：

早上，我说："让我穿衣，让我洗脸洗手。"晚上，我说："让我洗脚，让我解纽扣。"北风吹树叶，树叶不见了。北风吹白云，白云飞去了。北风吹雪花，雪花堆在地上。哈哈！雪人没有眉毛。弟弟请雪人喝茶。哈哈！

2. **童趣幽默、规范隽永的语言创造**

《开明国语课本》初小8册，高小4册，共400篇课文，有一半是叶圣陶亲自创作的，另一半是有所依据的再创作。叶圣陶在"编辑要旨"中提到，词句、语调力求与儿童切近，堪称儿童说话、作文典范。以《开明国语课本》初小第7册第5课《秋天的早上》为例：

红一抹，蓝一抹，
谁画这天空中的画图？
一颗颗，亮晶晶，
谁装这草叶上的珍珠？

这边也唱，那边也唱，
哪里来这些音乐家？
野菊抬头，望着牵牛，
将要说一些什么话？

挑担子的妇人快步行走，
她往哪块田里去送早饭？
等吃饭的农人早起工作，
不知已经流了多少的汗？

短短三节诗，有植物、动物、人物，有红色、蓝色、白色等色彩，有形状（"一颗颗"），有亮度（"亮晶晶"），有声音（"这边也唱，那边也唱"），有辛勤劳作的农夫和农妇，有想象的留白——野菊对牵牛会说些什么话？挑担的农妇对流汗的农人会说些什么呢？六句话，不仅包含如此多的画面、意境、故事，还兼有文言文的凝练隽永与白话文的通俗风趣。

（二）丰子恺的书写和绘画

《开明国语课本》初小 400 余篇课文是由丰子恺一笔一画抄写下来的，苍劲有力的笔风、浓淡相间的黑白色，打开课本就让人感受到了传统的写意美。在字体设计上，丰子恺别具匠心：第 1—4 册多为手写体，第 5—8 册以印刷体为主（每个单元至少有一篇书写体），并且，从第 3 册最后一课《图书的故事》开始，手写体中就出现了行楷，随着学段的增加，用行楷字体书写的课文亦逐渐增加；字号字体也有区别，先大字、手写体，后小字、印刷体。这些都符合 1932 年课标的规定。《开明国语课本》的课文数与插图数之比为 1.25∶1[①]，插图不仅数量多，而且形象丰富风趣，动物、植物都拟人化，儿童则表现出各种各样的纯真姿态。如初小第 1 册第 1 课就有师生互相弯腰问候的画面，第 23 课插图中的小羊、小牛都穿上了人的衣服，童趣十足。1927 年，国民党实施党化教育，在这样的处境下，丰子恺用书法、用插画呵护着童心，诠释着对儿童存在的理解。

---

① 吴小鸥，徐莹.本体契合：《开明国语课本》插图的"儿童相"[J].教育理论与实践，2015（23）：21-24.

第七节 "教学论"审视：中国近代小学语文教科书出版社

从教学论的角度审视出版社，主要考察如下方面：出版理念是否有利于教育繁荣？出版方针是否紧贴当时的教改潮流？出版团队是否兼具教学理论基础与教学实践经验？

一、出版理念：教科书乃立国之本

商务印书馆第一任总经理夏瑞芳曾说："立国之本，在于教育。教育之良否，教科书关系最巨。"① 第二任总经理、编译所所长张元济在加入商务印书馆时，与夏瑞芳相约"吾辈当以扶助教育为己任"②。开明书店的经营者都是进步知识分子。中华书局创办人陆费逵认为："立国根本在乎教育，教育根本实在教科书。教育不革命，国基终无由巩固；教科书不革命，教育目的终不能达也。"他还强调："我们希望国家社会进步，不能不希望教育进步；我们希望教育进步，不能不希望书业进步。我们书业虽是较小的行业，但是与国家社会关系却比任何行业大些。"抗战时期，商务印书馆上海总部被日军炸毁，损失惨重，在这种情况下，其以振兴民族为己任，克服重重困难编印教科书。日伪曾威胁世界书局与其合作，遭世界书局拒绝。1938 年 11 月，世界书局在福州路的发行所发生了定时炸弹爆炸事故，造成职员一死一伤。即便如此，世界书局依然表现出可贵的气节，不为敌所诱，坚持出书。③1939 年，世界书局负责人沈知方正处病中，曾预立遗嘱，有"近遭国难，不为利诱，不为威

---

① 蔡元培. 商务印书馆总经理夏君传[C]//蔡元培, 蒋维乔, 庄俞, 等. 1897—1987 商务印书馆九十年. 北京：商务印书馆, 1987：1.

② 张元济. 中华民族的人格[M]. 沈阳：辽宁教育出版社, 2003：75.

③ 朱联保. 关于世界书局的回忆[J]. 出版史料, 1987（02）：52.

胁"等具有民族气节的字句。正是秉持着"以扶助教育为己任"的出版理念，在社会动荡之际，有良知的出版社才不为利、不为名、不卖国，坚守对人民、对民族有益的教科书出版事业。

二、出版方针：学制改一次，教科书变更一次

近代时期，学制几经变化，从壬寅·癸卯学制（1902年、1904年，规定"初等小学堂五年，高等小学堂四年"）、壬子癸丑学制（1912年，规定"初等小学校四年，高等小学校三年"）到壬戌学制（1922年，规定"初级小学校四年，高级小学校两年"），各种教育思潮此起彼伏，西方教学法轮番上阵，各家出版社紧跟时代步伐，顺应教学变化。如商务印书馆的编辑庄俞曾说："学制修改一次，教科书跟着变更一次，往往一部还未出全，又要赶编第二次，我馆对于此点，向来很注意很敏捷的。"[①] 吴研因曾对教科书出版作过总结："最初的小学教科书，很注重修身忠君爱国等的材料。民国以后，把忠君崇满和不合民国宗旨的材料革去，加入了关于民主政治的自由思想。民国四、五年，因袁世凯要做皇帝，各书店也有所谓《实用教科书》等出版，避去了民主共和等的字样。因为第一世界大战的结束，和国内军阀屡次内战的恐怖，国内外都倡导和平。民国十年以后的小学教科书，如《新学制》《新教育》《新教材》等，就几乎成了无目的、无宗旨的世界通用读本，很缺少民族精神和国家思想的表现，这确是当时教科书最大的缺点！"[②] 实际上，教科书的更名也体现出各大出版社的与时俱进，如商务印书馆1912年出版《共和国国文教科书》（1912年民国成立）、1923年出版《新学制国语教科书》（1920年教育部要求改文言为白话、1922年新学制颁布）、1933年出版《复兴国语教科书》（商务印书馆上海总部被日军炸毁，全国掀起复兴中华浪潮）等。

---

① 庄俞. 谈我馆编辑教科书的变迁[C]//蔡元，蒋维乔，庄俞，等. 1897—1987 商务印书馆九十年. 北京：商务印书馆，1987：62.
② 吴研因. 清末以来我国小学教科书概观[J]. 同行月刊，1936（01）：2-4.

三、出版质量：编者、期刊、学校"三管齐下"

首先，各大出版社集合了许多当时富有成就的大家进行教科书编写工作。据专家统计，清末民初有许多中西贯通的学者进入出版社编写教科书。[①] 其中，有西方传教士：傅兰雅、丁韪良、艾约瑟、伟烈亚力、慕维廉、韦廉臣、狄考文、潘慎文、李提摩太、林乐知、毕利干、金楷理、玛高温等。有早期的参译者：李善兰、徐寿、华蘅芳等。有自编教科书的开拓者：朱树人、陈懋治、沈心工、刘树屏、钟天纬、吴稚晖、俞复、丁宝书、杜嗣程等。有留日学生：戢翼翚、黄展云、林万里、杨廷栋、雷奋、何燏时、虞铭新、富士英、丁锦、陈榥、周家彦、周昌寿、郑贞文、马君武、张资平、汪郁年、夏清贻、徐傅霖、汪荣宝、秦毓鎏、嵇镜、谢彬、陈独秀、李步青、经亨颐、黄际遇、范源濂、华国铨、朱经农、陈宝泉、王宰善、李叔同、杨寿桐、杨荫杭、周逵、叶澜、范迪吉、王建善、余焕东、周柏年、蒋智由、陈子褒、辜天佑、李廷翰、陈承泽、朱文叔、萧友梅等。有书坊教科书编者以及留学欧美的学者：谢洪赍、甘永龙、蔡元培、张元济、杜亚泉、高梦旦、蒋维乔、邝富灼、庄俞、沈颐、寿孝天、樊炳清、庄适、范祥善、施毓麒、秦同培、许国英、骆师曾、寿孝天、包公毅、庄庆祥、杜就田、陈承泽、陶保霖、苏本铫、谢观、黄元吉、王季烈、王兼善、贺绍章、邓庆澜、吴冰心、孙捷、熊嚞高、王凤歧、刘宪、费焯、黎锦熙、凌昌焕、沈圻、戴杰、许志中、谭廉、许心芸、唐钺、周予同、王璞、洪鋆、钱梦渭、华襄治、沈恩孚、姚祖义、孙铖、陆基、秦瑞玠、张相文、丁福宝、董瑞椿、钱承驹、华循、李嘉谷、何琪、高步瀛、沈恩孚、顾倬、周世棠、施崇恩、戴克敦、钱宗翰、刘师培、陆费逵、陈懋功、江涛、陆有恒、屠元礼、侯鸿鉴、华鸿年、何振武、汪家栋、顾树森、庄泽定、秦镐、汪涛、夏景武、汪渤、王鸿飞、许昭仝、赵秉良、汪楷、华绍昌、汤存德、曹同文、吴竟、彭世芳、冯曦、吴元枚、刘法增、姚汉章、李登辉、杨锦森、史礼绶、张相、葛绥成、丁绍桓、钟衡臧、华文祺、华申琪、何维朴、屠元礼、董文、缪徵麟、郭成爽、方钧、杨哲、徐增、

---

① 吴小鸥，彭太军. 小课本 大启蒙：试析清末民初教科书的巨大影响力[J]. 内蒙古师范大学学报（教育科学版），2011（10）：1-8.

张家声、潘鸿勋、谢蒙、钱基博、杨文洵、王永炅、胡树楷、王雅南、沈步洲、吴传绂、吴家煦、吴家杰、彭世芳、刘传厚、董文、潘武、丁锡华、吕思勉、方沘生、吴研因、周世勋、张灏、沈煦、马润卿等。如先后加盟商务印书馆的专家达100多人，其中，蔡元培、张元济、蒋维乔、庄俞、高凤谦、柳亚泉等都是学贯中西的大家；此外，叶圣陶、吴研因、王云五、顾颉刚、周予同、胡适、戴克敦、沈颐、樊炳清、郑朝熙、洪北平等，都参与过商务教科书的编校工作。文化名人的参与，使教科书的品位胜出一筹。

其次，创办刊物，广开言路、群策群力。代表性刊物如商务印书馆的《教育杂志》、中华书局的《中华教育界》、世界书局的《世界杂志》、开明书店的《儿童教育》等。本着"研究教育，促进文化"的宗旨，各出版社围绕教育制度改革，积极引介西方教育理念、教育内容、教育政策与教育方法等，并对其适用性展开探究。如，1913年，商务印书馆在杂志上刊文，就改进教科书需要解决的五个问题（教科书的编写宗旨、内容难易程度、编写形式、时间分配、教授书配备），征求公众意见。1914年，商务印书馆将收集到的反馈意见做了小结，整理成文，刊登在杂志上。中华书局《中华教育界》把第11卷第6期设为儿童用书专号，第19卷第4期设为教科书专号，专门刊登相关讨论文章，如吕伯攸《小学教科书的封面和插图》、王克仁《儿童用书与设计教学》、俞子夷《儿童用书字形行间的研究》等，直接为教科书的编写工作作出了探索性的贡献。这种全国性的教科书研究行为，在今天恐怕也是少见的。

最后，创办学校，理论结合实践。例如，吴研因早年主要活跃在小学语文教学一线，他本人也十分重视教育实践。在尚公小学任校长时，他就要求学校积极举行教学观摩研究会，组织全校教师轮流上示范教学课，课后进行研讨，交流示范课内容，针对教材、教学方法等内容提出改进意见。同时，将相关意见有选择性地引入教材编写中，提高教材质量。又如，开明书店是一家出版机构，但它同时扮演着教育机构的角色，承担了教育机构的部分职能。20世纪30年代，开明书店创办开明函授学校，主要教员有叶圣陶、夏丏尊、丰子恺、刘薰宇等。

综上所述，从教学论的视角审议近代小学语文教科书出版社，审定制是各出版社百花齐放的制度保证，"立国之本在教育，教育良否在教科书"是出版社的方针指引，"三管齐下"保障了出版社高水平教科书频出，历经百年依然受到追捧。

第四章

中国近代小学语文教科书编制的当下思考

第一节　关于中国近代小学语文教科书内容编制的当下思考

一、识字编排：识字与拼音的先后问题

传统语文教育编排是先集中识字后随文识字，近代小学语文教科书识字编排基本以随文识字为主。如 1912 年《共和国教科书新国文》第 2 课是集中识字，后面采取随文识字的形式；1923 年《新学制国语教科书》完全采取随文识字的形式；1932 年《开明国语课本》等也是如此。拼音，当时称注音字母、注音符号等。文字拼音化最早由福建人卢戆章付诸实践，1892 年，卢戆章出版了《一目了然初阶》，清末切音运动由此开始；随着国语运动的深入，1926 年召开的"全国国语运动大会"的宣言中确认了注音字母的标准语音、书写等。1926 年以后，小学语文教科书中识字与拼音的编排几乎是同步的。

2015 年版统编小学语文教材创新点之一是先识字后拼音，一改近代小学语文课本中随文识字和 1949 年以来先认拼音后识字的编排。

这两种识字编排，都体现了时代特点和语文学科的发展方向。近代小学语文教科书拼音识字同步编排，原因在于，国语统一虽是近代社会的一大主题但直到 1926 年"全国国语运动大会"才正式确立规范。而就全国范围来说，国语远远没有普及。国民对注音符号的生疏以及师资的严重缺乏，导致拼音教学只能与识字教学同步进行，以认字促进拼读。1956 年 2 月，国务院发布《关于推广普通话的指示》。1982 年《中华人民共和国宪法》明文规定"国家推广全国通用的普通话"。2000 年《中华人民共和国国家通用语言文字法》颁布，要求相关人员达到相应等级才能上岗。如：专职语音教师普通话水平必须达到一级乙等以上；语文教师普通话水平达到二级甲等以上；相关窗口行业人员达

到二级乙等以上。20余年来，普通话师资水平和全民普通话水平都得到极大提升。母语环境长大的孩子基本能听懂并用普通话认读简单汉字。统编教材编排采取先识字后认拼音的方式符合当下儿童的学情。入学第一篇识字课文，"天地人你我他"6个楷体大字扑面而来，再配以傅抱石的传统写意风格的黑白两色插图，让入学儿童初步领略传统文化的魅力。汉字汉语放在第一位，拼音放在第二位，强化了汉字，体现了拼音作为识字工具的功能，也减少了入学儿童对学习不熟悉的拼音的畏惧感。

二、选文文化：显示时代价值观

"在全世界许多国家的学校课堂上，正是教科书为教学提供了大量的物质条件，也正是教科书确定了什么才是值得传承下去的精华和合法的文化。"①近代小学语文教科书也凸显了这种特点。清末民初，社会上掀起启蒙思潮，1912年《共和国教科书新国文》《新中华国文教科书》中有许多关于宪法、人权、经济、公债、保险等内容的课文。近代中期，社会倡导尊重儿童、尊重妇女，教科书不仅在选文上以儿童文学为主，连插图中的儿童与父母等的关系也是以游戏形式呈现，显示出平等互爱的理念。近代中后期，教科书中出现较多抗战类选文，体现救亡图存文化。

2001年，教育部印发《基础教育课程改革纲要（试行）》，文件指出，新课程的培养目标应体现时代要求："要使学生具有爱国主义、集体主义精神，热爱社会主义，继承和发扬中华民族的优秀传统和革命传统；具有社会主义民主法制意识，遵守国家法律和社会公德；逐步形成正确的世界观、人生观、价值观；具有社会责任感，努力为人民服务；具有初步的创新精神、实践能力、科学和人文素养以及环境意识；具有适应终身学习的基础知识、基本技能和方法；具有健壮的体魄和良好的心理素质，养成健康的审美情趣和生活方式，成为有理想、有道德、有文化、有纪律的一代新人。"在这一纲要的指引下，《义务教育语文课程标准（2011年版）》进一步明确"语文课程对继承和弘扬中华民族优秀文化传统和革命传统，增强民族文化认同感，增强民族凝聚力和

---

① M.阿普尔，L.克丽斯蒂安-史密斯. 教科书政治学[M]. 侯定凯，译.上海：华东师范大学出版社，2005：95.

创造力，具有不可替代的优势"，再次强调教科书编写"要注重继承与弘扬中华民族优秀文化和革命传统"。该课标文件附录一的优秀诗文背诵推荐篇目从2001年的120篇增加到136篇。2015年，温儒敏主编的统编小学语文教材，一年级就有古诗，小学12册共选入古诗文129篇，占课文总数的30%左右，较之原来的人教版，增幅达80%左右，同时增加了许多以爱国主义为核心价值的有关革命传统文化的篇目。从选文看，既有《吃水不忘挖井人》《朱德的扁担》《狼牙山五壮士》等经典篇目，还增加了《开国大典》《七子之歌》《黄河颂》《我爱这土地》等文章。在强调传统文化和革命文化的同时，统编教材也强调开放包容，体现尊重多样文化、吸收优秀文化精髓、提高文化品位的课标精神。

三、选文标准：一以贯之的文质兼美

"文"，本义指各物各色交错之纹彩、纹理。[①]"质"的出现要晚于"文"，其最早的含义指抵押，后引申为指未经加工的素材、质地。最早将文质并举的是孔子，他认为"质胜文则野，文胜质则史"。近代小学语文课程标准中，对教材编选有明确规定的是1932年课标，分别从思想内容、文体安排和文字内容等方面对教科书加以规定："（一）依据本党的主义，尽量使教材富有牺牲及互助的精神。凡含有自私、自利、掠夺、斗争、消极、退缩、悲观、束缚、封建思想、贵族化、资本主义化等的教材，一律避免。关于如下列的党义教材，尤须积极采用。（二）依据增长儿童阅读能力的原则，想象性的教材（如离言物语等），和现实的教材（如自然故事、生活故事、历史故事等），应调和而平均。凡带有恐怖性的，应尽量避免。（三）依据增长儿童阅读趣味的原则，尽量使教材富有艺术兴趣。（四）依据儿童心理，尽量使教材切于儿童生活。"1936年课标的附件二规定，教材编选应注意两方面：一是"根据本党的主义，尽量使教材富有牺牲、互助、奋发图强的精神。凡含有自立、浪漫、消极、退缩、悲观、封建思想、贵族化、资本主义化等的教材，一律避免。依据儿童心理，尽量使教材切于儿童生活"；二是"依据儿童心理，尽量

---

① 蔡茂松.孔子的文质论[J].孔子研究，1991（01）：64-78.

使教材切合儿童生活和儿童阅读及兴趣"。从思想内容和文字内容两个方面加以规定，体现了文质兼美的要求。1962年，叶圣陶提出"文质兼美"的选文标准，叶圣陶的"文质兼美，堪为模式"中的"文"指语言文字，"质"指思想内容，"文质兼美，要求两者都好，不可偏废"[1]。1963年《全日制小学语文教学大纲》明确规定，要选用文质兼美的范文给学生精读。2001年《全日制义务教育课程语文标准（实验稿）》再次强调，教材编写要注重文质兼美的选文标准。温儒敏谈到，统编语文教材的课文选篇时更加强调四个标准：经典性、文质兼美、适宜教学、适当兼顾时代性。[2] 为体现"文质兼美"特点，统编教材减少了不少尚未沉淀下来的时文，增加了许多历久弥新的经典选文。

四、选文内容：指向儿童生活、彰显时代特色、不忘继承传统

语文教科书历来是"选文集锦"，传统语文教育通过一篇篇选文渗透统治阶级意志。现代语文独立设科时期，虽然《奏定学堂章程》赋予语文学科独立地位——"初小是中国文字，高小是中国文学"，但综观1904年《最新国文教科书》和1912年《共和国教科书新国文》选文内容，除了有少量篇目涉及儿童生活外，大量的是说明事物、介绍新事物的文章。高小选文以成人为本位，更多的是介绍政党、民权等资产阶级思想的文章。到了新学制时期，选文以儿童文学为主，贴近儿童生活。近代后期，叶圣陶在《开明国语课本》的"编辑要旨"中指出："本书教材随着儿童生活的进展，从家庭、学校逐渐拓张到广大的社会。"这时候的选文内容以儿童的现实生活为出发点，以儿童的家庭社会生活为主，再精选一些说明文，如《蝙蝠》《飞机》等。

纵观近代小学语文教科书选文内容的演变，其呈现出两大特点。一是选文内容侧重儿童日常生活。近代初期的选文反映成人本位视角下的儿童生活，近代中期的选文强调迎合儿童趣味，近代后期的选文则回归儿童现实生活。二是选文内容彰显时代特点。前面列举的各个时期的选文都体现了时代特点，今天的统编语文教科书，其选文内容也是以儿童现实生活为中心，向古今中

---

① 刘国正.叶圣陶关于编写中学语文教材的论述[J].课程·教材·教法，1983（03）：7-11.

② 温儒敏.统编语文教材的7个关键变化[J].云南教育（视界综合版），2019（Z2）：22-27.

外名人的童年生活、历史人物故事拓展。以四年级下册为例，共 27 篇课文，
篇目见表 4-1。

表 4-1　小学语文教科书四年级下册篇目

序号	篇　目	序号	篇目名称	序号	篇目
1	《古诗词三首》	10	《绿》	19	《我们家的男子汉》
2	《乡下人家》	11	《白桦》	20	《芦花鞋》
3	《天窗》	12	《在天晴了的时候》	21	《古诗三首》
4	《三月桃花水》	13	《猫》	22	《文言文二则》
5	《琥珀》	14	《母鸡》	23	《"诺曼底号"遇难记》
6	《飞向蓝天的恐龙》	15	《白鹅》	24	《黄继光》
7	《纳米技术就在我们身边》	16	《海上日出》	25	《宝葫芦的秘密（节选）》
8	《千年梦圆在今朝》	17	《记金华的双龙洞》	26	《巨人的花园》
9	《短诗三首》	18	《小英雄雨来》	27	《海的女儿》

《乡下人家》《三月桃花水》分别描写今天的乡下生活，《海上日出》《记
金华的双龙洞》分别介绍了生活中的美景，《小英雄雨来》《我们家的男子汉》
《芦花鞋》分别描写了不同时期的生活场景。《白鹅》《猫》《母鸡》是对动物的
描写，强调了人与动物的和谐关系。《宝葫芦的秘密》《巨人的花园》《海的女
儿》则是儿童喜欢的童话故事。《琥珀》《飞向蓝天的恐龙》《纳米技术就在我
们身边》介绍了科普知识，彰显了高科技时代的风貌。《古诗词三首》《文言文
二则》及《黄继光》则体现出统编教材对传统文化、革命文化的传承。

五、选文文体：尽量容纳儿童日常生活需要的各种文体

近代小学语文教科书选文文体经历了从实用文为主到儿童文学为主再到
各种文体兼备的过程。1912 年《共和国教科书新国文》的选文文体体现了实用
主义倾向，应用文居多，且很多与儿童生活无关，如祭文、碑志、赠序、箴
铭等。1923 年吴研因主编的《新学制国语教科书》是近代中期教科书的代表，
70% 的选文是儿童文学、童话故事，在当时还引发了"鸟言兽语"的争论。
1932 年叶圣陶主编《开明国语课本》时提出"尽量容纳儿童文学及日常生活需
要的各种文体"，该套教材既有童话、诗歌、寓言、剧本等儿童文学，又有儿
童生活需要的日记、书信文、说明文等实用文体。统编小学语文教科书选取

了各种文学类文体，从《诗经》到清代的诗文，从古风、民歌、律诗、绝句到词曲，从诸子散文到历史散文，从两汉论文到唐宋古文、明清小品，均有收录；非文学类的则有便条、书信等。

六、选文语体：增加文言比例，弘扬传统文化

传统语文教育的教材都是文言文，识字教材是"三百千"，阅读教材四书五经都是文言文。1904 年语文独立设科时推出的《最新国文教科书》也是文言语体，1912 年出版的《共和国教科书新国文》也是如此。1920 年教育部规定小学为国语，中学为国文，小学一、二年级教材必须是白话文；1923 年前后，小学全部采用白话文教科书，实现言文一致。近代后期，小学语文教科书选文一律为白话文，没有文言文。

文字是思想的载体，小学语文教科书摒弃文言文，无异于割裂了我们与过去的联系。汉语言文字是我们的精神家园，是传统文化的依附。2011 年课标强调"继承和发扬中华民族优秀文化传统和革命传统"，附录一推荐了 75 篇优秀古诗文，要求背诵优秀诗文 240 篇。统编小学语文教科书共收入古诗文 129 篇，增幅巨大，12 册教科书中还以不同形式渗透古诗文，如在日积月累板块下安排了 40 篇，单元导语也会以古诗文形式呈现，配有中国古典插画，从形式到内容都强调了传统文化的弘扬。

七、单元编排：人文主题到双线组元

20 世纪 20 年代的教科书还没有进行单元编排，基本属于文选型教材。20 世纪 30 年代的教科书开始探索单元编排，以《开明国语课本》为典范。该套教科书的编排方式为"心理编排"和"人文主题"，"编辑要旨"中强调的"单元编排的目的在于适合儿童学习心理"表明了"心理编排"的取向，按照学生兴趣把相关人文主题文章归在一起又体现了"人文主题"的取向。但值得注意的是，"心理编排"和"人文主题"的编排方式缺乏科学性和逻辑性，在当时很快就引来质疑。叶圣陶、夏丏尊主编《国文百八课》时摒弃了这一方式（见表

4-2），强调"给予国文科以科学性，一扫从来玄妙笼统的观念"，"我们预定的文话项目有一百零八个，就代表着文章知识的一百零八个方面"[①]。但《国文百八课》过于注重知识、注重语文言语形式，显得单调枯燥。

表 4-2 第 1 册前五单元选文编排

单 元	文 话	文 选
第一单元	文章面面观	《读书与求学》《差不多先生传》
第二单元	文言体和语体（一）	《孙策太史慈神亭之战》《语录八则》
第三单元	文言体和语体（二）	《希伯来开辟神话（一）》 《希伯来开辟神话（二）》
第四单元	作者意见的有无	《广州脱险记》《我的新生活观》
第五单元	文章的分类	《小雨点》《工作与人生》

1949 年以来，我国小学语文教科书基本以人文主题组织单元，其优缺点一直受争议。2015 年的统编语文教科书采用双线组元，以四年级下册前五单元为例，如表 4-3 所示。

表 4-3 四年级下册前五单元内容编排

单 元	人文主题	语文要素
第一单元	江流天地外， 山色有无中。 [唐]王维	推荐一个好地方，写清楚推荐理由 边读边想象画面，感受自然之美
第二单元	为学患无疑， 疑则有进。 [宋]陆九渊	阅读时尝试从不同角度去思考，提出自己的问题 写一个人，注意把印象最深的地方写出来
第三单元	处处留心皆学问	体会文章准确生动的表达，感受作者连续细致的观察。 进行连续观察，学写观察日记
第四单元	神话，永久的魅力， 人类童年时代飞腾的幻想	了解故事的起因、经过、结果，学习把握文章的主要内容 感受神话中神奇的想象和鲜明的人物形象。展开想象，写 一个故事
第五单元	我手写我心，彩笔绘生活	了解作者是怎样把事情写清楚的 写一件事，把事情写清楚

双线组元的单元编排，既考虑了学生的学习兴趣，以人文主题为线索，又增加了语文要素，使语文知识学习更加具有层次性和逻辑性，可谓相得益彰。

[①] 叶圣陶.叶圣陶语文教育论集[M].上海：教育科学出版社，1980：178.

八、助学系统编排：分类与综合相结合的练习设置，类型丰富的助学系统

近代小学语文教科书练习设置从无到有，练习形式从只有问题到兼采填空、朗读、写作等诸多形式，具有开创意义。近代小学语文教科书插图系统，在形式与内容上都作出了规律性的探索。2015 年统编小学语文教科书实行人文主题和语文要素的双线组元单元编排，较之近代小学语文教科书人文主题单元编排下的练习设置有了新的变化；教学内容中的口语交际、习作等，独立编排，每个单元后面有语文园地，兼具单列与综合的特点，较之近代教科书的练习设置，在内容与形式上更丰富。助学系统则在插图的基础上，增加了单元导读、课前提示、语文园地等，类型更丰富，助学作用更深化。

（一）练习类型：分类和综合结合，听说读写并重

近代小学语文教科书练习设置是一课或多课后的课后练习形式，统编小学语文教科书还针对语文学习的特定内容，如口语交际、习作、综合性学习，设置了专门的练习单元。每个单元的最后又设置了综合性的练习单元——语文园地，强调语文练习的分头并进与综合运用，听说读写并重。

以五年级上册为例，口语交际、习作、综合性学习等板块以单元为单位独立编排，并设置针对性的练习；语文园地则包括交流平台、词句段运用、日积月累等板块，是针对该单元课文内容、字词句运用、习作、积累等的综合性练习。

（二）课后练习：强调单元整合，加强情感体验

近代小学语文教科书是人文主题组织单元，课后练习主要围绕本课内容展开，侧重对课文的理解及作文的练习等。如《新学制小学国语教科书高级国语读本》第 2 册第 27 课《圯上老人》的想象问题是："圯上老人的来历怎样？老人为什么要叫张良拾鞋穿鞋？张良为什么三次圯桥候老人？张良接受了太公兵法心理怎样？"《开明国语课本》练习三："一、《货币》和《新世界的缩图》都是说明一些事物的文字。试问前一篇说明货币的什么？后一篇说明报

纸的什么？二、第七课第二段的"同样的情形"是一种什么说法？包含多少意思？三、第八课共有五段。如果要减少一段或者两段，该怎样改？如果要增加一段或者两段，又该怎样改？四、试作一篇文字，说明邮票的用处。"统编教材是人文主题和语文要素双线组元，每个单元都有语文要素，课后练习也主要围绕本单元的语文要素设置。各册各单元语文要素不同，由易到难，循序渐进（见表4-4）。

　　21世纪的知识观，由行为主义的知识观演变到建构主义的知识观，知识不再是刺激反应的传递，而是学生依据自己的生活体验主动建构的结果。语文课程目标也从知识目标转向"知识与技能、过程与方法、情感态度与价值观"的三维目标。练习的目的也不仅仅是获得语文知识、理解文本内容、训练语文知识，还包括激发情感体验、习得知识迁移的方法等。如二年级下册第19课《大象的耳朵》课后练习："人家是人家，我是我，结合生活实际谈谈，你是怎么理解这句话的？"第24课《当世界年纪还小的时候》课后练习："课文充满了奇妙的想象。最喜欢哪部分？好好读一读。"三年级下册第7课《鹿角和鹿腿》课后练习："下面的说法，你赞成哪一种？说说你的理由。"第14课《蜜蜂》课后练习："读一读，注意加点的部分，说说你从中体会到了什么？再从课文中找出类似的词句，和同学交流。"五年级下册第6课《景阳冈》课后练习："对课文中的武松，人们有不同的评价。你有什么看法？说说你的理由。"课后练习更强调"你"的看法、"你"的体验、"你"的交流。语文学习与学生的情感、态度、体验密切联系起来，文字、知识不再是冷冰冰的符号，学习过程更加强调情感的投入、自身经验的唤起。

表 4-4　统编本语文教材的单元要素及课后练习

	单元要素	课后练习
统编本三年级下册第七单元	人文要素：天地间隐藏着无穷无尽的奥秘，等着我们去寻找。语文要素：1.你了解课文是从哪几个方面把事物写清楚的？2.初步学习，整合信息，介绍一种事物。	《我们奇妙的世界》课后练习： 1.有感情地朗读课文。说说课文分别从哪几个方面写了天空和大地。 2.结合生活经验，说说你对"一切看上去都是有生命的"这句话的理解。 3.小练笔：读一读下面的句子，感受这些普通而又美好的事物。你也来写一写吧。 ◇雨后，我们会看到地上有许多水洼，就像有趣的镜子，映射着我们的脸。 ◇黑夜降临了，我们看见夜空中群星闪烁，就像千千万万支极小的蜡烛在发光。 ◇夏日，在大树下乘凉，我们会感叹，大树带来这么多绿荫。 《海底世界》课后练习： 1.朗读课文。说课文是从哪几个方面介绍海底世界的。 2.在课文中找找下面的句子在哪个自然段，说说那段话是怎样把这个意思写清楚的。 ◇海里的动物，各有各的活动方法。 ◇海底的植物差异也很大。 3.读一读，注意加点的部分，体会这样写的好处。 ◇海底的动物常常在窃窃私语。 ◇还有些贝类自己不动，却能巴在轮船底下作免费的长途旅行。 《火烧云》课后练习： 1.朗读课文。背诵第3—6自然段。 2.说说课文写了火烧云的哪些特点，你是从哪些语句了解的。 3.读读下面这些表示颜色的词语，再说几个类似的。 红彤彤　葡萄灰　半紫半黄 金灿灿　茄子紫　半灰半百合色
统编本五年级上册第三单元	人文要素：民间故事，口耳相传的经典，老百姓智慧的结晶。语文要素：了解课文内容，创造性地复述故事，提取主要信息缩写故事。	《猎人海力布》课后练习： 1.默读课文，说说课文写了海力布的哪几件事。 2.试着以海力布或乡亲们的口吻，讲讲海力布劝说乡亲们赶快搬家的部分。 3.小练笔：根据课文内容给那块叫"海力布"的石头写一段话，简要介绍它的来历。 《牛郎织女》课后练习： 1.默读课文，说说牛郎和老牛是怎么相处的，他和织女是怎么认识的。 2.课文中有些情节写得很简略，发挥想象把下面的情节说得更具体，再和同学演一演。 ◇牛郎常常把看见的、听见的事告诉老牛。 ◇仙女们商量瞒着王母娘娘去人间看看。 3.选做。 课文中有很多不可思议的地方，如，老牛突然会说话了，它知道织女何时会下凡。在其他的民间故事中找出你觉得不可思议的情节，和同学交流。

（三）助学系统：类型更丰富，功能更细化

统编教材助学系统除了插图外，还增加了单元导读、课前导读（略读课文）、旁批、泡泡提示语等。

单元导读是对本单元学习内容的说明，帮助学生了解本单元的语文知识和学习要点。如统编教材三年级下册第七单元导读：

　　天地间隐藏着无穷无尽的奥秘，等着我们去寻找。（人文要素）

　　你了解课文是从哪几个方面把事物写清楚的？初步学习，整合信息，介绍一种事物。（语文要素）

课前导读一般放在略读课文和阅读策略单元课文前面。略读课文是对在精读课文中习得的阅读方法的迁移，以学生自学为主，教师适时给予指导。略读课文没有课后练习设置，课前导语帮助学生更好地理解本篇课文内容，达成基于本单元语文要素下的课程目标，提高语文学习效率。如五年级下册第一单元由两篇精读课文、两篇略读课文组成。第 3 课《月是故乡明》是略读课文，课前导语是：

　　自古以来，月亮常常寄托了中国人的思乡之情。默读课文，说说作者由月亮想到了哪些往事，抒发了哪些感受。如果有兴趣，再搜集一些思乡的古诗，和同学交流。

第 4 课《梅花魂》是略读课文，课前导语是：

　　默读课文，说说课文写了外祖父的哪几件事，表现了他怎样的感情，再和同学交流你对题目的理解。

四年级上册第二单元是策略单元，也采取了课前导语方式，比如第 5 课《一个豆荚里的五粒豆》课前提示是"读课文，积极思考，看看你可以提出什么问题"。课前导语提纲挈领，引导学生抓住重难点，展开学习。

旁批，主要出现在阅读策略单元和习作单元的习作例文中。因为阅读策略单元和习作单元的习作例文是统编教材新出现的课文类型，对以往教材有所突破，因此课文理解上存在一定难度，采取旁批的形式可以有效引导学生进行学习。如：三年级上册预测单元第 1 课《总也倒不了的老屋》一共出现了 7 次旁批；五年级下册第五单元是习作单元，习作例文《我的朋友容容》《小守

门员和他的观众们》都有旁批，引导学生针对性地学习，关注习作知识点。

　　泡泡提示语以气泡图案的形式出现，气泡图案里面有文字引导学生学习。泡泡提示语出现在统编教材的各块学习内容中。比如二年级下册练习写生字"团圆国"，泡泡提示语出现了："全包围的字，要把国字框写得方正，框内部分的大小要合适。"在口语交际板块，口语交际要素总是以提示语的形式出现在版面的最下方。如二年级下册口语交际"图书借阅公约"，设置的泡泡提示语是："主动发表意见，一个人说完，另一个人再说。"总之，泡泡提示语位置灵活，就像一位无声的老师，适时提醒学生注意事项，帮助学生学习。

第二节　关于中国近代小学语文教科书编者的当下思考

一、编写态度：认真严谨

当下统编教材的编者承继了近代教科书编者严谨认真的工作作风，这套统编教材是经过多轮实验才得以投入使用的，"其编写资源可以说空前雄厚：前后从全国调集五六十位专家、作家、教研员和编辑，组成编写组，人民教育出版社的中学语文编辑室和小学语文编辑室在其中起到中坚作用，实际参与过这套教材的咨询等工作的各个学科领域专家有上百人。教材还经过三十多轮评审，几百名特级教师的审读，以及多个省市几十所学校的试教"①。因此，新教材的质量是值得信赖的，这在一定程度上得益于前人对小学语文教材的不断探索。教材在实验的过程中不断调整，以《女娲补天》一课为例，人教版教材中，《女娲补天》安排在三年级下册第31课，是一篇精读课文。课文设计了三个课后练习：（1）这个故事真神奇，我要多读几遍；（2）我来讲讲这个故事；（3）课文有一些生动的语句，我要抄下来。这样的课后练习虽然对学生复述课文、感受神话文本的特点等方面提出了要求，但都不够深入。而统编新教材在借鉴经验的基础上有所发展，更重视提升学生的语文能力。在统编教材中，《女娲补天》安排在四年级上册第15课，是一篇略读课文。课文以导读的形式呈现了练习：女娲补天的故事，处处充满着神奇的想象；默读课文，说说故事的起因、经过和结果；发挥自己的想象，试着把女娲从各地拣来五种颜色石头的过程说清楚、说生动。具体翔实的课文练习围绕语文要素，有效地提高了学生的想象力和复述能力。

---

① 温儒敏.如何用好"统编本"小学语文教材[J].课程·教材·教法，2018（02）：4-9，17.

二、编写过程：团结协作

据闫苹、张雯主编的《民国时期小学语文课文选粹》所列书单上的编者信息，清末民国的小学语文教科书编者达 100 多人，这还不包括背后默默付出的人员。团队协作共编教材，精益求精。一个经典的场景是庄俞、俞子夷在编辑《最新国文教科书》时，为一个字的选用问题争得面红耳赤。统编教材是当今小学语文众多编者精诚合作、齐心打造的结果。据统计，统编小学语文教科书 1—12 册课本所列编写人员就有 33 人（温儒敏、曹文轩、常志丹、陈先云、丛智芳、崔峦、段宗平、冯颖、何源、何致文、江洪春、柯孔标、李吉林、林孝杰、柳美彤、陆云、聂鸿飞、沈大安、施建平、帅晓梅、滕春友、汪军、魏航、吴然、伍新春、熊宁宁、徐轶、杨祎、余琴、张立霞、张漫漫、张一清、郑宇），实际参与者多达 1000 人。

三、编写人员：各有所长、学养深厚

小学语文教科书的编写涉及选文的组织、课后练习的设置、插图的运用等，需要文学专家、小学语文研究专家、小学语文实践专家及美术家、儿童心理学家等的共同参与。近代小学语文教科书编者中有学贯中西的作家，有工作严谨的编辑，还有精通小学语文教学理论的专家。统编教材的编者团队也是如此。

（一）学养深厚的大学教授

总主编温儒敏，北京大学教授，现当代文学方向博士生导师，擅长文学研究、文本分析，北京大学语文教育研究所所长、教育部基础教育专家委员会成员、教育部义务教育语文课程标准修订专家组召集人、人教版高中语文教科书主编。

小学语文教材主编曹文轩，北京大学教授，儿童文学家。儿童小说《草房子》出版后，曾荣获"冰心儿童文学奖"。文学作品深受小学生喜爱。曹文轩既精于创作，又擅长文艺批评。

另外，还有很多领域的高校教授也参与了教科书编写工作。如：伍新春，北京师范大学二级教授、北京师范大学心理学部博士生导师、儿童阅读与学习研究中心主任，擅长研究儿童阅读与学习，发表关于小学低年级儿童阅读词汇及能力测试论文数篇；汪军，安徽师范大学教授，美术学家，擅长研究美育与小学语文教学的结合等。有些专家虽然没有直接参与一线的编写工作，但他们的研究成果为小学语文教科书所用，如北京师范大学王宁教授团队经过多轮实验研制的常用字表。

（二）经验丰富的语文教科书编辑

崔峦，人民教育出版社编审、教育部课程教材研究所研究员、教育部语文课程标准专家组核心成员、教育部中小学继续教育教材评审委员、中国教育学会小学语文教学专业委员会理事长。曾参加《全日制义务教育语文课程标准（实验稿）》的研制工作，主编多套人教版小学语文教科书，主持编写《小学语文教材教法》《小学语文教学论》以及供海外留学生使用的教材。

陈先云，人民教育出版社编审、课程教材研究所研究员、国家语委普通话审音委员会委员、中国教育学会小学语文教学专业委员会理事长、国家统编义务教育小学语文教科书执行主编、《小学语文》杂志主编。

还有其他经验丰富的编辑参与了编写工作。比如，责任编辑常志丹，人民教育出版社小学语文室副编审、统编小学语文教科书编写组成员，主要从事小学语文教材和教学的研究工作；熊宁宁，人民教育出版社小学语文室编辑室主任编辑，副编审，课程教材研究所副研究员、小语专委会汉语拼音教研中心秘书长，统编语文一年级下册责任编辑，参与多套小学语文教材、教辅的编写；徐轶，现任人民教育出版社小学语文室副主任、中国教育学会小学语文教学研究会理事、中国教育学会小学语文教学研究会青年教师教学研究中心副主任；郑宇，现任人民教育出版社小学语文室副主任，参加了九年义务教育五、六年制小学语文教科书和义务教育课程标准小学语文实验教科书的编写工作。

（三）实践丰富的小学语文研究者

由两部分人员构成：一部分是特级教师，另一部分是小学语文教研员。

特级教师是小学语文教学一线中的最高荣誉，只有实践丰富、理论扎实、成就突出的教师才能获得。"小学语文教研员"是中华人民共和国成立后的一个特殊团体，他们既要具有深厚的理论素养，又要时刻深入教学一线，他们是沟通教学理论与教学实践的桥梁。

统编教材的编写团队中也有很多小学语文教研员。如：李吉林，生前任江苏情境教育研究所所长、中国教育学会副会长、全国教育规划专家组成员、全国小学语文教学研究会副理事长、中国教育实验研究会副理事长、教育部中小学教材审查委员会委员、南京师范大学兼职教授等职，著名儿童教育家、情境教育创始人。

许多教学经验丰富、教研能力突出的教研员也加入了编者团队，比如：滕春友，浙江省教研室副主任、全国小学语文特级教师研究中心主任；柯孔标，浙江省教育厅教研室副主任、浙江省中小学生减负工作专家指导委员会副组长；江洪春，语文教研员，中学高级教师、特级教师，兼任中国当代语文教学研究专业委员会常务理事、山东省小语会副理事长、山东省教育学会理事、济南市小语会理事长、山东师范大学教育硕士生指导教师等；丛智芳，中学高级教师，内蒙古赤峰市教育教学研究中心教研员、全国小语会青年教师研究中心常委，国家级骨干教师、内蒙古自治区首届小学语文学科带头人；段宗平，湖北省教学研究室小学语文教研员，中学高级教师，湖北省特级教师，中国教育学会小学语文教学研究会副秘书长、湖北省教育学会小学语文专业委员会理事长。还有许多编者没有列入，他们也在各自擅长的领域为教科书编写做出了贡献。

第三节　关于中国近代小学语文教科书出版社的当下思考

一、近代以来教科书审查制度的变迁

近代时期，教科书审查是国定制与审定制交替进行。1912—1937年，主要采用审定制，直接促进了出版业的繁荣。1950—1985年，实行国定制，由人民教育出版社根据中央精神编写中小学教材。1986—2016年，实行审定制。1986年，第六届全国人民代表大会第四次会议通过《中华人民共和国义务教育法》，制定新时期教材建设方针，在统一基本要求前提下，实行编审分开制度；同年4月，成立全国中小学教材审定委员会，负责教材审定，我国教材进入"一纲多本"时代，各地纷纷出版地方版教材，有沪版、北师大版、语文出版社版、浙江版等多套小学语文教科书。2012年3月，根据中共中央关于加强义务教育道德与法治、语文、历史与社会三科国家教材建设要求，教育部组织专家编写义务教育三科教材，2016年试行，当时称"部编版"，2019年9月全面发行，改称"统编版"。

二、近代部编教科书与民营出版社的冲突

教科书作为意识形态的物化载体，承担着教书育人的重要使命。近代社会虽然政局动荡、社会动乱，但也出现过四次部编教科书的尝试。第一次是清末学部阶段（1904—1911年）。1904年《奏定学堂章程》颁布，规定初等小学堂教科用图书由官设编书局编纂，呈交学务大臣审定。1906—1910年左右，清学部编译图书局编写初小国文、修身课文，并向民间书局招商承印。但由于编审校质量低下、收费高昂，又与民营教科书一起供市场选用，出版后无

人问津。第二次是北洋政府时期（1912—1927年）。1913年袁世凯上台后加强了对教科书的管控。1915年，北洋政府教育部编纂《小学国文读本纲要》草本。但因为1916年《国民学校令》颁布，教科书也要随之改动，这套国定本也夭折了。第三次是南京国民政府时期（1928—1936年）。1931年，时任教育部部长朱家骅主张编写部编教科书，推行国定教科书。1936年完成《国语》《公民》，交予商务印书馆、中华书局等民营机构承印，但民营出版社出于自身利益的考虑，消极怠工，致使这套国定本不受学校重视。第四次是全面抗战至中华人民共和国成立前。全面抗战爆发后，商务印书馆被日寇炸毁，中华书局被封，加之大量知识分子西迁，大后方发生"教科书荒"。1942年，国民政府教育部决定部编教科书，由商务印书馆、中华书局、世界书局等国定中小学教科书七家联合处印行，直到抗战结束。但实际上，真正使用国定教科书的学校很有限，而且已出版的部编教科书也仅占少数。[①]

纵观近代小学语文部编本教科书的出版历程，国定教科书基本以失败告终。这主要是因为政局更替频繁、教材纲要变化过快、社会动荡，但就出版发行来看，编写团队与印刷机构分离也是国定教科书得不到落实的主要原因，民营出版机构出于自身利益考虑，印刷时效跟不上，印刷质量不尽如人意，给国定本教科书的落实造成一定困难。

三、国有出版社成为落实统编教材的有力保障

1950年9月，第一届全国出版会议明确提出："今年秋季，中央教育部和出版总署作出了决定，把小学用书及中学语文史地课本首先统一规定版本，并抑低书价。在最近的将来，在中央教育部和出版总署领导下，将建立人民教育出版社，逐渐统一全国教科书的编辑出版工作。"[②]1950年12月，毛泽东亲笔题写社名，叶圣陶为首任社长及总编。至此，一家专门出版教科书和一般教育图书的出版社——人民教育出版社正式成立。统编版教材委托人民教

① 陆殿扬. 中小学国定教科书编纂之经过及其现状[J].中华教育界，1947（01）.

② 中国出版科学研究所，中央档案馆. 中华人民共和国出版史料（第二卷：1950）[M].北京：中国书籍出版社，1996：52.

育出版社出版，主要是因为人民教育出版社自中华人民共和国成立以来一直参与教材编写工作，积累了丰富的经验，另外又有以叶圣陶为代表的编者团队，始终以严谨认真的工作态度对待教科书出版事业。1950—1986 年，人民教育出版社共出版 7 套全国通用的小学语文教材，在统编小学语文教材编写上可谓硕果累累。

人民教育出版社有一批专门从事语文教材研究与编写的人才队伍，保障了教材的编写质量。以专职的教材编者为主体，聘请知名语文教育专家、语言学等方面的专家担任主编或编者，吸纳教学经验丰富的教研员、名师加入编写团队，这一"专家—学者—教师"三结合的编写队伍，是近代民营出版机构教材出版成功的保障，也成为人民教育出版社的优良传统。

人民教育出版社重视教材的实验、培训、修订等工作，不断完善教材。教材实验是提高教材质量的重要措施，可以为评价、改进教材提供理论依据与支持，也是教材全面使用前的一个主要环节。人民教育出版社历来重视这一环节。统编版小学语文教科书于 2012 年组织编写，2017 年秋季在全国投入使用（小学一年级和初中一年级使用）。其间，在许多实验学校进行了多轮实验，获取反馈意见，及时修正完善。2019 年秋季全国中小学所有年级统一使用统编版教材后，人民教育出版社依旧广纳建议，不断修订。如《羿射九日》《女娲补天》等课文，2021 年版与 2019 年版就有不同。人民教育出版社还同步加强教师教材使用的培训。一方面，利用旗下刊物《课程·教材·教法》《小学语文》《中小学教材教学》发表理论阐释与教学设计等方面的文章；另一方面，组织教材编写团队到全国各地进行统编教材讲解与课堂示范，与教材使用者即一线教师面对面探讨。通过各种形式的培训，人民教育出版社精准落实统编教材理念，逐步解决了一线教师的教学困惑。

近代社会曾有四次统编教材尝试，最后都不了了之。新时期，社会主义公有制是统编教材实施的经济基础，国有出版机构即人民教育出版社丰富的教材编写经验为统编教材提供了质量保障。人民教育出版社出版的统编教材真正担负起了"为党育人，为国育才"的重任，这是新时期教科书出版的一大成就。

结　语

　　教科书编制是一个复杂的系统，其间充满矛盾和张力，社会思潮、出版理念、编辑思想、学科发展等都会相互影响。它们并不是在同一个平面上平行展开，而是复杂交织。如1912年吴研因已在江苏省一师附小自编白话文教科书，而1920年教育部才训令国民小学一、二年级教科书改为语体文，1923年课标才正式要求"语体文的儿童文学，做语体的简单记叙文"。课标对教科书编制有引导作用，但其更直接地受到社会现状的牵制。1924年以后，出版市场上仍然有大量的文白相混的小学教科书，因为学生中考、人际往来等仍是采用文言文。教科书编制也受编者理念的影响。吴研因提倡儿童本位，其1923年主编的《新学制国语教科书》，选文内容以童话物语为主，引发社会争议。但就在这些对"鸟言兽语"的争论中，课标对文体比例的要求慢慢调整为实用文体与文学文体并举。"以扶助教育为己任"的出版机构出版了一批高质量的教科书，促进了教科书的繁荣和兴旺，名利双收。这形成了示范效应。如世界书局原先为盈利出版言情小说，后来改变策略也出版高质量的教科书。语文学科知识本身的发展，更会直接影响教科书的内容和形式。如识字编排从单字单句认读，发展到在故事中识字、在语境中识字，单元编排从选文集锦转为按主题组织内容。这些因素的复杂交织，使近代小学语文教科书呈现了形态丰富、语体各异的繁荣气象。从教科书内容、编者、出版社三个角度考察教科书研究，客观全面且曲折有趣。100多年前中华书局创办人陆费逵就指出，国之根本在乎教育，教育根本实在教科书。今天，在谋求中华民族伟大复兴的时刻，在中国已成为世界上第二大经济体的国际环境下，教科书承担着更深远的责任。从这一点上看，本书的研究只是一个引子。

参考文献

著　作

艾伟.教育心理学[M].上海：商务印书馆，1946.

北京图书馆，人民教育出版社图书馆.民国时期总书目（1911—1949）：中小学教材[M].北京：书目文献出版社，1995.

炳寰.中华书局大事纪要[M].北京：中华书局，2002.

蔡元培，蒋维乔，庄俞，等.1897—1987 商务印书馆九十年[M].北京：商务印书馆，1987.

陈伯吹.儿童故事研究[M].上海：上海幼稚师范学校丛书社，1933.

陈鹤琴，陈秀云，柯小卫.陈鹤琴教育思想读本·幼稚教育[M].南京：南京师范大学出版社，2012.

陈济成，陈伯吹.儿童文学研究[M].上海：幼稚师范学校丛书社，1934.

陈学徇.中国近代教育史教学参考资料（中册）[M].北京：人民教育出版社，1987.

杜成宪.大夏教育文存·沈百英卷[M].上海：华东师范大学出版社，2018.

繁泽渝，马啸风，李乐毅.黎锦熙语文教育论著选[M].北京：人民教育出版社，1996.

方毅，傅运森，等.辞源正续编合订本[M].上海：商务印书馆，1940.

弗朗索瓦－玛丽·热拉尔，易克萨维耶·罗日叶.为了学习的教科书：编写、评估、使用[M].汪浚，周振平，译.上海：华东师范大学出版社，2009.

高信成.中国图书发行史[M].上海：复旦大学出版社，2005.

耿云志.中国近代思想家文库·胡适卷[M].北京：中国人民大学出版社，2015.

顾黄初.中国现代语文教育百年事典[M].上海：上海教育出版社，2001.

胡适.胡适文存[M].北京：华文出版社，2013.

黄侃.文心雕龙札记 [M].北京：中华书局，1962.

课程教材研究所.20世纪中国中小学课程标准·教学大纲汇编：语文卷 [M].北京：人民教育出版社，2001.

孔凡哲.教科书质量研究方法的探索 [M].北京：人民教育出版社，2008.

夸美纽斯.大教学论 [M].傅任敢，译.北京：人民教育出版社，1984.

黎泽渝.黎锦熙语文教育论著选 [M].北京：人民教育出版社，1996.

李伯棠.小学语文教材简史 [M].济南：山东教育出版社，1985.

李定仁，徐继存.教学论研究二十年 [M].北京：人民教育出版社，2001.

李家驹.商务印书馆与近代知识文化的传播 [M].北京：商务印书馆，2005.

李良品.中国语文教材发展史 [M].重庆：重庆出版社，2006.

李文海，夏明方，黄兴涛.民国时期社会调查丛编（二编）·文教事业卷（第4册）[M].福州：福建教育出版社，2014.

刘国正.叶圣陶教育文集 [M].北京：人民教育出版社，1994.

刘宗琴.纳尔逊·曼德拉 [M].沈阳：辽宁人民出版社，2002.

鲁迅.鲁迅全集（第6卷）[M].北京：人民文学出版社，1981.

吕达，刘立德，李湘波.陆费逵教育论著选 [M].北京：人民教育出版社，2000.

吕达，刘立德，邹海燕.杜威教育文集（第1卷）[M].赵祥麟，等译.北京：人民教育出版社，2008.

M.阿普尔，L.克丽斯蒂安－史密斯.教科书政治学 [M].侯定凯，译.上海：华东师范大学出版社，2005.

毛礼锐，沈灌群.中国教育通史（第4卷）[M].济南：山东教育出版社，2005.

彭正梅，本纳.赫尔巴特教育论著精选 [M].李其龙，等译.杭州：浙江教育出版社，2011.

钱炳寰.中华书局大事纪要 [M].北京：中华书局，2002.

商金林.叶圣陶年谱长编（第1卷）[M].北京：人民教育出版社，2004.

商务印书馆.商务印书馆图书目录 [M].北京：商务印书馆，1981.

沈百英，朱经农.小学国语教学讨论集 [M].北京：商务印书馆，1948.

舒新城.中国近代教育史资料 [M].北京：人民教育出版社，1981.

唐文中.教学论 [M].哈尔滨：黑龙江教育出版社，1990.

童庆炳.文体与文体的创造 [M].昆明：云南人民出版社，1994.

托马斯·库恩.科学革命的结构 [M].金吾伦，胡新和，译.北京：北京大学出版社，2003.

汪家熔.大变动时代的建设者：张元济传 [M].成都：四川人民出版社，1985.

汪家熔.商务印书馆史及其他：汪家熔出版史研究文集 [M].北京：中国书籍出版社，1998.

王建军.中国近代教科书发展研究 [M].广州：广东教育出版社，1996.

王兴杰.第一次中国教育年鉴（甲编）[M].上海：开明书店，1934.

王有朋.中国近代中小学教科书总目 [M].上海：上海辞书出版社，2010.

王余光，吴永贵.中国出版通史（第 8 卷）·民国卷 [M].北京：中国书籍出版社，2008.

王知伊.开明书店纪事 [M].太原：书海出版社，1991.

吴洪成.中国学校教材史 [M].重庆：西南师范大学出版社，1998.

吴小鸥.文化拯救：近现代名人与教科书 [M].北京：商务印书馆，2015.

吴研因，舒新城.小学国语教学法概要 [M].上海：商务印书馆，1925.

吴研因.以自编教材为主的旧小学语文的回顾与批判 [M].手写装订本（未出版），1973.

萧统.昭明文选 [M].北京：华夏出版社，2000.

徐悲鸿.悲鸿自述 [M].北京：北京出版社，2017.

叶圣陶，刘国正.叶圣陶教育文集 [M].北京：人民教育出版社，1994.

叶圣陶.叶圣陶集 [M].南京：江苏教育出版社，2004.

叶圣陶.叶圣陶语文教育论集 [M].北京：教育科学出版社，1980.

俞筱尧，刘彦捷.陆费逵与中华书局 [M].北京：中华书局，2002.

俞子夷，朱晸旸.新小学教材和教学法 [M].上海：儿童书局，1934.

俞子夷.简易师范学校及简易乡村师范学校：小学教材及教学法 [M].南京：正中书局，1936.

张心科.清末民国儿童文学教育发展史论 [M].北京：北京师范大学出版社，2011.

张元济.张元济日记 [M].北京：商务印书馆，1981.

张志公.传统语文教育初探 [M].上海：上海教育出版社，1962.

张中行. 文言与白话 [M]. 北京：中华书局，2007.

郑国民. 从文言文教学到白话文教学：我国近现代语文教育的变革历程 [M]. 北京：北京师范大学出版社，2000.

中国第二历史档案馆. 中国近代史档案资料汇编（第 5 辑）[M]. 南京：江苏古籍出版社，1997.

周武. 张元济：书卷人生 [M]. 上海：上海教育出版社，1999.

周越然. 书与回忆 [M]. 沈阳：辽宁教育出版社，1996.

周振鹤. 晚清营业书目 [M]. 上海：上海书店出版社，2005.

朱联保. 近现代上海出版业印象记 [M]. 上海：学林出版社，1993.

朱有瓛. 中国近代学制史料（第 1 辑·下册）[M]. 上海：华东师范大学出版社，1986.

教科书

陈伯吹，王云五. 复兴国语课本 [M]. 上海：商务印书馆，1934.

陈鹤琴，陈剑恒，刘德瑞. 分部互用儿童教科书儿童北部国语 [M]. 上海：儿童书局，1934.

陈鹤琴，梁士杰，徐晋助. 分部互用儿童教科书儿童南部国语 [M]. 上海：儿童书局，1934.

陈鹤琴. 分部互用儿童教科书儿童中部国语 [M]. 上海：儿童书局，1934.

戴克敦，高凤谦，张元济. 简明国文教科书 [M]. 上海：商务印书馆，1907.

戴克敦，蒋维乔，沈颐，等. 订正女子国文教科书 [M]. 上海：商务印书馆，1911.

范祥善，庄适. 活叶本东三省国语补充教材 [M]. 上海：商务印书馆，1922.

范源濂，沈颐，杨喆. 中华女子国文教科书（高小用）[M]. 上海：中华书局，1915.

范源濂，沈颐. 新制单级国文教科书 [M]. 上海：中华书局，1915.

国立编译馆，吴织云，等. 初等小学国语常识课本 [M]. 上海：商务印书馆，1948.

国立编译馆. 短期小学课本 [M]. 上海：商务印书馆，1935.

国立编译馆 . 实验国语教科书 [M]. 上海：商务印书馆，1936.

胡怀琛，沈圻 . 新撰国文教科书 [M]. 上海：商务印书馆，1926.

胡怀琛，汤彬华，蔡元培，等 . 新时代国语教科书 [M]. 上海：商务印书馆，1928.

华鸿年，何振武 . 中华初等小学国文教科书 [M]. 上海：中华书局，1912.

蒋维乔，庄俞，等 . 最新国文教科书 [M]. 上海：商务印书馆，1901.

蒋息岑，沈百英，张令涛，等 . 新生活教科书国语 [M]. 上海：大东书局，1933.

教育部 . 汉蒙合璧国语教科书 [M]. 北京：蒙文书社，1932.

教育部 . 小学国语课本 [M]. 上海：中华书局，1934.

黎锦晖，陆费逵 . 新小学国语读本 [M]. 上海：中华书局，1933.

黎锦晖，陆费逵 . 新小学教科书国语读本 [M]. 上海：中华书局，1923.

黎锦晖 . 实用国语文 [M]. 上海：中华书局，1923.

黎锦晖 . 新小学教科书初级国音读本 [M]. 上海：中华书局，1926.

黎均荃，陆衣言，黎锦熙 . 新教材国语读本说明书 [M]. 上海：世界书局，1920.

李步青 . 新式国文教科书 [M]. 上海：中华书局，1915.

李步青 . 新小学教科书国语文学读本 [M]. 上海：中华书局，1925.

林纾 . 浅深递进国文读本 [M]. 上海：商务印书馆，1916.

陆费逵 . 初等小学校秋季始业学生用新制中华国文教科书 [M]. 上海：商务印书馆，1912.

陆费逵 . 南洋华侨国语读本 [M]. 上海：中华书局，1932.

吕伯攸，朱文叔 . 新编初小国语读本 [M]. 上海：中华书局，1937.

齐铁恨，何炳松，王云五 . 复兴说话范本 [M]. 上海：商务印书馆，1933.

齐铁恨，何炳松，王云五 . 复兴说话教科书 [M]. 上海：商务印书馆，1933.

秦同培，陈和祥，杨哲，等 . 新学制小学教科书高级国文读本 [M]. 上海：世界书局，1925.

秦同培 . 新时代教科书国文补习读本 [M]. 上海：世界书局，1922.

任熔 . 新教育教科书国文读本 [M]. 上海：中华书局，1921.

沈百英，沈秉廉，王云五 . 复兴国语教科书 [M]. 上海：商务印书馆，1933.

沈百英，王云武，等 . 复兴教科书国语首册 [M]. 上海：商务印书馆，1937.

沈圻，庄俞 . 新法国语教科书 [M]. 上海：商务印书馆，1922.

沈颐，郭成爽，戴克敦，等.新制中华国文教科书 [M].上海：中华书局，1913.

沈颐，杨哲.新编中华国文教科书 [M].上海：中华书局，1914.

沈颐.女子国文教科书 [M].上海：中华书局，1914.

汪渤，何振武.中华高等小学国文教科书 [M].上海：中华书局，1913.

王祖廉，黎锦晖，黎明，等.新中华国语读本 [M].上海：中华书局，1929.

魏冰心，范祥善.新主义国语读本 [M].上海：世界书局，1930.

魏冰心，胡仁源.新学制小学教科书初级国语读本 [M].上海：世界书局，1925.

魏冰心，苏兆骧，朱翊新.国语读本 [M].上海：世界书局，1935.

魏冰心，薛天汉，范祥善.初小国语读本 [M].上海：世界书局，1937.

魏冰心，杨哲.新学制小学教科书高级国语文读本 [M].上海：世界书局，1926.

魏冰心，朱翊新，薛天汉，等.初级小学副课本新国语 [M].上海：世界书局，
    1943.

魏冰心.新国语·初级小学副课本 [M].上海：世界书局，1943.

魏冰心.新主义教科书后期小学国语课本 [M].上海：世界书局，1928.

吴研因，陈履坦，陈丹旭，等.国语新读本 [M].上海：世界书局，1933.

吴研因.初级小学国语新读本 [M].上海：世界书局，1937.

夏丏尊，叶绍钧.国文百八课 [M].上海：开明书店，1935.

徐征吉，吴研因.国语暑期读本 [M].上海：北新书局，1935.

许书坤，朱翊新.国民学校副课本国语 [M].上海：大东书局，1948.

薛天汉，吴研因.民智新课程高级小学国语教科书 [M].上海：民智书局，1931.

杨哲，范祥善，秦同培.新学制小学教科书初级国文读本 [M].上海：世界书
    局，1924.

叶圣陶，丰子恺.开明国语课本 [M].上海：开明书店，1934.

叶圣陶，丰子恺.幼童国语读本 [M].上海：开明书店，1949.

叶圣陶，田泽芝.小学生诗选 [M].开封：河南教育出版社，1984.

叶圣陶.儿童国语读本 [M].上海：开明书店，1948.

叶圣陶.少年国语读本 [M].上海：开明书店，1947.

俞子夷，庄俞.复式学级国文教科书 [M].上海：商务印书馆，1919.

赵景源，王云武.复兴初小国语教科书 [M].上海：商务印书馆，1937.

周颐甫，蔡元培.基本教科书国文教本初级中学用 [M].上海：商务印书馆，
　　1932.

朱剑芒，陈霭籙，魏冰心，等.新主义教科书前期小学国文读本 [M].上海：世
　　界书局，1927.

朱文叔，吕伯攸，孙世庆.小学国语读本 [M].上海：中华书局，1933.

朱文叔，吕伯攸.新课程标准小学国语读本 [M].上海：中华书局，1934.

朱文叔.国语读本 [M].上海：中华书局，1935.

朱文叔.新编高小国语读本 [M].上海：中华书局，1937.

朱文叔.新中华教科书国语读本 [M].上海：中华书局，1927.

庄适，顾颉刚，王岫庐，等.新法国语文教科书 [M].上海：商务印书馆，1923.

庄适，吴研因，沈圻.新学制国语教科书 [M].上海：商务印书馆，1923.

庄适，郑朝熙，高凤谦，等.单级国文教科书 [M].上海：商务印书馆，1914.

庄适，朱经农.新学制国语教科书 [M].上海：商务印书馆，1924.

庄适，庄俞.新体国语教科书 [M].上海：商务印书馆，1919.

庄适.南洋国语教科书 [M].上海：商务印书馆，1933.

庄适.普通教科书新国文 [M].上海：商务印书馆，1915.

庄俞，高凤谦，张元济.女子新国文 [M].上海：商务印书馆，1912.

庄俞，沈颐，高凤谦.共和国科教书新国文 [M].上海：商务印书馆，1913.

庄俞.商务国语教科书 [M].上海：上海科学技术文献出版社，2005.

宗亮农，沈百英，吴载如.儿童文学读本 [M].上海：商务印书馆，1922.

后　记

完成初稿之际，我的脑海涌现许多画面：张元济、蒋维乔、庄俞等环桌而坐，为《最新国文教科书》字词的选用争得面红耳赤，甚至拍案而起；陆费逵，白天在书局辛勤工作，晚上同书局骨干编制符合共和政体的教科书，熬夜不休；吴研因，为编写出儿童本位教科书，孜孜以求，在《新学制国语教科书》中采用大量童话、物语等形式；语言改革家、国语运动领袖黎锦熙，新文化运动代表胡适、陈独秀等，为推广白话文，发表激情演说。我更看到，作家、学者、编辑叶圣陶，整整半年伏案工作，精心创编 400 余篇小学课文，酷暑时分，窗外蝉鸣不休，室内静心创作；著名画家丰子恺，一笔一画地书写课文，一笔一画地绘制插图，文字苍遒有力，插图清新活泼。我为近代先贤心中"国之根本在乎教育，教育根本实为教科书"的坚定信念所感动。

同时，我的脑海中也会出现这样的一些画面。随着宁波大学教师教育学院语文课程教学论硕士点的成立，我承担了研究生课程"语文教育发展史"的教学。在教学研究中，我对中国近代小学语文教育产生了浓厚的兴趣。2013年，我申报的浙江省社科联课题"教学论的视角：新时期民国小学语文教科书'热'研究"，成功立项，结题方式是以专著形式出版研究成果。2015年，我已完成初稿。2017 年，我申报的教育部人文社科项目"清末民国小学语文课程知识建构史论"（17YJA880063），成功立项。在项目研究过程中，我又重新梳理了近代小学语文教材、课程、教学及相关文献资料，决定把原先搁置的书稿再细细打磨，充实内容。又因近几年我一直承担本科生、研究生的"语文教学设计"课程的教学，对当下统编教材有一定的研究，遂决定在书稿中另辟一章，讨论近代小学语文教科书编制的当下启示，以打通历史与现实。同时，本书也是浙江省卓越教师培养协同创新中心 2017—2018 年重点项目"卓越语文教师教育标准研究"（zz103205099917020002）阶段性成果之一。

在拙作即将出版之际，要感谢在我的学术成长道路上给予无私帮助的王荣生、刘正伟、吴小鸥、吴黛舒、冯铁山等教授。感谢我的研究生团队，毛琳银、陈景蔚、俞薇三位同学为收集资料、修正注释等付出了大量心血；2021年寒假，我们的工作群每天都有讨论、有进度汇报，寒风凛冽、疫情未散，我们师徒怀着对学术的敬畏，倾心投入研究中。

感谢家人的默默付出。近80岁高龄的父亲曾是第一代中师毕业生，任镇中心小学校长20余年，严谨踏实，好强上进，对人对己都要求严格。父亲一直督促我在平衡身体和工作的情况下，尽快完成高质量书稿。小书既成，父亲可以放心了。

沈玲蓉

2021 年春